엄마. 어미. 여성

― 재현과 해체의 어머니 서사 ―

엄마. 어미. 여성

재현과 해체의 어머니 서사

정미경

역락

°서문

    돌아보면 이 책이 생겨나게 된 발단은 2014년 독일 베를린으로 거슬러 올라간다. 연구년을 맞아 초빙교수 자격으로 베를린 자유대학에 1년 동안 체류할 기회가 있었는데 그 대학 한국학과의 요청으로 강연을 하나 하게 되었다. 자유롭게 주제를 선택할 수 있는 상황에서, 한국학을 전공하는 독일인을 대상으로 독문학을 전공하는 한국인이 한독 문학을 비교하면 좋을 것 같다는 나름의 결론에 도달했다. 그리하여 신경숙의 『엄마를 부탁해』와 엘프리데 옐리네크의 『피아노치는 여자』에 나타난 어머니상을 주제로 강연을 하게 되었다. 강연 후 어린 학생들의 순수하고 진지한 질문과 코멘트가 이어졌는데, 그 중에는 자신의 어머니에 대한 개인적인 체험과 감정을 담은 것도 있었다. 어머니 역할과 모성이 문화와 세대의 차이를 넘어 보편적인 주제임을 실감할 수 있었던 자리였다.

    이후 필자는 이 주제에 보다 천착하고 텍스트를 다양화하고 싶은 욕심에 연구대상을 문학에서 영화로 바꾸어 한국연구재단 인문저술 지원 사업에 지원하였는데 덜컥 선정이 되면서 일이 커진 꼴이 되었다. 지원할 적부터 이 책은 학술서보다는 교양서로 기획되었다. 두 가지 중 하나를 선택해야 하는 항목이 있기도 했지만, 이 책의 독자를 필자 자신도 우선은 학계의 교수나 학자보다는 일반 교양인들로 상상했었다. 인문학이 전문가들 간의 자족적인 논의로 머무는 것이 아니라 일반 대중과 소통하는 길을 모색해야 한다는 평소의 고민도 있었지만, 여성 문제에 관심 있는 일반 독자/관객들과 함께 영화를 매개로 해서 '어머니'로 구체화된 여성 문제를 살펴보자는 것이 이 책의 본래 취지였기 때문이다. 물론 그렇다고 학문적인 영역에서의 활용도를 전혀 기대하지 않는 것은 아니다. 외려, '어머니/여성'을 주제로 한 다양한 형태의 담론에 이 책이 자그마한 목소리를 보탤 수 있기를 내심 바랄 뿐이다.

일찍이 셰익스피어는 맥베스의 위력을 '여자의 몸에서 태어난 자는 그 누구도 그를 해치지 못할 것'으로 표현했었다. 난공불락의 맥베스를 이보다 더 잘 설명할 수는 없을 정도로 어머니와 관련되지 않은 사람은 거의 없다 - 어머니의 배를 스스로 가르고 나온 맥더프 또한 아이러니하게도 어머니와의 관련성을 더 두드러지게 할 뿐이다. '어머니'나 '모성'이 이렇듯 보편적인 주제임에도 불구하고 - 아마도 그 말이 갖는 신성함과 규범화된 특성으로 인해 - 그 논의는 충분히 이루어지지 않은 측면이 있다. 특히 '어머니 되기'가 그 어느 때보다 저어되는 오늘날 이 주제가 갖는 무게감은 결코 작지 않다고 할 수 있다.

개인적으로는, 특정 사회를 살아가는 50대 후반의 여성으로서 필자 또한 작고하신 어머니의 나이 대를 하나하나 거쳐 가니 그 삶이 어떠하였을지 새삼 많은 생각을 하게 된다. 30대로 진입한 딸의 삶은 또 앞으로 어떨지. 이 작은 여성 계보에서 어머니성은 답습되고, 수정되고, 해체되며 새로이 정의될 것이다. 이 책은 그 과정에서 빚어진 부산물쯤으로 해도 될 것 같다.

출판 시장에서 인문도서의 입지가 좁아진 형편을 얘기하는 것도 이제는 진부한 말이 되었다. 그럼에도, 선뜻 출판을 결정해 준 도서출판 역락에 지면을 빌려 감사의 말씀을 전한다.

2023. 10.

저자 씀

차례

왜 '어머니'인가?

동서고금을 막론하고 '어머니'만큼 개인이나 사회에 영향을 미치는 말도 없지만 정작 그것이 갖는 의미에 대해서는 충분히 논의하지 않은 경향이 있다. 그 이유는 어머니의 역할이나 모성이 대개 일상적이고 자연적인 것으로 받아들여지기 때문일 것이다. 특히 헌신적인 어머니상(像)을 중요시하는 우리 사회에서 '어머니'는 성스러운 말로, 그것이 내포하는 의미에 대해서는 별다른 검증을 하지 않는 측면이 있다. 모성이나 모정으로 대표되는 어머니의 자질은 자연의 법칙처럼 불변하는 것으로 받아들여지고 그럼으로 인해 여성의 주요한 특성이자 최고의 미덕으로 간주된다. 하지만 현실에 있어 어머니는 비뚤어진 모성애란 말이 있듯 사회에 긍정적인 영향만 끼치는 것은 아니다. 또 여성이라고 해서 필연적으로 모성애를 타고나거나 육아에 천부적인 재능을 갖는 것도 아니다. 필자의 조카는 30대 중반에 몇 번의 시술 끝에 예쁜 아가를 얻었는데, 신생아를 어떻게 다루어야 할지 곤혹스러워하는 자신과 달리 아가를 목욕시키고 분유를 먹이고 재우는 일을 더 능수능란하게 하는 쪽은 남편, 곧 아이의 아버지라고 했다. 맞벌이가 일반화된 요즘 세대에게 출산과 육아가 동일시되지는 않으며 출산까지는 어찌할 수 없지만 육아는 공동의 몫이라는 인식이 부족하나마 확산되고 있는 것은 참으로 다행스러운 일이다. 하지만 아직도 갈 길은 멀어 보인다.

　세계 최고의 교육열로 자식의 매니저를 자처하는 한국의 특수한 환경에서 어머니의 역할은 특히나 두드러진다. 다시 필자의 지인을 예로 들자면, 군대 간 아들이 이유를 알 수 없는 불안 증세로 결국 의가사 제대하는 등 집안의 큰 근심거리가 되자, 지인 왈, 자식을 제대로 못 키워 남편 볼 낯이 없단다. 평소 남편과 대등한 관계를 유지하는 것처럼 보이던 지인이 어머니 역할 앞에서는 의기소침해진 형국이다. 어머니의 지나친 사랑이나 부족한 사랑은 현실에서나 많은 서사에서 개인의 행복과 불행, 정상과 비정상의 원인으로 지목된다. 워킹 맘의 과로사와 같은 극단적인 사건은 말할 것도 없고, 대부분의 워킹 맘이 갖는 부담과 죄의식은 오늘날 어머니 역할에 대한 재점검을 요구한다. 대체 어머니는 누구이고 그 역할의 의미는 무엇인가. 모성이라는 이름으로 정당화되는 허위의식은 없는가. 모성애가 행복한 사랑이 아니라 죄의식과 책임의 굴레가 된다면 그 원인과 해결책은 무엇인가. 바야흐로 어머니에 대한 담론이 필요한 시점이다.

　여성주의 시각에서 보면 어머니란 말에는 좋은 어머니와 나쁜 어머니가 공존한다. 어머니라는 말에는 생명의 탄생, 무한한 사랑과 희생, (마음의) 안식처 등의 함의도 있지만, 사회적인 인간으로 성장하도록 자식을 훈육하는 교육자의 모습도 들어가 있기 때문이다. 훈육하는 어머니는 때로 엄하고 냉담하며, 말 안 듣는 아이를 체벌하는 무서운 존재로 나타난다.

아들이 붓글씨를 쓰는 동안 자신은 어둠 속에서 떡을 써는 한석봉의 어머니를 떠올려 보라. 지혜로운 어머니를 대표하는 이 어머니가 만들어낸 저 교훈적인 장면을 한 발짝 떨어져서 보면, 어머니는 헌신적인 노력으로 자신의 노동력을 제공하고, 아들은 어머니의 '감시'하에 자신의 욕망을 포기하고 사회적 인간으로 성장해 나간다. 훈육하는 어머니의 전형적인 모습이다. 모성 이데올로기가 발생하던 시기에 수집되어 이를 반영한 독일 그림민담 중 <성모 마리아의 아이>는 교육자로서의 어머니 역할을 적시한다. 가난한 농부의 집에서 데려온 소녀를 양모(養母)가 되어 키운 성모 마리아는 13번째 방을 보지 말라는 자신의 금기를 어겼을 뿐만 아니라 보지 않았노라 거짓말하는 소녀를 내쫓고, 이후 결혼한 소녀가 아이를 낳을 때마다 진실을 말하지 않는다는 이유로 차례로 아이들을 빼앗아간다. 이렇듯 어머니는 금기를 지시하고 이를 어겼을 시 냉혹하게 교육하는 훈육자이기도 하다.

정신분석학에 따르면 아이는 태어난 직후 자신과 어머니를 구분 짓지 못하고 어머니와의 일체감을 경험하다가 남근기에 접어들면서 '정상적으로는' 어머니로부터 분리된다. 전(前)오이디푸스 단계에서 오이디푸스 단계로의 이와 같은 이행에는 제 삼자로서 아버지라는 절대적 존재가 필요하다. 그런데 성 역할 관계에서 보면 아버지는, 어머니가 가정을 전담함에도 불구하고, 권력의 우위를 차지한다. 그리하여 어머니는 아이가 자아를 형성하는 데 결정적인 역할을 하지만 그것은 결국 아버지의 언어와 질서를 전달해 주는 것이 된다. 이렇듯 어머니가 교육자로서 기능함에 따라 기존의 질서가 구축되고 유지되는 최소 단위의 사회, 곧 가정이 완성될 수 있다. 어머니의 이러한 역할은 여성주의 시각에서 볼 때 의미심장하게 해석된다. 성녀와 악녀 사이에서 변주되는 여성의 다양한 이미지 중 어머니는 대지의 여신이나 성녀 마리아와 연결되며 신성시된다. 자식의 주검 앞에 피눈물을 흘리는 피에타는 어머니에 대한 보편적인 감정을 형성하며 어머니상의 모범으로 자리 잡았다(이를 '좋은 어머니'라 칭하자). 자식을 위해 모든 것을 내주고 그 모든 고통을 감당하는 자, 어머니. 하지만 다른 한편으로 어머니는 내면화된 규범을 자식에게 전수하는 역할을 담당함으로써 기존의 질서를 재생산하고 공고히 하는 데 결정적인 역할을 한다. 예컨대 딸에게는 미래의 여성 역할을 가르치는 반면, 아들에게는 남성성을 기대하고 발현시키는 역할을 하는 것 또한 대개는 어머니이다. 가정 내 아버지는 대부분 부재하지만, 그 상징적 권력 아래 어머니는 당대의 가치와 규범을 아이에게 가르치고 훈육시킨다. 그리고 그 훈육의 방향은 아이가 자신의 욕망을 포기하고 규범적 질서 속으로 편입되는 것이 될 것이다. 나의 욕망을 제한하고 금기를 가르치는 어머니의 얼굴은 엄격하고 무섭다(이를 '나쁜 어머니'라 칭하자).

여기서 중요한 문제는 어머니에 대한 이 긍정적/부정적 이미지가 과연 '어머니'라는 실체를 말해주는가이다. 희생하는 자이든 훈육하는 자이든 이 두 개의 어머니상은 한 개인으로 자리매김하기보다 어떻게 '기능하느냐'로 정의된다. 어머니는 어머니로서 기능할 때에만 존재할 수 있는데, 그 기능과 관련 없는 개인적 소망, 꿈, 욕망은 어머니로부터 배제된다. 그런 의미에서 '어머니'란 말이 내포하는 것은 그 실체와는 거리가 있는, 외부의 시선에 의해 만들어진 사회문화적 구성물이라 할 수 있다. 곧 어머니로서의 기능은 사회문화적으로 규정된 것, 그중에서도 인류문화의 특성상 가부장적인 시각으로 규정된 것이다. 이렇게 볼 때 모성애는 자연발생적이거나 생물학적으로 환원될 수 있는 것이 아니라 인간 사회에서 발명된 것이며 규범적인 시각으로 구성된 것이라는 설명이 가능해진다. 구성물로서의 어머니에 동의할 수 있다면, 이는 또한 기존의 어머니상이 해체와 재구성의 대상이 될 수 있음을 의미한다.

오늘날 어머니에 대한 담론이 갖는 파괴력은 젊은 여성들, 곧 포스트페미니즘 세대의 여성에게 어머니는 다르게 정의되기 때문이다. 어머니 세대와의 단절을 선언하는 딸 세대의 등장이 그리 낯선 것은 아니지만, 오늘날 결혼이나 출산이 여성의 삶에 더 이상 필수가 아니라 선택 가능한 문화적, 기술적 상황이 도래하면서 그것이 선언에만 그치지 않고 실천으로 이어질 수 있다는 데 주목할 필요가 있다. 이는 지금껏 한 개인으로서 욕망의 주체가 되지 못했던 어머니의 모습과 관련된다. 이전 세대와 달리 주체성과 자율성을 추구하는 포스트페미니즘 세대에게 어머니는 더 이상 여성으로서 동일시할 수 있는 모범이 되지 못한다. 어머니 또한 딸이 자신과는 다른 삶을 살기를 원하지 않는가. 현재 한국 사회의 최대 난제로 꼽히는 출산율 저하에 대해 여러 가지 원인 규명이 있을 수 있겠지만 어머니란 존재가 주체적이고 자율적인 삶을 사는 개인으로 인식되지 못한 점도 분명 일조한 바 있을 것이다.

이런 배경 하에서 '어머니'는 현재 그 새로운 의미를 모색하며 변화일로에 있다. 그것은 무엇보다 영화, 문학 등 예술문화의 영역에서 어머니에 대한 서사로 나타난다. 여성은 문학을 비롯한 예술 매체에 끊임없이 등장하는 소재이자 주제이지만, 소녀, 창녀, 어머니로 대표되는 여성의 이미지 중 어머니는 상대적으로 부수적으로 다루어져 왔다.[1] 그런 한에서 어머니를 전면에 내세우거나 어머니를 주인공으로 한 영화와 문학이 최근 잇달아 나온 점은 주목할 만하다.[2] 어머니에 대한 서사가 새로이 구성되고 전파되는 가운데 크게 보면 두 가지 경향이 눈에 띈다. 전통적인 어머니상이 흔들리는 데 불안감을 느끼며 신성한 모성을 보존하고 복원하려는 노력이 그 하나요, 다른 하나는 기존의 어머니상을 문제 삼으며 어머니를 여성 주체로 인식하고 그 욕망과 권리를 모색하는 형태가 있다. 이 책에서는 전자를 '재현'으로, 후자를 '해체'로 칭하고자 한다. 전통적인 어머니상을 고정된 것으로 보지 않고, 욕망을 저지하는 어머니에서 욕망하는 어머니로, 이타적인 어머니에서 이기적인 어머니로 그 중심점을 이동하여 새로이 어머니를 조명하는 흐름이 있는 한편, 다른 한편으로는 새삼 모성 본능을 강조하고 기존의 어머니 역할에 대한 멜로드라마적인 향수도 확인할 수 있다. 바야흐로 모성 서사의 양극화라 할 수 있다. 이 책에서는 포스트

---

1   괴테의 저 유명한 소설 『젊은 베르터의 슬픔』을 보면, 베르터는 일찍 어머니를 여읜 로테가 어린 동생들에게 둘러싸여 새 모이를 주듯 빵을 나눠주는 모습을 보고 첫눈에 반한다. 곧 모성애가 로테의 여성성을 뒷받침해주고 베르터가 그녀를 아름답게 평가하는 주된 이유가 된다. 일찍이 여성해방을 주제로 다룬 입센의 『인형의 집』에서 노라의 남편 헬머는 그녀의 범법 행위로 인한 부도덕함을 비난하며 무엇보다 자식을 키울 어머니로서의 자격을 의심한다.

2   작품성 논란이 있었지만 신경숙의 『엄마를 부탁해』는 작가에게 국제적인 명성을 가져다주었고, 봉준호의 <마더>는 3백만에 육박하는 관객을 끌어모으며 흥행에 성공한 바 있다. 21년 만에 리메이크 된 TV 드라마 <세상에서 가장 아름다운 이별>은 어머니의 갑작스러운 죽음을 다루며 우리의 눈물샘을 자극했고, TV 드라마 <마더>에서는 여러 형태의 어머니상이 그려진다.

페미니즘 시대에 어머니 서사가 영화에서 어떻게 나타나는지 그 경향과 특성을 살펴본다. 그래서 모성 신화가 오늘날 어떻게 얼굴을 바꿔가며 주장되고 있는지, 또 모성 신화를 해체하기 위한 시도들은 어떤 것이 있는지, 모성으로부터 떨어져 나온 어머니는 어떤 모습으로 그려지는지, 여성 개인으로서의 자의식과 어머니 역할은 어떤 갈등 관계에 있는지 어머니에 관한 영화를 통해 보고자 한다. 이는 궁극적으로는 포스트페미니즘 시대에 여성의 주체적 삶과 어머니 역할이 공존할 수 있는 길을 인문학적 관점에서 모색하는 하나의 제언이 될 것이다.

생물학적 성과 사회적 성을 구분하는 젠더 개념은 이제 일상적으로 사용하는 말이 되었다. 하지만 한국 사회는 현재 세대 간의 갈등과 더불어 젠더 갈등에 휩싸이며 때 아닌 페미니즘 논쟁의 중흥을 맞이하고 있다. 이 책은 페미니즘 논쟁을 의식하며 기획된 것은 아니었다. 하지만 문학 전공자로서 필자가 평소에 갖고 있던 문제의식은 페미니즘과 관련된다고 할 수 있다. 곧 문화 영역에서 여성의 이미지가 어떻게 구성되고 확산되는가 하는 것이다. 분석대상을 문학 텍스트에서 영화 텍스트로 그 영역을 바꾼 것은 한편 영화가 젠더 질서를 구성하는 대표적인 젠더 테크놀로지라는 드 로레티스Teresa de Lauretis의 견해에 십분 동의하기 때문이고, 다른 한편으로는 서사를 기본 틀로 한다는 점에서 문학과 영화가 그리 다르지 않으며 문예학자의 시각이 어쩌면 영화 자체에서 출발한 비평보다 더 풍성한, 최소한 다른 시각을 제시할 수 있다는 생각에서이다. 나아가, 여성의 이미지에 대한 필자의 관심은 이 책에서 어머니의 이미지에 대한 관심으로 구체화 되었다. 그리하여 이 책에서 다루고자 하는 것은 영화를 젠더 테크놀로지로서 이해하며 그중에서도 어머니의 이미지가 어떻게 구성되고 그것이 우리에게 어떤 영향을 미치느냐 하는 것이다.

여성주의 시각으로 영화를 분석하는 데 이제는 고전이 된 로라 멀비Laura Mulvey의 「시각적 쾌락과 서사 영화」(1975)가 나온 지도 어언 50년이다 되어간다. 멀비는 카메라의 시선이 기본적으로 남성의 판타지와 쾌락을 제공하며 남성적 응시gaze를 구성한다고 보았다. 남성 관객의 관음증과 페티시즘을 충족시키도록 여성의 섹슈얼리티가 스크린에 전시된다는 것이다. 이 '남성적 응시'는 이후 응시가 남성적이기만 한가라는 논쟁을 불러일으키고(카자 실버만Kaja Silverman은 『음향적 거울』(1988)에서 시선을 넘어 목소리 영역까지 포함하자고 했다.) 멀비 자신도 나중에는 일부 수정된 시각을 내놓기도 했다. 이에 촉발되어, 아직도 충분한 것은 아니지만, 시선의 주체인 남성과 객체인 여성, 남성의 능동성과 여성의 수동성이라는 권력화된 영화의 응시를 깨는 시도들이 있어 왔다. 이에 비해 어머니의 이미지는 여성의 이미지 중에서도 여전히 성역으로 남아 있거나 대안을 찾아 혼돈의 시간을 맞이하고 있지는 않은지. 그만큼 '어머니'는 여성에게조차도 내면화된 규범으로 남아 있고 그렇기에 그 벽을 깨는 것은 쉬운 일이 아니라는 반증이 될 것이다. 사회적으로 규정된 여성의 역할에 여성들이 자발적으로 동의하도록 조장하는 데 일조한 '여성의 신비'(베티 프리단Betty Friedan) 중 '어머니의 신비'야말로 그 베일이 벗겨지는 데 가장 오래 걸리는 이미지일지 모른다. 작가 잉에보르크 바흐만Ingeborg Bachmann이 「고모라를 향한 한 걸음Ein Schritt nach Gomorrha」에서 서술하듯 기존의 남성 중심의 세계를 벗어나 새로운 왕국이 도래해도 그 이미지는 곰팡이처럼 덕지덕지 남아 쉽게 없어지지 않는다. 이 책은 이미지의 힘과 여성의 삶이 무관하지 않음을 인식하고 그중 영화가 오늘날 대중에게 가장 강력한 영향을 미치는 젠더 테크놀로지 중 하나라는 점에 주목하며 영화 속 어머니의 이미지를 분석하여 포스트페미니즘 시대의 어머니 역할을 진지하게 고민해 보고자 한다.

이 책의 주된 내용은 영화에 나타난 어머니 서사를 분석하는 것이지만 분석에 앞서 1장에서 어머니에 관한 논의와 쟁점들을 간략히 살펴본다. 모성에 관한 이론을 집대성하는 것은 이 책의 목적이 아니므로 이 장에서는 분석에 필요한 몇 가지 관점을 제시하는 것으로 만족하고자 한다. 근대와 모성 신화의 발명, 구성물로서의 어머니, 좋은 어머니와 나쁜 어머니, 정신분석학에서의 논의들 등 텍스트 분석에 필요한 용어와 개념들을 제시함으로써 이후 분석에 대한 이해를 돕고자 한다. 책의 본령이라 할 수 있는 영화 분석은 크게 세 부분으로 구성된다. '엄마', '어미', '여성'이 그것인데, 우선 2장 '엄마'에서는 구성물로서의 어머니가 어떤 기능을 하는지 <피에타>와 <당신을 기다리는 시간>, <피아니스트>와 <블랙 스완>을 각각 비교한다. 이 영화들은 '좋은 어머니'와 '나쁜 어머니'가 두드러지게 나타나는 경우에 해당된다. 3장 '어미'는 모성 본능과 모성 신화에 관한 것이다. 모성 신화를 주제로 모성 본능을 해체하기 위한 시도로는 <마더> (봉준호 감독)와 <마미>를, 모성 신화가 여성 개인에게 가하는 폭력에 대해서는 <케빈에 대하여>를, 또 모성 신화를 재구성하는 모성의 멜로드라마로 <내 어머니의 모든 것>과 <나의 어머니>를 각각 분석한다. '엄마'(2장)

와 '어미'(3장)가 사회문화적으로 구성되고 타인에 의해 규정된 어머니의 기능과 역할에 관한 것이라면, '여성'이라 이름 붙인 4장에서는 이를 벗어난 어머니 서사로는 어떤 것이 있을지 묻는다. 크게 보면 두 가지 방향에서 새로운 어머니를 제안할 수 있다. <파니 핑크>와 <마요네즈>, <마더>(미첼 감독)에서는 욕망하는 개인으로서의 어머니가 그려지고, <독일, 창백한 어머니>, <굿바이, 레닌!>, <마더!>(아로노프스키 감독)에서는 집이나 가정이 아닌, 사회나 국가, 역사와 관련된 어머니가 등장한다.

제1장

모성에 관한 논의들

1. 구성물로서의 '어머니'

어머니는 누구인가? 어머니는 어떤 역할을 하고, 우리는 어머니에 대해 어떤 기대를 하기에 그것이 충족되지 않았을 때 어머니를 비난하는가? 문학작품에 나타난 어머니상(像)을 주제로 한 수업에서 학생들에게 어머니에 대한 이미지를 물은 적이 있다. 고향, 따뜻함, 헌신, 희생, 무한한 사랑, 안식처 등 긍정적인 이미지들이 - 물론 어머니 자신에게 이것이 과연 긍정적으로만 작용하는가 하는 문제는 별개의 것이다 - 대부분이었다. 나에게 생명을 준 자이자 자신을 희생하며 무한한 사랑으로 나를 지키고 돌보는 위대한 자, 바로 어머니이시다. 인류 문화는 이런 어머니의 무한한 사랑을 칭송하고 모성의 위대함을 찬미하며 어머니를 신격화하는 서사를 끊임없이 만들어내고 있다. 멀리 볼 것 없이 신경숙의 베스트셀러 『엄마를 부탁해』(2008)에서는 자식을 위해 자신의 모든 것을 내주고 남루해진 어머니가 등장한다. 엄연한 가부장제 하에서 가장의 역할을 제대로 하지 않은

[그림 1] 희생과 헌신은 전통적인 어머니상을 구성하는 대표적인 이미지이다. 어머니는 나를 돌보고 양육하는 '좋은 어머니'이다. 계몽주의 이후 어머니에게는 가정의 교육자로서 나를 훈육하는 '나쁜 어머니'의 역할도 부가된다.

아버지를 대신해 가정과 자식을 묵묵히 지켜낸 어머니는 희생과 봉사의 삶을 살다 그 생을 마감한다. 소설에서 딸은 피에타 상 앞에서 감사의 눈물인지 애도의 눈물인지를 쏟아내는데, 이 결말을 두고 모성 신화의 강화로 볼 것인지 또는 그것을 해체하려는 시도로 볼 것인지는 논란의 여지가 있지만, 그 어느 쪽이든 모성 신화의 문제가 아직도 현재진행형임에는 틀림없어 보인다.

모성 신화로 귀결되는 어머니의 이상화가 어머니에 대한 이미지의 한 축이라면, 다른 한 축은 어머니에 대한 혐오와 공포이다. 여성 혐오와도 관련된 이 공포감은 어머니에 대한 부정적인 이미지를 만들어낸다. 그것은 한편 정신분석학이 정초한 열등한 존재로서의 어머니와 관련되지만, 다른 한편으로는 훈육과 교육을 담당하는 교육자로서의 어머니 역할과도 무관하지 않을 것이다. 가정에 대개 부재하는 아버지를 대신해 아이를 훈육하는 의무가 어머니에게 주어지고 그 훈육은 근대 문화의 특성상 욕망의 억압으로 방향 지워진다. 가령 일상생활에서 아이의 자유를 제한하고 금기를 지시하며 그것을 어겼을 시 회초리를 들어 아이를 처벌하는 쪽은 어머니이다. 물론 금기와 처벌의 잣대는 남성적 시각에 의해 규정된다. 가정과 사회에서의 규범 체계는 곧 아버지의 질서에 다름 아니지만 가정에서 이를 적용하고 실행하는 쪽은 어머니이다.

어머니의 이 상반된 역할을, 아이의 감정에 미치는 영향에 따라, '좋은 어머니'와 '나쁜 어머니'로 칭할 수 있겠다. 곧 나에게 젖을 물리고 나를 양육하는 어머니는 나를 위해 희생하고 헌신하는 '좋은 어머니'로 다가오는 데 반해, 나의 자유를 구속하고 금기를 위반할 시 처벌하는 어머니는 '나쁜 어머니'로 각인된다. 이 양자는 별개의 것이 아니며 한 여성이 어머니 역할을 수행하는 데 있어 동시에 나타나는 기능이다. 전자가 강조되면서 그 정점을 이룬 것이 모성신화라면, 후자는 어머니 혐오를 배태한다. 어머니에 대한 이렇듯 양극화된 이미지를 두고 락크너Susanne Lackner는 '어머니에 대한 동경과 어머니 살해 사이에서Zwischen Muttermord und Muttersehnsucht'라고 자신의 책 이름을 붙이기도 했다(Lackner 2003). 어머니를 이상화하고 신성시하는 것을 '어머니에 대한 동경'으로, 결핍되고 열등한 자로 어머니를 인식하고 분리의 대상으로 여기는 것을 '어머니 살해'로 비유해서 말한 것이다.

[그림 2] 미켈란젤로의 피에타. 피에타는 고통받는 어머니의 대표적인 이미지이다. 이 어머니는 신적인 존재로 격상되어 숭배의 대상이 된다.

　그런데 이렇듯 이상화와 혐오 사이를 오가는 '어머니'가 실제로는 어머니에 대한 이미지, 곧 상상의 어머니일 뿐 어머니 자신을 설명해 주지는 않는다. 그것이 좋은 어머니이든 나쁜 어머니이든, 또 어머니에 대한 동경에서 비롯된 것이든, 어머니 살해의 변주 형태이든 '어머니는 ...이어야 한다.'는 명제는 어머니의 역할과 기능을 말하는 것이지, 한 개인 여성으로서의 어머니 자신에 대해서는 말해주는 바가 없기 때문이다. 어머니의 역할은 여성이 가부장제 질서에 놓인 모순성과 합일되는 과정에 있으며, '좋은 어머니', '나쁜 어머니' 그 어디에서도 어머니 자신의 정체성을 찾아볼 수는 없다. 그런 한에서 이 어머니를 "이름 없는 어머니"(Lackner 2003,

90)라 칭할 수 있겠다. 어머니 노릇 내지는 어머니다움은 여성 자신에 의해 규정된 것이 아니라 특정 사회와 문화에서 타인에 의해 만들어진 것인데도 여성은 자연의 법칙인 양 이에 자신을 맞추도록 강요받는다. 그러므로 '어머니-여성Mutter-Frau'과 '어머니-기능Mutter-Funktion'은 구분되어야 한다. '어머니-기능'은 여성을 특정 기능으로 축소한 것이며 이는 '어머니-여성'의 살해를 동반한다(Irigaray 1987, 99, 110 참조). '어머니-기능' 혹은 '기능으로서의 어머니'는 사랑의 이름으로 헌신하는 어머니와, 아버지의 질서로 편입시키기 위해 가혹하게 훈육하는 어머니를 포괄한다. 여성의 자연스러운 여러 특성들이 인위적인 모성으로 축소되면서 어머니와 아이가 이와 다른 관계를 맺을 가능성은 희박해진다. 이렇듯 "모성이 제도화"(Lackner 2003, 79)되면서 여성은 자기 자신과는 멀어지고 어머니는 그 어느 곳에도 속하지 않는 이방인이 된다. 모성의 자연성이란 생물학적 과정에만 국한될 뿐인데도 이를 넘어서는 사회적 구성물이 만들어지고 그 과정에서 여성 자신은 사라지게 된다. 씩수Hélène Cixous는 이런 스테레오타입을 깸으로써 여성과 모성에 관한 전통적인 개념을 확장시키고자 한다. 하나의 입장으로 고정될 수 없는데도 여성은 지배 담론이 만들어낸 역할에만 자신을 맞추도록 강요받아 결국 타자, 제 자리를 잃어버린 존재, 언어를 상실한 존재가 되는데, 여성은 이에 대항해야 한다는 것이다(Cixous 1977, 8 참조).

어머니 역할로서 기능하는 이 어머니는 무엇보다 무성(無性)적이고 탈성화(脫性化)된 존재이다. "어머니는 성적 존재임을 드러내서는 안 되는 여성이다. 어머니는 자신의 욕망으로부터 세상을 지켜야 한다. 그렇게 함으로써 세상으로 하여금 인간의 섹슈얼리티에 내재된 통제 불가능성을 감추고 자신의 탐욕을 외면할 수 있도록 해야 한다"(재클린 로즈 2020, 52). 그 자신을 위해서는 어떠한 욕망도 품을 수 없고 품어서도 안 되는 존재로 축소된 자가 어머니인 것이다. 그런 의미에서 스위스 작가 우르스 비트머 Urs Widmer의 소설 『어머니의 연인Der Geliebte meiner Mutter』(2000)은 제목에서 부터 긴장감을 유발한다. 섹슈얼리티가 삭제된 존재인 어머니에게 '연인' 은 결합될 수 없는 말이기 때문이다. '어머니의 연인'은 그래서 비관습적이 고 그 자체로 낯설게 하기 효과를 가져온다. 그런데 소설의 내용을 보면 사실상 어머니의 연인은 없고 어머니의 망상만 있을 뿐이다. 어머니 클라 라는 음악가이자 사업가인 에트빈을 평생 동안 연모하지만, 정작 에트빈 에게 그녀는 아무런 의미도 아니었음을 서술자의 아들이 그녀의 사후에 확인한다. 신경숙의 『엄마를 부탁해』가 전통적인 어머니 역할을 극한으로 보여주며 진부한 어머니상에서 크게 벗어나지 못하고 있지만, 실종된 (사 실상 죽은) 어머니에게 실제로는 마음을 둔 - 몸이 아니라! - 남정네가 있었 다는 설정은 상당히 신선한 장치라고 할 수 있다. 어머니의 욕망이 실현되 거나 결실을 맺지는 못하지만 - 그것이 어떻게 가능하겠는가! - 적어도 어머니도 성적 욕망을 품을 수 있는 한 개인임을 항변하고 있다는 점에서 어머니 역할에 대한 작가의 문제의식을 읽을 수 있다.

'어머니-여성'은 '어머니-기능'의 바깥에 있는 어머니의 존재를 찾는 것 과 관련된다. 하지만 이것이 어떤 형태일지는 미지수이다. 기능으로서의 어머니만 있는 현재의 언어 체계에서 '어머니-여성'은 어떤 재현 형식을 갖게 될 것인가. 우선 말할 수 있는 것은 '어머니-여성'이 기존의 어머니 역할이나 기능에 부합하지 않으며 어머니로 규정되기 이전, 한 개인-여성으로서의 욕망을 품는다는 정도일 것이다. 기능으로서의 어머니는 구성물로서의 어머니이기도 하다. 자신을 희생하는 자애로운 어머니, 훈육하는 엄한 어머니, 탈성화된 어머니. 이들은 가부장제에서 사회문화적으로 구성된 결과물이며 그것이 어머니상에 대한 유일한 가능성으로 간주된다는 점에서 클리셰이다. 그 기저에는 양극화된 여성상이 있다. 문화의 영역을 담당하는 남성을 '기준'으로 볼 때 여성은 자연적인 존재로 예측을 불허하는 위험한 타자로 비춰지는데 그렇기 때문에 착한 여성으로 길들여져야 한다. 자연에 대한 불안은 사악한 마녀의 이미지로, 멀어진 자연과 화해하려는, 자연에 대한 동경은 성녀의 이미지로 나타난다. 좋은 어머니의 이상화와 나쁜 어머니의 마녀화는 여성에 대한 이런 양극화된 시각과도 관련된다. 이렇게 보면 모성 신화는 자연성에 기초한 여성을 마녀에서 성녀로 길들이는 과정이라 할 수 있다. 우리 일상에 편재하고 우리가 자연스럽게 여기며 당연시하는 어머니상은 실상 어머니의 기능이며 구성물로서의 어머니에 다름 아니다. 앞으로 분석하게 될 텍스트에서는 이 구성물을 해체하거나 혹은 더 강화하는 시도들을 보게 될 것이다. 구성물로서의 어머니가 갖는 문제에 접근하기 위해서는 그것이 어떻게 구성되었는지 그 과정을 더듬어 볼 필요가 있다.

2. 정신분석학에서의 어머니

프로이트의 정신분석학을 보면, 어머니는 아이의 자아 형성에 누구보다 중요한 역할을 한다. 전오이디푸스 präödipal 단계에서 아이는 전적으로 어머니와 연결되어 있지만, 오이디푸스 단계에서 아버지가 어머니의 자리를 대체한다. 주지하다시피 프로이트는 어머니로부터의 분리 과정을 아버지를 죽이고 어머니와 결혼하는 오이디푸스 신화를 모델로 설명한다. 어머니와의 애착 관계는 어머니에 대한 욕망으로, 어머니와의 분리가 이루어지는 심리적 메커니즘은 거세 불안으로 비유된다. 아버지에 의해 거세될 수 있다는 두려움, 곧 거세공포에서 벗어나기 위해 남자아이가 어머니에 대한 사랑을 포기한다는 것이다. 어머니, 아버지, 아이의 삼각관계에서 아이는 결국 어머니에 대한 욕망을 포기하고 아버지의 질서 속으로 귀속된다. 가부장제 질서가 가정 내 자리 잡는 순간이기도 하다. 여자아이의 경우에는 어머니와 적대적 관계를 형성하며 어머니로부터 분리된다고 본다. 이미 거세된 존재로 자신을 인식하는 여자아이에게서 어머니로부터의 분리가 일어나는 것은 남근 선망이라는 심리적 기제에서이다. 오이디푸스 단계를 거치면서 어머니는 남근을 가지지 않은 존재로 밝혀지고 이로써 아이는 어머니가 완벽한 존재라는 상상을 수정하게 된다. 특히 여자아이는 어머니에게서 아버지에게로 대상을 전이시키면서 어머니로부터 분리된다. 이렇듯 상징 질서로의 진입은 어머니를 통제함으로써 가능해진다. 프로이트에 의하면, 여자아이는 오이디푸스 단계를 거치면서 거세된 존재, 곧 결핍으로서의 여성을 자각하고, 우월한 남성성과 열등한 여성성이라는 도식적인 특질을 받아들이게 된다. 이로써 수동성이라는 '정상적인' 여성성이 형성된다. 이럴 경우 '전오이디푸스'란 어머니에 대한 퇴행적, 유아적 종속을 의미하고, 어머니로부터의 분리는 아이의 자아 형성에 불가결한 것으로 설명된다. 하지만 프로이트는 또한, 어머니와 딸이 그 이후에도 긴밀한 관계를 유지하는 데 주목하고 전오이디푸스 단계가 계속 영향을 미칠 수 있다고 보았다. 이로써 어머니에 대한 딸의 양가적 감정이 정신분석학적으로 설명된다. 즉 전오이디푸스 단계의 애정 어린 결속감이 영향을 미치는 가운데, 오이디푸스 단계를 거치면서 어머니가 증오의 대상이 되는 것이다. 어머니는 이중으로 객체가 되는데, 아이가 자연적인 상태를 극복하고 사회적인 인간으로 성장하는 데 조력자 역할을 한다는 점에서 그러하며, 동시에 결핍된 존재로, 특히 여자아이에게는 자신마저 결핍된 존재로 만든 증오의 대상으로 간주된다는 점에서 또한 그러하다. 프로이트의 이런 설명은 이후 팔루스 중심주의로, 남성중심주의 사회를 뒷받침하는 가부장제 가정을 정당화하는 이론으로 많은 비판을 받게 된다.

프로이트의 이론이 아버지에 정향되었음을 비판하면서 이후, 주로 여성 정신분석학자들에 의해, 특히 여자아이와 어머니의 관계를 재해석하는 흐름이 생겨났다. 그중 어머니와 딸의 관계가 상호 관계임을 강조하는 초도로우Nancy Chodorow는 어머니와의 절대적 분리란 없으며, 다만 나중에 아버지/남성이 어머니와의 관계에 개입하면서 여자아이가 완전히 어머니와 동일시되는 데 어려움이 생긴다고 본다. 초도로우는 "왜 어머니는 여성인가? 부모노릇의 모든 일상적 활동들을 수행하는 측이 왜 남성이 아닌가?"(초도로우 2008, 32)라는 문제의식에서 출발한다. 어머니가 아이와의 관계에서 수행하는 돌봄, 곧 '어머니 노릇'은 젠더를 재생산하고 확고히 하는 핵심적인 장치이다. '어머니'라는 단어는 어머니라 불리는 사람의 젠더, 섹슈얼리티, 가족 구성, 가족 내 역할을 내포한다. 곧 누군가가 어머니라면, 대개 이성애자 여성이고, 아이가 있을 것이며, '어머니'에게서 기대되는 특정한 역할을 아이에게 수행함을 예견케 한다. 초도로우는 이러한 어머니 노릇으로 인해 여성의 삶, 여성에 대한 이데올로기, 남성성, 젠더 불평등, 그리고 특수한 형태의 노동과 권력이 재생산된다고 보았다(초도로우 2008, 32 참조). 초도로우는 '어린아이가 생의 초기에 경험한 어머니와의 관계가 젠더 이데올로기를 재생산한다'고 주장하는데, 이에 따르면 부모 노릇을 통해 전달된 사회구조, 특히 젠더 구조가 어린아이의 내면, 곧 무의식적 과정을 통해서 승인되고 자리를 잡으며 아이의 정서적 삶을 발달시키는 데 영향을 미친다. 프로이트가 남자아이의 심리발달 모델을 여자아이에게 대칭적으로 적용하여 여자아이의 젠더 정체성 발달을 너무 단순하게 설명한다고 비판하며, 초도로우는 어머니와 딸을 중심으로 어린아이의 심리발달 과정을 다시 쓰고 정신분석학이 상대적으로 덜 주목한 오이디푸스기 이전 단계, 곧 전오이디푸스기의 중요성을 제기한다. 앞서 언급한 '좋은 어머니'와 '나쁜 어머니'는 오이디푸스 콤플렉스 모델로도 설명될 수 있다. 곧 '좋은 어머니'는 전오이디푸스적 관계 속에 있는 어머니이고 '나쁜 어머니'는 오이디푸스 단계를 거친 어머니에 해당된다. 오이디푸스 단계에서 어머니가 아버지의 대리자로서 아이의 교육과 훈육을 맡기 때문이다. 특히 딸과의 관계에서 어머니는 자신의 희생과 헌신에 대한 대가로 딸을 소유물로 취급하고 딸의 자유를 제한하는데, 그 결과 모녀 관계는 위계질서하에 있게 된다(Dohm 1900/1987, 16 참조). 가부장제 하에서의 권력 관계가 어머니와 딸 사이에서도 재현되는 것이다. 후에 자세히 살펴보겠 지만, 영화 <피아노치는 여자>와 <블랙 스완>은 이에 대한 좋은 예들이다.

집과 가정은 어머니가 영향력을 행사하는 곳으로 어머니는 아이를 양 육, 교육, 훈육하는 '기능'으로서만 자신의 자리를 찾을 수 있다. 그 가운데 자신의 욕망과의 관련성을 찾지 못하고 어머니 자신은 부재하다는 점에 서, 어머니의 자리는 '자리 없음'을 특징으로 한다. 이리가레는 남성 중심 의 지배 질서하에서는 여성의 다양한 존재 가능성이 상실되고 타자로서의 여성만 만들어진다고 보았다. "우리가 여성이 되는 가운데 잃어버린 관련 들 중 하나는 우리들 어머니와의 관계가 방해받고 소멸되는 데에, 또 남성 세계의 법칙들에 우리를 종속시켜야 하는 데에 있다"(Irigaray 1991, 102). '어머니-여성'은 하나의 어머니로 축소될 수 없음에도 어머니라는 특정한 기능으로 축소되고 그 결과 어머니에게서 성적 정체성, 욕망, 창조적 힘이 박탈된다. 가정을 관장하는 어머니노릇을 통해 어머니는 남성에 의한 구 성물인 대표적인 여성성을 전시한다. 그렇다면 어머니이면서 동시에 '어 머니-기능'으로 축소되지 않은 여성을 생각해 볼 수 있을까? 이리가레는 여성(어머니)이 어머니 역할을 수행하지만 여기에 완전히 동화되지는 않는 다고 보았다. 곧 어머니는 어머니로서 역할을 수행하나 이 역할을 문제 삼고 잠식할 수 있다는 것이다(Irigaray 1979, 70 참조). 그리하여 여성/어머 니에 대한 묘사는 지배 담론의 반복인 동시에 그것의 훼손일 수 있는데, 이것은 남성의 언어에 의해 억압된 여성/어머니의 자리를 보여줌으로써 가능하다.

　주로 여성 정신분석학자들에 의해 주도된 어머니 재해석은 전오이디푸스 단계에 대한 재평가라 할 수 있다. 프로이트에게 있어 전오이디푸스 단계는 오이디푸스 단계로 넘어가기 위한 전제조건이 되며 전오이디푸스 단계에 머무는 것은 퇴행이고 부정적인 고착으로 간주되었다. 그러므로 오이디푸스 단계 이전의 아이와 어머니의 관계가 재해석되면 어머니 또한 재발견될 수 있다. 전오이디푸스 단계의 어머니는 무의식적인 것을 추동하는 크리스테바Julia Kristeva의 코라와도 유사하다. 이 어머니는 가부장제 하에서 타인에 의해 규정되기 전, 곧 저 역할 바깥의 어머니이다. 그리하여 규범을 매개하는 심급기관으로서의 어머니와, 아이와 혼연일체 된 태곳적 사랑으로서의 어머니는 구분될 수 있다(Lackner 2003, 91f 참조). 그러므로 모색해 볼 수 있는 새로운 어머니 서사란, 남성 중심의 담론이 구성하고 생산한 구성물로서의 어머니, 곧 기능으로서의 어머니를 문제 삼는 한편, 다른 한편으로는 제도화된 어머니상으로 통합되지 않는, 그 바깥에 있는 어머니의 흔적을 찾는 것이 될 것이다. 또 아버지-어머니-남자아이를 중심에 둔 가족 모델과 이에 기초한 가부장적 사회질서, 또 그로 인해 생겨난 여성 폄하의 시각을 교정하기 위해서는 어머니가 객체가 아니라 주체가 되어야 한다(Lackner 2003, 76). 바로 공적 영역과 사적 영역의 분리라는 가부장적인 합리화와 남성성/여성성이라는 이분법적 구도를 극복하기 위해서는 이를 재생산하는 데 일조하는 어머니가 주체적 개인으로 거듭나야 하며, 이는 한 개인 여성으로서 자신의 욕망을 스스로 표명하고 주장하는 형태가 될 것이다(이 얼마나 어려운 일인가!). 하지만 후에 영화 분석을 통해 볼 것이지만 자신의 욕망에 충실한 어머니는 그 순간 가정과 사회에서 이방인이 되며 어머니 노릇을 방기한 어머니는 비난의 대상이 된다. 사회적 비난보다 더 무서운 것은 어머니 자신이 느끼는 죄의식이 될 것이다. 이 모든 것은 그 누구보다 여성의 내면 깊숙이 뿌리 박힌 모성 신화에 기원한다.

3. 모성애의 발명

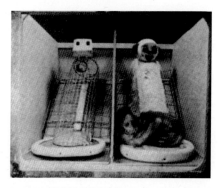

[그림 3] 철사 대리모와 헝겊 대리모. 새끼 원숭이는 젖을 주는 철사 어미보다 포근함을 주는 헝겊 어미에게서 더 심리적 안정감을 느꼈다. 출처 : 위키피디아

모성 본능은 여성을 일차적으로 어머니나 미래의 어머니로 규정함으로써 젠더 역할을 결정하는 주요한 근거로 활용되어왔다. 환경적인 조건보다 생물학적 요인에 의해 결정되는 본능적 행동을 근거로 들어 19세기 과학자들은 "여성들은 재생산과 양육에 에너지를 사용하기 때문에 남성만큼 지적으로 발달할 수 없다."고 생각했다. 여성의 사회적 역할이 증대된 오늘날에도 여성이 "양육에 대한 욕구를 타고났다는 믿음은 현재까지 계속되고"(Linda Brannon/홍주연/조성원 2012, 195) 있는데, 모성을 생물학적으로 결정된 특질이라고 보는 이 믿음이 여성들보다 남성들에게서 더 강하게 나타난다는 점은 눈여겨볼 만하다. 생물학자들이 다양한 영장류를

관찰하고 연구한 바에 따르면 "암컷의 고정된 생물학적 양육과 수컷의 무관심"(Linda Brannon/홍주연/조성원 2012, 195)은 학문적으로 근거가 희박하다고 한다. 이렇듯 과학적 근거가 부족함에도 불구하고 모성 본능에 대한 신념이 다른 본능에 비해 더 오래 유지되는 이유는 무엇일까. 모성 본능을 생물학적 요인으로 단순화하여 설명함으로써 특정 성(여성)은 양육의 의무를 지고 특정 성(남성)은 이로부터 해방됨을 짐작하기는 어렵지 않다. 원숭이를 대상으로 한 할로의 모성 박탈 실험은 흥미로운 결과를 내놓은 바 있다. 할로는 어미 원숭이와 격리시킨 새끼 원숭이들에게 우유병을 단 철사 대리모와 우유병을 달지 않은, 푹신한 헝겊 대리모를 만들어 주었다. 새끼 원숭이들은 철사 대리모에게 가서 우유를 먹었지만 철사 대리모보다 헝겊 대리모를 더 좋아했다고 한다. 부드러운 물체와의 접촉을 더 선호한다는 데에서 새끼 원숭이들에게 신체적 접촉이 중요함을 알 수 있다(Harry F. Harlow 1959, 68-74 참조). 또 출산 후 암컷 원숭이들을 격리시킨 실험에서는 암컷 원숭이들이 어미 노릇을 잘 수행하지 않는 모습도 보였는데, 이로써 돌봄이 본능보다는 경험과 관련됨을 확인할 수 있다. 아이에 대한 돌봄이 본능이 아니라 경험에 의해 결정됨으로써 어머니와의 관계는 다른 사회적 경험으로 대체될 수 있다. 그리하여 아이에 대한 양육이 유전적이라는 주장 대신 애착이나 유대라는 개념을 사용하면 이는 아이와 어머니의 관계에만 국한되지 않고 아이와 아버지, 다른 대체적인 관계에 의해서도 형성될 수 있다(Anne Woollett; Harriette Marshall 2001, 170-182 참조). 생물학적으로도 온전히 설명되지 않는, 어머니와 양육의 절대적 결합은 그러므로 인간 사회와 문화의 산물이고, 모성 본능이라는 것도 로고스의 자연에 다름 아니다. 특히 근대로의 이행 과정에서 모성 신화는 만들어지고 확정되는데, 그런 한에서 모성 발명이라고 칭할 수 있다.

17세기에서 20세기에 이르기까지 모성애의 근대사를 쓴 바댕테르에 의하면, 일찍이 어머니의 사랑은 '부재'했고, 18세기에 새로운 가치로서 모성애가 '만들어지고' 이후 어머니의 사랑은 '강요'된다. 17세기까지는 남편과 아버지로서의 부권(父權)이 훨씬 우세했는데 이는 고대 철학에서부터 기독교 신학에 이르기까지 논증되고 정당화되고 강화되었다. 아버지이자 남편인 남자들이 신의 권한을 양도받아 가정을 지배할 뿐 18세기 이전에는 사회적, 가정적 가치로서의 사랑이 존재하지 않았다는 사실은 모성애가 '만들어진 것'임을 논증한다. 어머니가 아이를 전담함으로써 아이의 양육뿐 아니라 사회 규범의 전달자로 기능하기 시작한 것은 18세기 시민가정의 탄생과 무관하지 않다. 시민계급 사회의 모범적인 여성상을 그려냄으로써 근대적인 가족, 즉 모성애에 기초한 가정을 구체적으로 상상하게 한 주요한 저작으로 많은 이들이 루소의 『에밀』(1762)을 꼽는다. 이 책에서 소피는 어머니에 의해 올바른 여성, 곧 미래의 어머니로 교육받는데, 이것이 당대 여성의 모범이 되면서 어머니에게는 도덕적 규범의 전달자라는 새로운 기능이 생겨난다. 루소에 따르면 "인간의 최초 교육은 여성들의 배려에 달려 있다. (…) 자식이 아직 어릴 때에는 아이를 교육하라, 또 아이가 컸을 때에는 돌보라, 아이에게 조언하고 마음을 달래 주어라. (…) 이것이 바로 여성들이 항상 지켜야만 하는 의무들이다"(바댕테르 2009, 181 재인용). 교육하는 어머니에 대한 요구가 높아지면서 안식처, 따뜻함, 안정감을 주는 양육자뿐만 아니라 사회 규범의 전달자라는 역할이 부가된 것이다. 이후 프뢰벨, 페스탈로치 등 교육학자에 의한 교육서들을 통해 이러한 시각이 강화되면서 모성애의 실천은 여성에게 일생의 과제로 규정되고, 아이에 대한 사랑은 교육자로서의 의무와 동일시된다. 교육서에서 어머니는 아이의 사회화, 즉 아이를 사회의 일원으로 교육시키는 데 책임을 진 자연스러운 심급기관으로 기술된다. 딸에게 한 남자의 아내, 아이의 어머니로서의 삶을 준비시키는 것도 어머니이다. 그리하여 "남성으로부터는 인간이 나오지만 여성은 처녀, 어머니, 또 어머니로서 인류 전체의 하녀"(Lackner 2003, 60)가 될 수 있을 뿐이다.

모성의 발명은 이렇듯 근대로의 이행 과정과 밀접한 관련을 맺는다. 전근대 사회는 혈통, 마을공동체, 친족 관계 등 전통적인 구속하에 개인의 자유와 선택을 제한하지만 다른 한편으로는 친밀감과 안식처를 제공함으로써 개인에게 심리적 안정감을 주는 양면성이 있었다. 근대로의 이행도 양면성을 갖는데, 전통적인 통제와 구속으로부터 해방되어 개인이 선택할 수 있는 가능성의 폭이 넓어진 반면, 자유에 대한 책임과 새로운 노동시장에서의 집약적인 노동에 대한 요구도 있다. 산업사회 이전의 가족은 경제 공동체 성격을 지녔으며 아이는 가족 노동력의 일부로 인식되었다. 결혼은 경제적 합의에 의해 이루어지는 경우가 많았으며 가정에서 모성애가 특별히 요구되지도 않았다. 바댕테르는 18세기까지 프랑스에서 영아 사망률이 높았던 이유로 어머니의 "무관심과 냉담"을 드는데 그럼에도 "어떤 사회적 압박도 받지 않은 채 자신의 고유한, 즉 이기적인 본능에 따라 행동했으며, 이 어머니들은 방금 출산한 아이에 대해 희생하라고 명령하는 본능의 압력도 전혀 받지 않았"(바댕케르 2009, 143)다. 아이는 전체로서의 가족과 관련되지, 오롯이 여성과만 관련된 존재가 아니었다. 더욱이 아이는 불완전한 성인으로, 일상생활을 지도하고 간단한 노동을 가르치는 것 외 특별히 교육할 필요도 없었다. 그리하여 여성의 삶에서도 어머니 되기가 주요한 과업으로 요구되지 않았다.

어머니 되기는 사실 근대의 원칙과 모순 관계에 있다고 할 수 있다. 근대로의 이행 과정에서 점차 개인의 자율성에 대한 요구가 커지는데 이는 남성에게만 해당될 뿐, 여성은 오히려 가정에 얽매이고 타인을 위한 삶을 강요받게 된다. 새로운 계급으로 부상한 부르주아 가족의 탄생과 더불어 남성은 직업 및 사회적 영역을, 여성은 가정 및 사적 영역을 담당하며 성별 노동 분업이 이루어진다. 남성은 다양한 형태의 직업 활동을 할 수 있었던 데 반해, 여성에게는 결혼과 어머니 되기가 일생의 수순이 되었다. 그 결과 업적, 규율, 목적지향성, 자유와 평등, 시민적 권리 등 근대적 요소는 오직 남성에게만 적용될 뿐, 여성은 남성과 결부된 존재로 인식되고 독립된 인격체로 받아들여지지 않았다. 그리하여 근대의 도래가 남성과 여성에게 서로 다른 결과를 낳게 되는데, 근대의 남성은 자기주장을 통해, 여성은 자기 포기를 통해 정의된다. 남성이 개인으로서 자신을 발견해 나가는 데 반해, 여성은 독립된 개체임을 부정당하고 가족의 일부, 가정 내 기능으로서만 존재할 수 있다. '자아실현으로서의 자아 상실', '타인을 위한 삶'(게른스하임 2014, 62-64 참조)이 여성에게 요구되는 가운데 헌신과 희생의 어머니 역할은 그 중심에 있다. 근대의 노동시장은 더 많은 경쟁과 강도 높은 노동을 요구하는데, 이를 정서적으로 완화시키는 역할도 여성에게 주어져 남성에 의한 노동시장에서의 삶과 여성에 의한 타인을 위한 삶이 결합하여 산업사회가 작동하게 된다.

근대사회로의 이행은 유년기에 대한 이해에도 결정적인 변화를 가져온다. 18세기 이전까지 아동의 지위는 지극히 낮았는데, 신학적인 관점에서는 "태어날 때부터 아이는 원죄의 무게에 짓눌린 불완전한 존재, 즉 강력한 악의 상징"(바댕테르 2009, 53)으로 엄격한 체벌의 대상이었다. 어머니의 자애는 오히려 온당치 못한 것으로 보았으며 아이는 지속적인 무관심 속에 방기되었다. 육아지침과 아동 교육서로 본격적인 아동교육이 이루어지면서 18세기 계몽주의는 아동기 발견의 시기이기도 했다. 아동은 나름의 욕구와 권리를 지닌 독립적인 인격체로 간주되고, 진보에 대한 계몽주의적인 믿음은 유년기 교육을 중요시하게 되었다. 아동의 발견과 육아의 필요성은 여성에게 지대한 영향을 미친다. 즉 아동의 해방은 여성의 구속을 전제로 한 것이다. 교육 노동의 시대가 열리면서 대거 등장한 교육서들은 여성이 아동교육에 적합한 것으로 기술한다. 목적의식적으로 아이에게 영향을 미치는 데 있어 어머니의 교육이 그 중심 역할을 하게 된 것이다. 이로써 어머니 역할은 여성의 고유한 자질로 간주되고, 어머니를 찬양하고 숭배하는 모성 신화가 탄생하였다. 여성들은 어머니되기라는 새로운 임무로 자신만의 시간과 욕망을 박탈당하고 대신 자식만이 유일한 소망이 되었다. 우리에게 익숙한, 자신의 욕망을 자식에게 퍼붓는 새로운 여성상이 만들어진 것이다. 자아를 주장하는 어머니는 좋은 어머니가 아니었고 오히려 자아에 대한 망각은 어머니의 존재를 고양시키는 전제조건이 되었다. 그리하여 이상적인 어머니는 그 숭고한 역할로 인해 이성을 초월하여

성모 마리아와 같은 존재로 격상되었고, 반면 이에 맞지 않는 어머니는 비난의 대상인 동시에 그 자신이 죄의식을 느끼는 존재가 되었다. 예술작품들은 한편 모성의 희열을, 다른 한편으로는 '피에타'로 대표되는 모성의 고통을 표현했다. 그 어느 쪽이든 모성을 찬미하고 숭배하는 데에서는 동일하다. 모성이라는 '타고난 본성'을 완성하기 위해 자아를 포기하는 것이 여성이 누릴 수 있는 지고의 행복으로 강조되면서 '고통에 찬 어머니' 상이 만들어진다. 모성은 "마치 성직처럼, 고통과 괴로움을 불가피하게 동반할 수밖에 없는 행복한 경험으로 인식"되었고 그것은 "바로 자기 자신의 진정한 희생"(바댕테르 2009, 246)을 의미했다. 이제 가정, 집, 아이와 철저하게 결부된 어머니노릇은 여성이 사회적 영역에서 이루어지는 생산 활동으로부터 배제되는 논리로 작동한다. 여성은 근대 개인의 발견을 포기하게 되고 그 반대급부로 평가 절상된 어머니 역할을 부여받는다.

이러한 어머니의 이상화와 낭만적 고양은 19세기 말에 이르러 여성에게도 직업 활동의 기회가 열리고, 모성을 통한 어머니의 행복이 재고하면서 흔들리기 시작한다. 하지만 주로 저임금 노동이 주를 이루던 대도시의 직업 활동에 대한 부담감으로 어머니는 여성들이 자발적으로 선택한 자기만의 직업이 되기도 했다. 초기 여성 운동에서 어머니 역할을 천직으로 삼자는 어머니 운동이 펼쳐진 것도 이런 배경하에서 이해될 수 있다. 여성의 참정권을 요구하는 등 정치적 해방에 주력했던 제1차 페미니즘 운동 때에는 어머니 노릇이 주된 주제가 되지 못했을 뿐더러 성의 차이를 강조하면서 '모성적인 것'의 특수성을 주장하기도 했다. 모성을 신성불가침의 영역으로 삼고 어머니 되기를 최고의 성취로 보는 지배 이데올로기가 여전히 작동한 셈이다. 아이를 속박이라고 느끼는 여성이 생겨나지만 이를 자인하는 데까지는 아직도 시간이 더 필요했다.

제2차 페미니즘 물결이 휘몰아치면서 여성의 자아 발견이라는 변화는 가속화된다. 양성 간 평등한 교육기회와 직업 활동은 여성이 이전까지 갖지 못했던 자의식을 획득하는 계기가 되었다. 여성이 개인으로서 자기 주장을 하며 자신의 삶을 계획하고 성취하는 데 있어 어머니 역할은 걸림 돌이 될 수 있다. 여성이 가족 제도의 일부로서가 아니라 가족 내에서도 한 개인으로 느끼기 시작한 것이다. "어머니(중심이 집, 즉 내부로 맞추어져 있는)와 여성(외부로 향해 있는)이라는 이중적인 역할"(바댕테르 2009, 338)로 갈등하는 시간을 거쳐 급기야 오늘날은 어머니 역할이 하나의 선택지가 되었다. 현재 사회적 영역에서 남성과 동등하게 경쟁하는 포스트페미니즘 세대에게 '어머니 되기'는 여성 개인의 자아와 충돌한다. 전근대에서 근대 로의 이행을 특징 짓는 '한 조각 자기인생'(게른스하임 2014)에 대한 요구가 남성에 이어 이제 여성에게도 도래한 것이다. '아늑한 어머니의 행복'이란 더 이상 진실이 아니며, 여성은 이제 가족의 일부로 봉사하기보다 가족 안의 개인으로 느끼는 한에서만 가정과 일을 병행할 준비가 되어 있다. 게른스하임은 몰아적 사고와 행동을 요구하는 어머니 역할이 '타인을 위 한 삶'이며, 바로 그런 이유로 목적의식적으로 자기 인생경로를 설계하는 근대의 요구에 맞지 않는 것으로 본다. 그리하여 오늘날 어머니 되기의 어려움은 개별 여성의 문제가 아니라 근대사회의 문제이며 그 연장선에서 직업과 가정의 조화가 고려될 필요가 있다. 특히 오늘날 결혼에 대한 가치 관도 바뀌면서 여성과 가족은 점점 더 멀어지고 있다. 출산율 저하는 시급한 사회 문제가 되고 있지만 아이와 직업을 병행하고자 하는 여성의 관점에서 "모성과 여성의 자기 인생 사이의 긴장 관계"(게른스하임 2014, 38)가 해소되지 않으면 이 문제는 결코 궁극적으로 해결될 수 없을 것이다. 아이를 가지느냐 마느냐 하는 것은 개인적인 갈등의 문제가 아니라 전근대사회에서 근대사회로 이행하는 가운데 여성이 근대의 논리를 체득하고 뒤늦게나마 자기주장을 하는 것으로 볼 수 있으므로 이에 대한 진지한 경청이 필요한 시점이라 할 수 있다.

제2장

엄마; 기능으로서의 어머니

-좋은 어머니/나쁜 어머니-

'엄마'로 이름 붙인 이 장에서는 구성물로서의 어머니가 어떻게 좋은 어머니와 나쁜 어머니로 기능하는지 보고자 한다. 앞서 18세기 시민 가정의 탄생으로 모성 신화가 '만들어졌음'을 간략히 살펴보았는데, 모성을 주요한 신념으로 안착시키고 여성들에게 자발적으로 어머니 역할을 받아들이게 하는 데 있어 주요한 전략 중 하나는 모성에 대한 찬사이다. 모성애를 실천하는 어머니는 신격화된 존재로 격상되는데 - 우리가 일상적으로 사용하는 '어머니는 위대하다!'라는 익숙한 말을 떠올려 보라 - 이는 성모 마리아로 구체화 된다. 아들을 잃고 고통 속에 잠긴 성모, 곧 피에타는 희생하고 헌신하는 '좋은 어머니'를 대표하는 이미지이다. 영화 <피에타>와 <당신을 기다리는 시간>은 이 피에타를 모티브로 하여 '좋은 어머니'의 기능을 한편 문제 삼고, 다른 한편 재현한다. 이에 반해 영화 <피아니스트>와 <블랙 스완>은 어머니의 양대 기능 중 '나쁜 어머니'와 관련된다. 양육뿐만 아니라 훈육, 교육의 기능이 부가되면서 어머니-기능은 완성되는데, 후자의 기능은 아이의 욕망을 통제하고 제어하는 '나쁜 어머니'로 표상된다. 아이에 대한 통제는, 특히 모녀 관계에서는 딸을 어머니의 소유물로 생각하는 독점적인 모성 지휘권으로 왜곡될 수 있다. <피아니스트>와 <블랙 스완> 두 영화는 딸을 독점하는 어머니의 이기심과 소유욕을 폭로함으로써 '나쁜 어머니'의 기능이 실제 그릇된 어머니로 귀결될 수 있음을 보여준다.

1. 성모와 아들 : <피에타>, <당신을 기다리는 시간>

자식을 잃고 고통받는 어머니는 이상적인 모성상을 구성하는 주요한 이미지 중 하나이다. 그리스 신화에서 니오베는 질투 많은 신에게 자식 열넷을 모두 잃고 애통해하는 어머니로 나온다. 자연재해나 부조리한 현실에서 비탄에 빠진 어머니는 세상 그 무엇보다 우리의 감정을 자극한다. 어머니의 기능 중 '좋은 어머니'는 나를 위해 헌신하고 무한한 애정을 보이는 어머니로, 이는 어머니의 이상화를 낳고 모성을 신성시하는 담론을 만들어낸다. 하나뿐인 아들을 잃고 피눈물 흘리는 성모, 곧 피에타는 그 정점에 있다. 모성에 대한 숭배와 찬양은 그 최고의 모범으로 성모 마리아를 들면서 어머니의 신격화로 이어진다. 어머니는 숭고한 존재이고, 어머니의 괴로움과 고통은 구원의 힘을 갖는다.

'피에타'를 모티브로 한 영화가 있다. 김기덕의 <피에타>(2012)와 메시나의 <당신을 기다리는 시간>(2015)은 아들의 죽음과 남겨진 어머니의 깊은 슬픔을 다룬 영화들이다. 모성을 다루는 방식에서는 차이를 보이는데, 전자에서는 피에타가 복수의 모티브가 되고, 후자에서는 현대판 피에타로 어머니의 슬픔을 승화시킨다.

제69회 베니스 영화제에서 한국영화 최초로 황금사자상(최고작품상)을 수상한 바 있는 김기덕의 <피에타>는 그 제목에서부터 모자관계 내지는 모성이 주요한 주제임을 말해주고 있다. 서울 도심, 청계천 일대에서 일수 받는 일을 하는 주인공 강도는 피도 눈물도 없는 냉혈한이다. 사채업자의 청부를 받아 가난한 노동자들로부터 살인적인 이자와 원금을 받아내는 일을 하면서 보험금을 타 내기 위해 신체를 절단하는 등 잔인한 폭력을 일삼는 인물이다. 인간적인 감정이라곤 찾아볼 수 없는, 그 이름 또한 강도인 이 주인공 앞에 어느 날 자칭 친모라는 여인이 나타나고 불안한 동거가 시작된다. 어머니를 증거 하는 잔인한 시험단계를 거쳐 강도는 마침내 그녀를 어머니로 받아들이고 그 이후 강도는 개과천선한 듯 인간적인 모습으로 변모한다. 어머니의 사랑으로 행복해지려던 찰나 그녀는 나타날 때 그랬던 것처럼 홀연히 사라진다. 자신의 폭력에 희생된 자들이 복수를 한 것이라 생각한 강도는 사라진 어머니를 찾기 위해 다시 그들을 찾아가고 자신이 한 짓의 끔찍한 결과들을 목도한다. 그런데 충격적이게도, '어머니'는 사실 강도의 친모가 아니라 이전에 강도에 의해 신체 절단을 당하고 끝내 자살한 남자의 어머니라는 사실이 밝혀진다. 그녀는 복수를 위해 강도가 보는 앞에서 자살하고, 절망감에 휩싸인 강도는 자신에 의해 삶을 파괴당한 또 다른 노동자 부부를 찾아가 스스로를 참혹하게 벌한다.

영화의 배경은 프레스 공장과 철공소, 주물공장이 밀집한 청계천 4가이다. 뒤죽박죽 미로 같은 이 곳은 버려진 절단기계부터 쇳조각까지 어지럽게 널브러져 황폐한 정글처럼 보인다. 그것은 프레스, 절단, 절곡, 파이프,

선반, 페인트칠 공장 등 다양한 공간으로 나타나지만 노동자 한두 사람이 꾸리는 열악하고 영세한 작업장이라는 점에서는 매한가지다. 한때는 바빠 기계가 돌아갔을 이곳은 이제 퇴락하여 시간이 멈춘 듯 음산하기까지 하다. 16세 때 전자공장에서 일한 전력이 있는 감독은 청계천이 곧 자신이라며 "황금사자상을 받는 순간 청계천에서 무거운 짐을 지고, 박스를 들고 있던 15살의 김기덕이 생각났다."(조지영 2012)고 당시 심경을 밝혔다. 영화는 청계천을 배경으로 현대 자본주의 사회의 비인간적인 논리를 적나라하게 드러낸다. 고도화된 산업화와 자동화에 밀려난 이곳 노동자들은 자본주의 사회의 밑바닥 인생을 처절하게 살아간다. 그들은 가난을 면치 못하고 사채를 쓰며 혹독한 이자를 감당하지 못해 자신들의 신체를 절단당한다. 그리고 그 선봉에는 악마 같은 강도가 있다. 그런 의미에서 이 영화는 "극단적 자본주의에 관한 영화"(김기덕; 씨네 21취재팀 2012)이기도 하다.

실제 영화에는 다양한 노동자들이 등장한다. 영화의 시작은 노동자 1의 죽음이다. 그는 후에 어머니 미선의 친아들로 드러나면서 첫 장면부터 관객을 압도하는 충격적인 자살의 의미가 나중에야 밝혀진다. 휠체어에 앉은 걸로 봐서, 사채 빚을 갚지 못해 강도에 의해 다리를 절단당했을 것임도 어렵지 않게 추측해 볼 수 있다. 노동 현장에서 물품을 생산하는 데 사용되어야 할 갈고리가 잔혹하게도 그의 자살을 돕는다. 버려진 운동화는 나중에 미선이 그의 친모임을 관객들이 알게 되는 데 실마리가 된다. 노동자의 자살을 인트로로 해서, 영화는 본격적으로 여러 노동자를 거치며 강도의 악행과 악마성을 적나라하게 보여준다. 노동자 2는 부부 노동자이다. 어김없이 강도가 찾아오자 아내는 자신의 몸을 내놓지만 값나가지 않는 그녀의 몸은 강도의 관심 밖이다. 그에게 정의란 단순하다. 남의 돈을 빌리고 갚지 않으면 그만한 벌을 받아야 한다는 것이다. 애걸하는 아내를 몰아낸 후 강도는 남편의 손을 자른다. 노동자 3은 노모와 아들이다. 노모를 극진히 모시는 아들이지만 빚을 갚지 못하자 어머니가 보는 앞에서 아들은 굴욕적으로 강도에게 매질을 당하고 이후 다리가 부러진다. 노동자 4는 더 비참하다. 강도가 도착하기 전, 유서를 쓰고 죽은 그를 강도는 모욕하고, 남겨진 노모의 집을 찾아가 돈 될 만한 것이 없자 우리 속 토끼를 뺏어온다. 이들 네 가지 유형의 노동자들은 강도의 악마성을 날것 그대로 보여주는 기능 외, 이후 플롯에서도 중요한 역할을 한다. 노동자 1은 말했듯이 미선의 친아들로, 미선이 계획한 복수의 시작과 끝으로 연결된다. 노동자 2 부부는 영화의 마지막 장면에서 강도가 그들의 트럭 아래 스스로를 매달아 자기 처벌을 하면서 본의 아니게 그들의 저주대로 강도에게 복수를 한 셈이 된다. 노동자 3은 다리를 절며 구걸을 하던 중 우연히 강도에게 '사랑하는 어머니'가 있음을 알고 복수를 시도한다. 하지만 역으로 칼을 맞고 노모를 찾아가 죽는 비극적인 인물이다. 미선이 스스로 죽음을 택하기 직전, 이 노모가 미선을 떠밀려고 하는 장면이 짧게 연출되면서, 크게 눈에 띄지는 않지만, 아들을 잃은 어머니의 복수극이 부수적으로 하나 더 만들어진다. 노동자 4의 토끼는 미선과 강도를 연결시키는 역할을 한다. 강도가 손에서 놓친 토끼를 잡아든 미선이 강도 앞에 나타나 무릎을 꿇고 용서를 구하기 때문이다(그림 5 참조).

[그림 4] 신체를 절단할 노동자가 자살하자 강도가 그의 노모로부터 자신의 저녁거리로 토끼를 뺏어온다. 순백의 토끼는 그의 잔인성을 극대화하고, 이후 미선과 강도를 연결하는 매개체가 된다. 출처 : 영화 <피에타>.

[그림 5] 홀연히 나타난 가짜 엄마 미선이 버려진 기계와 쓰레기 무덤 앞에서 "미안해, 널 버려서"라 며 강도 앞에 무릎을 꿇는다. 어머니 복수극의 시작이다. 저 버려진 쓰레기가 강도의 처지와 별반 달라 보이지 않는다. 출처 : 영화 <피에타>.

영화에서 동물은 여러 가지 상징적인 의미를 지닌다. 미선이 어머니로 등장하기 전, 강도의 일상을 보면 그는 닭, 오리, 생선 등 동물만 먹는다. 강도가 사는 협소한 방의 식탁에는 전날 먹은 생선의 앙상한 뼈만 남아있다. 화장실에는 생선의 내장으로 추정되는 혐오스러운 물체들이 있다. 강도가 생닭을 들고 귀가하면 이내 닭은 털이 뽑힌다. 물고기든 육고기든 그날그날 산 채로 한 마리씩 가져와 달랑 그것만 짐승처럼 먹는 인간임을 알 수 있다. 포악한 육식 동물이 사냥을 하고 그날의 사냥감을 포식하는 형국이다. 실제 강도는 사채 빚을 진 노동자들을 거침없이 사냥하는 인물이다. 눈물도 자비도 모르는 그는 약육강식의 맹수와 다를 바 없다. 자본주의의 정글 속에서 사채업자의 사주를 받아 그날그날 사냥감을 조준하는 사냥꾼. 그가 먹는 날 것 그대로의 동물들은 그가 동물과 다름없음을, 곧 비인간임을 보여주는 장치라 할 수 있다. 그런 그가 여차여차 토끼를 들고 오던 중 삐끗하면서 놓친 토끼를 미선이 찾아주며 그 앞에 등장한다. 한 치의 오차도 없을 것 같은 냉혹한 신체로 단련된 그가 삐끗하다니, 미선의 등장이 그의 인생을 송두리째 흔들어 놓을 것임을 알린다. 마침 토끼도 이전 동물들과는 다른 운명을 맞는다. 토끼는 다른 먹잇감처럼 강도에게 잡아먹히지 않고 미선에 의해 풀려난다. 미선이 구원자로 등장할 것임을 암시하는 대목이다. 동물로, 비인간으로 살아가던 강도를 앞으로 '어머니'가 되어 구원하게 될 미선의 역할이 선취된 것이다. 하지만 풀려난 토끼를 몰래 지켜보던 미선의 시야에서 토끼는 이내 로드킬 당한다. 미선에 의한 강도의 구원이 가짜임을 역시 암시하는 대목이라 할 수 있다. 이어 또 다른 동물이 등장한다. 미선이 가져다 준 장어이다. 30년 만에 나타나 친모임을 주장하는 여인을 받아들이기는커녕 미친 여자 취급하는 강도에게 미선은 저녁거리로 장어를 불쑥 내밀고 사라진다. 장어는 '어머니' 장미선의 연락처를 두르고 있다. 결국 강도는 전화를 하고 전화기 너머 미선이 불러주는 자장가를 들으며 미선을 받아들인다. 미선의 등장으로 토끼가 이전 생물들과는 다른 운명을 맞아 강도의 변화를 예감케 한다면, 장어는 미선과 강도를 잇는 매개체가 된다. 왜 하필 장어일까. 자신의 복수를 위해 미선은 한동안 강도에게 어머니 역할을 가장하는데, 그 첫 번째가 장어를 가져다주는 것으로 표현된다. 프로이트는 여성이 거세된 존재이고 그 결핍으로 인해 남근 선망을 가진다고 했다. 남근 선망으로 인해 여자아이는 어머니로부터 멀어져 아버지로 정향되고, 이 남근 선망은 이후 자신의 아이에 대한 소망으로 대체된다는 것이다. 미선(여성)이 내미는 남근적 상징물 장어는 곧 자신에게 결여된 남근에 대한 대체물인 강도(아이)를 향한다. 어항 속 장어가 어머니의 전화번호를 달고 있는 것은 아이가 어머니와 분리되기 전 단계, 곧 전오이디푸스 단계에서의 어머니와 아이의 일체감을 신호하는 것은 아닐지. 물론 이 어머니는 가짜 어머니이고 아이는 가짜 아이인 한에서 그것이 제대로 작동할 리는 없다. 후에 미선은 장어의 목을 비틀어 잡고 잔인하게 잘라 잘 구워 상 위에 올린다. 영화가 남근 선망을 비트는 방식이라 할 수 있다. 뿐만 아니라 미선이 장어의 목을 자르는 장면은 거세공포를 떠올리게 한다. 거세공포는, 프로이트에 따르면, 남자아이가 어머니에 대한 욕망을 포기하고 아버지의 질서로 들어가는 심리적 기제로 설명된다. 하지만 이후 바바라 크리드와 같은 영화 이론가는 거세자로서의 여성이 가능함을 말한다(멀비; 실버만; 드 로레티스;

크리드 2006, 195-199 참조). 바기나 칸타타로 대표되는, 여성에 대한 공포감은 종종 영화에서 거세자로서의 여성으로 표현되는데, 쿠엔틴 타란티노 Quentin Jerome Tarantino의 <킬빌>(2003)과 폴 버호벤Paul Verhoeven의 <원초적인 본능>(1992)이 그 대표적인 예이다. <킬빌>에서 유능하고 냉혹한 여성 킬러인 브라이드는 긴 검을 차고 다니며 무자비한 복수극을 벌이고, <원초적인 본능>에서 섹시하고 비밀스러운 캐서린은 기다란 얼음송곳으로 정사 중 남자들을 난자하여 살해한다. 남성성의 상징인 긴 칼과 얼음송곳을 장착한 이들 여성들은 더 이상 거세된 여성이 아니라 거세하는 자로 등장한다. 미선이 장어를 자르는 광경은 거세하는 어머니(여성)에 대한 원초적인 공포감을 담고 있는데, 실제 미선으로 인해 강도는 죽음을 맞이한다.

[그림 6] 미선을 냉정하게 내쫓지만 막상 미선이 가져다 준 장어를 강도는 어항 속에 넣어둔다. 미선의 전화번호 쪽지를 감고 있는 장어는 '어머니'에게 닿을 수 있는 수신처이다. 출처 : 영화 <피에타>.

자본주의의 병폐와 문제점으로 시작한 이 영화가 <피에타>라는 제목을 달고 있는 이유는 무엇이고 어머니는 어떤 역할을 하는가. 결론부터 말하자면 강도의 악마성은 여성(어머니)으로부터 비롯되고, 또 처참한 비인간 상태로부터 그를 구제하는 것도 여성(어머니)이다. 그런 한에서 구원의 '피에타'는 이 영화에 걸맞은 제목이라 할 수 있겠다. 강도라는 캐릭터는 '어머니' 미선을 만나기 전후로 뚜렷이 구분된다. 미선을 만나기 전 강도는 앞서 본 것처럼 감정 없는 기계와 같은 인간, 곧 비인간이다. 가족도 연인도 없으며 개인적인 관계를 맺는 사람도 없다. 천애고아에 잔인하고 고독한 인간 사냥꾼으로 살아가며 강도는 인간 신체마저 거래의 대상이 된 자본주의 사회에서 돈의 저급한 논리 – "돈을 빌렸으면 갚아야지!" – 로 인간의 몸을 훼손하는 데 아무런 죄의식이 없다. 자신이 악마임을 인식조차 하지 못하는 악마인 것이다. 미선을 만난 후 강도는 짐승에서 인간으로, 감정 없는 비인간에서 감정이 살아난 인간으로 변모한다. 그 결과는 자신의 죄에 대한 인식이며 구원에 대한 모색이다. 그리고 이를 중재하는 것은 미선이 코스프레 하고 있는 모성이다. 미선이 납치 자작극을 벌이자 강도는 미친 듯이 '어머니'를 찾아 나서는데, 기회에 그는 자신이 불구로 만들거나 간접적으로 살인한 노동자들을 다시 찾아가 그가 과거에 저지른 죄과의 결과들을 지켜본다. 어머니는 자식을 잃었고, 어린 아들은 복수의 칼날을 가슴속에 품고 있으며, 불구의 남편을 아내가 근근이 부양한다. 요컨대, 그로 인해 많은 가정이 파괴되고 가족이 해체된 것이다. 미선에 의한 복수의 일환이긴 했지만 이렇게 자신의 과거를 다시 찾아봄으로써 강도는 자신의 죄를 인식하며 후에 참혹하게 자신을 벌하는 선택을 한다.

죄와 속죄, 구원은 김기덕 영화가 꾸준히 천착한 주제이기도 하다. 그는 <봄 여름 가을 겨울 그리고 봄>(2003)에서 일찌감치 인간의 죄와 종교적 구원을 영화의 주된 주제로 삼았고 <사마리아>(2004)에서는 여성을 통한 용서와 구원의 모티브를 김기덕식으로 비틀어 세상에 내놓았다. <피에타>는 한 걸음 더 나아가 어머니를 구원의 주체로 삼는다는 점에서 앞선 영화들과 차별화될 수 있다. 물론 그 방식에서는 논란의 여지가 많다. 남성의 폭력과 타락, 여성의 용서와 구원이라는 대립 쌍으로 김기덕의 영화가 여성 차별이나 여성 혐오로부터 자유롭지 못하다는 비판은 타당해 보인다.[3] 이 영화에도 여성 혐오의 흔적이 남아 있지만 어머니라는 주제로 인해 보다 복잡한 양상을 보인다. 여기서 여성은 혐오의 대상에서 숭배의 대상으로 급변한다.

강도의 잔혹성과 비인간성이 자본주의 시장에서 그 민낯을 드러내지만 그 자신 물질적 탐욕으로 점철되거나 자본의 축적 내지는 증식을 꾀하지는 않는다. 말했듯 그는 누추한 방에서 한 마리 짐승처럼 살고 있다. 오히려 세상으로부터 버림받고 타인으로부터 사랑받은 적 없는 그를 사채업자가 수단과 방법을 가리지 않고 미수금을 회수하는 도구로 삼는 한에서 그 역시 자본주의 먹이사슬의 희생물이기도 하다. 강도의 일생에 관해

---

3   지금은 유명을 달리하였지만 최근 감독에게 제기된 여배우들에 대한 폭력적 언행과 성폭행 혐의를 감안하면 더더욱 김기덕 영화가 보기 불편해진 것도 사실이다. 필자가 그의 영화를 이 책의 분석대상으로 삼은 것은 이 스캔들이 들끓기 전이어서 내용에서 제외해야 하지 않을까 고민도 많았다. 그 사이 김기덕 감독은 객사하는 신세가 되었다. 그의 죽음이 이유는 아니지만, 감독과 영화 자체를 그래도 분리해서 볼 필요가 있지 않나 하는 생각에서 <피에타>를 계속 가져가게 되었다.

영화는 많은 정보를 주지 않지만 여자의 상반신이 드러난 그림에 칼을 꽂는 장면으로 볼 때 여성에 대한 그의 혐오와 증오심을 짐작해 볼 수 있다. 그리고 가짜 엄마 미선의 등장으로 그 여성이 바로 자신을 낳아준 어머니일 수 있음이 퍼즐처럼 맞춰진다. 식탁 위 다트에 걸린 여자 그림에 강도는 매일 칼을 꽂아두는데(그림 8 참조), 이로써 피할 수 없는 수동성으로 박제된 여성의 몸이 남성의 폭력에 고스란히 노출되는 동시에 강도의 피폐한 내면이 여성적인 것에 대한 원한과 관련됨을 암시한다. 이후 집안으로 들어온 미선이 식탁에 앉는 자리가 바로 칼이 꽂힌 여자 그림 바로 아래란 점도 눈여겨 볼만하다(그림 9 참조). 이로써 강도의 여성 혐오가 자신을 버린 어머니에 대한 원망과 증오심으로 구체화될 수 있기 때문이다. 이후 여자 그림을 떼 낸 자리에 미선의 사진이 걸리면서 이는 확증된다(그림 10 참조). 그림 교체는 어머니의 출현과 사랑으로 강도의 인간성이 회복되어감을 말해준다. 어머니에 대한 많은 서사가 그러하듯 여기서도 사랑의 결핍과 정서적 결여의 주범은 모성으로 지목되고 이는 강도의 증오심을 설득력 있게 만든다. 이런 서사가 켜켜이 쌓여 모성 신화가 만들어지고 강화될 수 있는데 현실에서 상황상 모성을 실천할 수 없는 어머니들, - 후에 살펴보겠지만 영화 <케빈에 대하여>에서처럼 - 모성에 재능이 없는 어머니들은 이 지배 담론하에서 비방의 대상이 되고 스스로를 자책하게 된다.

영화는 아버지의 부재를 거론하거나, 혹은 강도에게 다른 애착관계가 형성되지 못한 이유를 묻지 않는다. 곧 강도의 악마성은 모성의 부재나 결핍으로 용이하게 설명된다. 이 논리가 완성되는 것은 미선을 엄마로 인정하면서 강도가 갑자기 변화하기 시작하면서이다. 모성을 체험하면서 강도가 인간적인 면을 회복하기 시작한 것이다. 변화의 조짐은 노동자 5를 만나는 장면에서 확인할 수 있다. 예비 아빠인 젊은 노동자를 찾았을 때 그는 태어날 자식을 위한 보험금을 타내기 위해 강도에게 양쪽 손을 절단해 달라고 부탁한다. 가수 지망생이었던 그는 마지막으로 기타를 쳐 보고 강도에게 기타를 가지라고 한다. 평소 같으면 이런 감상적 분위기에 젖어들 리 없는 강도이지만 이제 그에게는 어머니가 있고, 그리하여 그는 기타를 가지지도, 손을 절단해 주지도 않는다. 태어날 아이에게 온전한 가정을 만들어주고 싶은 인간적인 감정이 싹트고 있음을 알 수 있다. 물론 그 예비 아빠가 스스로 손을 절단하는 결과를 막을 수는 없었지만.

친모임을 주장하는 여인은 그의 죄 많은 인생을 구원할 수 있는 것처럼 보인다. 미선은 강도의 집을 모성으로 채우기 시작한다. 대도시 서울의 후미진 곳에 삭막하기 그지없었던 강도의 집은 온기로 차오른다. 영화는 미선을 통해 어머니 노릇에 대한 스테레오타입들을 나열한다. 미선이 불러주는 자장가는 강도가 마음의 문을 여는 결정적인 계기가 되고, 미선이 강도의 집으로 밀고 들어와 처음 한 일은 청소와 요리이다. 어머니는 자식을 포근하게 감싸줄 스웨터를 뜨개질한다. 음식과 뜨개질은 양육과 보살핌, 따뜻함을 상징하며 모성을 구성한다. 지저분함에서 정리정돈으로, 더러움에서 청결함으로, 삭막함에서 따뜻함으로 강도의 집은 어머니의 손길이 닿자 기적처럼 바뀐다. 물론 감독은 이러한 스테레오타입들을 이내 뒤집는다. 스웨터는 강도의 것이 아니라 죽은 친아들을 위한 것이고, 어머니의 보살핌은 아들의 자위를 돕는 기이한 형태로 일그러진다.

미선 외에도 영화 곳곳에 모성이 넘쳐난다. 모자 관계는 여러 노동자의 가정에서 변주되며 반복적으로 등장한다. 돈 때문에 어머니 앞에서 굴욕적으로 구타당하는 아들, 아들의 죽음을 아직 알지 못하는 노모의 무지한 얼굴, 자식의 무덤 앞에 오열하는 어머니. 세상의 '피에타'는 영화 곳곳에 있다. "너도 엄마가 있을 거 아냐?", "부모 마음" 등 노동자들은 모성의 이름으로 가장 기본적인 인간의 감정에 호소하지만, 모성을 경험하지 못한 강도에게는 씨도 먹히지 않는 말들이다. 강도가 파괴한 것은 그들의 신체만 아니라 부모 자식 간 관계이다.

[그림 7] 여러 어머니들이 등장하면서 영화 곳곳에는 모성이 넘쳐난다. 이들은 하나같이 모성과 효심이라는 이상적인 모자 관계를 형성하고 있어 어머니 없는 강도와 대조를 이룬다. 출처 : 영화 <피에타>.

한편 모성에 길들여진 강도는 온순한 어린아이가 된다. "이제 다시 혼자가 되면 못 살 것 같아." 강도는 아이처럼 엄마 품에 안겨 잠들고 싶어

하고, 엄마가 밀어내고 혼을 내도 온순한 양처럼 고분고분 엄마 말을 듣는다. '착해진' 강도가 어머니와 외출하여 즐거운 시간을 보내는 장면들은 강도의 잃어버린 유년시절을 보상하고 돌려주며 그의 영혼을 치유하는 것처럼 보인다. 다 큰 어른이 풍선 장난감을 갖고 노는 우스꽝스러운 장면이 연출되는 가운데 천진한 아이 같은 강도에게서 이전의 긴장감과 잔혹함은 더 이상 찾아볼 수 없다. 모성을 통한 죄 씻김과 인간성 회복은 종교적 구원의 자리를 대신하고, 이로써 모성은 부족할 시 모든 악의 근원이요, 충만할 시 모든 악을 씻어낼 만병통치약으로 자리매김 한다. '할렐루야여 영원하라!' 영화는 강도의 집 맞은편에 있는 교회를 반복적으로 비춘다. 하지만 세상 고독한 짐승 강도를 위해 교회는 아무것도 해 주지 않는다. 이렇듯 탈종교화의 상황에서도 모성은 영원불멸한 사랑으로 칭송받고 어머니는 강인함과 위대함으로 신격화된다. 모성 결핍으로 인해 악해진 아들이 어머니의 사랑으로 구원받고 선해진다는 클리셰로 모성신화가 다시 새겨지는 순간이다. 영화에서 이 논리가 위험할 수 있는 것은 이렇듯 모성에 대해 과도한 의미를 부여함에 따라 당면한 사회 병폐나 문제가 덮일 수 있다는 점이다. 사실 강도가 비인간화 된 데에는 여러 가지 사회적 요인이 있을 수 있으며 이를 해결하는 방향도 공론화된 차원에서 논의해 볼 수 있을 것이다. 실제 영화는 현대 자본주의 사회의 냉혹한 논리와 문제점들을 담아내고 있지만, 미선(어머니!)의 등장으로 사회 문제는 쪼그라들고 모든 문제는 모성애로 모아진다. 그렇다고 이 영화가 모성 신화를 재현하는 데 그치는 것은 물론 아니다. 영화는 이것을 한 번 더 뒤집으면서 - 감독이 의도하든 그렇지 않든 - 모성 신화의 해체 가능성을 보인다.

[그림 8] 강도는 젖가슴이 드러난 여성의 몸에 매일 칼을 꽂아둔다. 그림이긴 하지만 여성의 몸은 남성적 시각에 적나라하게 노출되고 수동적인 객체로 고정된다. 여성에 대한 혐오감과 남성의 폭력이 잘 드러나는 장면이다. 출처 : 영화 <피에타>.

[그림 9] 칼을 꽂은 그림 바로 아래 미선이 앉고 구운 장어를 강도에게 내민다. 여성 혐오가 어머니에 대한 혐오로 구체화되는 배치이다. 출처 : 영화 <피에타>.

[그림 10] 미선이 어머니 노릇을 하자, 강도는 급격히 인간성을 회복하기 시작하고 칼에 꽂힌 여자 그림은 미선의 사진으로 바뀐다. 이 어머니는 더 이상 혐오의 대상이 아니라 내 사랑의 원천인 '좋은 어머니'이다. 출처 : 영화 <피에타>.

제목 '피에타'의 의미는 미선의 실체가 드러나면서 비로소 해독된다. 예수의 주검 앞에서 고요히 눈물 흘리는 성모 마리아, 곧 피에타는 친아들의 시체를 냉동보관하고 그 앞에 주저앉은 미선의 모습으로 대체된다(그림 11 참조). 그리하여 모자 관계는 실상 강도와 미선의 관계가 아니며, 미선과 죽은 친아들과의 관계로부터 피에타가 완성된다. 강도가 어떤 연유로 세상 고아로 자랐는지 관객이 모르듯 미선과 친아들의 관계도 자세히 설명되지 않는다. "날 용서해 줘", "내가 널 버려서 그래" 등 미선이 어머니 코스프레를 하며 강도에게 한 말은 사실 친아들에게도 고스란히 적용될 수 있다. 수신자만 다를 뿐 아들을 잃은 어머니의 자책감, 죄의식, 고통은 일반적인 형태를 갖기에 어디든 붙여넣어도 자연스럽다. 영화 <사마리아>에서 볼 수 있듯 종교적인 모티브를 즐겨 사용하는 김기덕은 여기서도 피에타를 '불경스럽게' 차용한다. 이제 어머니는 용서와 화해의 모성이 아니라 복수와 응징의 화신이 되기 때문이다. 성모 마리아의 자리에 있어야 할 이 여인은 아들을 잃은 고통을 감내하고만 있지 않고 그 고통의 근원을 찾아 계획적으로 철저하게 응징한다. "완벽한 유토피아로서의 자궁회귀"(박상미 2013, 9)는 이로써 실패한 것처럼 보인다. 영화에서 모정은 상반된 의미를 지닌다. 남자에게는 모정이 인간적인 선함을 회복하는 치료약이 되지만 여자에게는 복수의 수단으로 이용된다. 결핍될 시 인간적인 삶이 불가능한 것처럼 보이는 모정이 그 어떤 폭력보다 더 가혹한 고문의 수단이 된 것이다. 이 영화를 여성 복수극의 관점에서 보자면 흥미로운 지점이 생긴다. 물리적으로 우세한 남성적 폭력에 대해 여성은 팜므 파탈로 남성의 삶을 파괴하거나, 흔하지는 않지만 지략이나 음모를 통해 복수하는 예들이 있어 왔다. 그런데 이 영화에서는 모성 그 자체가 강력한 복수의 수단이 된다. 이를 위해 감독은 강도의 변화를 다소 부자연스럽게 연출한다. 하루아침에 착해진 강도는 모성을 이용한 복수에 중요한 전제가 될 것이다. 어머니의 사랑과 보살핌은 그 어떤 물리적 힘이나 진정성 있는 설득보다 더 강력한 힘을 발휘한다. 모성 결핍과 악마화, 모성 충족과 인간화를 등식화하고 나약한 여성의 강력한 무기로 모성을 '사용'함으로써 영화는 모성의 막강함을 역설한다. 하지만 다른 한편으로는, 모성에 대한 신화가 가짜일 수 있음 또한 설파한다. 아이와 어머니의 유대관계는 대체 가능한 애착 관계임에도 한 개인의 정서안정에 모성이 필수불가결한 요소인 양 주장되는 경우가 많다. 그리하여 모성 결핍이 모든 악의 근원, 불행의 단초로 여겨지는데, 영화는 모성이 가짜일 수 있음을, 이에 값하는 다른 사랑으로 대체될 수 있음을 역설적으로 보여준다. 이 영화에 대한 평가를 두고 모성 신화의 재구성이냐 해체냐를 단정 짓는 것은 간단해 보이지 않는다. 말했듯 용서와 자비 대신 증오와 복수의 도구로 모성을 사용한다는 점, 결국 가짜 모성에 의해 애정 결핍을 해소한다는 설정으로 모성의 유일무이함과 성스러움을 문제 삼고 있다는 점에서는 모성 신화의 해체에 가깝다. 그럼에도 가짜 모정마저 인간성 회복을 관장하고 가짜 어머니의 가짜 사랑마저 한 인간의 구원 가능성으로 작용할 수 있다는 점에서는 모성에 대한 또 하나의 평가절상에 해당될 수 있다. 그리하여 두 번째 '어머니'로부터도 버림받은 강도에 대한 감정이입과 동정의 여지가 생김은 물론, 모성 박탈이 그에게 가장 강도 높은 처벌로 나타남으로써 종국에는 모성 신화의 강화로 귀결될 수 있다.

이탈리아 신예 감독 피에로 메시나Piero Messina의 <당신을 기다리는 시간 The Wait>(2015)[4]도 아들을 잃은 어머니의 깊은 절망감을 다룬 영화이다.

---

4 베니스국제영화제 경쟁부문에 초청되어 주연배우 줄리엣 비노쉬와 잔 역을 맡은 루드 라주가 레드카펫을 밟았다. 한국과도 인연이 있다. 제 20회 부산국제영화제 프로그래머 추천작으로 선정되어 감독 피에로 메시나가 방한, 한국 관객을 만나기도 했다. 이후 토론토국제영화제에 초청되는 등 첫 장편 데뷔작임에도 메시나는 그 역량을 인정받았다. 메시나는 이탈리아의 거장 파올로 소렌티노 감독의 <그레이트 뷰티>(2013) 조감독 출신으로, <테라 Terra>로 칸국제영화제 시네파운데이션 부문에 초청되고, <뉴튼의 제1 운동법칙 La prima Legge di Newton>으로 로마영화제 스페셜언급상을 수상하고, <더 도어 La porta>로 로테르담영화제에 초청되는 등 이탈리아 영화의 미래로 평가받는 감독이다.

[그림 11] 냉동 보관된 아들의 시체 앞에서 오열하는 미선. 거룩한 예수의 주검이 차가운 냉장고로
대체된 현대판 '피에타'의 모습이다. 출처 : 영화 <피에타>.

[그림 12] 아들이 자살한 자리에 앉은 미선의 모습. 아들이 매달려 죽은 갈고리가 보인다. 현대판
'피에타'는 아들의 부활을 믿지 않는다. 자비의 상징으로 신격화되고 싶어 하지도 않으며 몸소
복수를 감행할 따름이다. 출처 : 영화 <피에타>.

줄리엣 비노쉬[5]가 어머니 역을 맡아 깊이 있는 감정연기를 펼친 이 영화는 아들 주세페의 장례식으로 시작한다. 이후 이탈리아 시칠리아의 교외에 있는 대저택은 어둠 속에, 어머니 안나는 침묵 속에 잠긴다. 이를 깨는 것은 아들의 여자 친구 잔이다. 부활절을 맞아 아들을 만나기 위해 파리에서 온 잔은 남자친구의 죽음을 알지 못한다. 장례식을 남동생의 죽음으로 둘러대고 안나는 잔을 옆에 둔 채 아들이 죽지 않은 것처럼 행동한다. 잔은 대답 없는 핸드폰에 메시지를 남기며 하염없이 남자친구를 기다린다. 안나는 주위의 경고에도 불구하고 잔에게 사실을 알리기를 차일피일 미룬다. 아들 대신 잔에게 요리를 해 주고 함께 시간을 보내며 안나는 잔을 통해 아들의 빈자리를 잠시나마 채운다. 잔이 우연히 알게 된 또래 청년들과 즐거운 시간을 보내는 광경을 지켜보고서야 안나는 아들 주세페가 잔을 더이상 원하지 않는다고 거짓말을 하여 잔을 놓아준다. 하지만 안나의 행동을 불안하게 바라보던 관리인 피에트로가 주세페의 핸드폰을 잔이 발견하도록 하여 잔도 결국 사실을 알게 된다. 부활절 축제가 시작되면서 어머니는 아들의 환생을 보고, 잔은 왔던 길을 되돌아간다.

---

5   주지하다시피 비노쉬는 수많은 수상 경력이 증명하듯 명실공히 세계적인 연기파 배우로 대접받는다. 1993년 크쥐스토프 키에슬롭스키 감독의 영화 <블루>로 베니스영화제 여우주연상을, 안소니 밍겔라 감독의 <잉글리쉬 페이션트>로 1997년 아카데미 여우조연상 및 베를린영화제 여우주연상을 수상했고, 압바스 키아로스타미 감독의 <사랑을 카피하다>로 2010년 칸영화제 여우주연상을 수상하면서 세계 3대 영화제를 석권한 배우가 되었다. <당신을 기다리는 시간>에서도 비노쉬는 슬픔과 절망, 상실과 회한, 체념 등 모든 감정연기의 진수를 보여준다.

[그림 13] 아들의 부재는 집안에 내려앉은 깜깜한 어둠으로 표현된다. 장례식 후 집안의 모든 거울과 창은 커튼으로 가려진다. 칠흑 같은 어두움은 비탄에 잠긴 어머니의 내면 그 자체이다. 출처 : 영화 <당신을 기다리는 시간>

[그림 14] 아들을 찾는 잔의 전화를 받고 그녀의 방문을 허락하는 순간 화면이 밝아진다. 이전 장면들에서는 검은색 어두움이 지배적이었는데 이제 잔이 이 어둠을 깨고 하얀빛과 함께 등장하게 될 것이다. 출처 : 영화 <당신을 기다리는 시간>.

영화는 아들이 어떻게 죽었는지 왜 죽었는지 그 원인이나 과정은 거의 다루지 않고 그의 죽음으로부터 시작한다. 잔이 물에 관한 꿈을 반복적으로 꾸거나, 어머니가 잔이 호수에서 수영하는 장면을 고통스럽게 바라보다 분홍색 놀이기구에 바람을 불어 넣으며 흐느끼는 모습으로 보아 호수에서 익사했음을 짐작해 볼 따름이다. 방금까지 살았던 것처럼 일상적인 모습으로 흐트러져 있는 아들의 방은 그것이 갑작스러운 죽음이었음을 암시한다. 방에는 먹다 남은 음식과 음료가 그대로 놓여 있고 침대는 아들이 방금 자고 나간 것처럼 흐트러져 있다. 영화는 아들의 죽음이라는 사건보다 그로 인해 크나큰 슬픔에 잠긴 여인의 감정 상태에 보다 집중한다. 사랑하는 아들을 잃은 어머니의 허망하고 참담한 표정과 눈빛 연기가 압권이다. 전체적으로 영화는 절제된 영상미를 자랑한다. 정적인 분위기에서 회화적인 장면들이 서정적으로 펼쳐진다. 덕분에 관객들은 어머니 안나의 감정에 함께 침잠해 들어갈 수 있다. 엄숙하지만 절제된 양식의 장례식에서 어머니는 무표정한 얼굴로 문상객들을 맞지만 그 고통과 절망감은 어머니의 다리를 타고 흘러내리는 소변에서 족히 짐작된다. 과장보다는 절제, 절규보다는 침묵, 언어보다는 시선으로 어머니의 고통이 표현된다. 하지만 무엇보다 어머니의 비통함을 드러내는 장치는 빛과 어둠의 대비이다. 장례식 직후 저택에는 빛을 반사하는 거울과 창들이 모두 차단된다(그림 13 참조). 그리하여 집 전체가 깜깜한 어둠 속에 잠긴다. 아들을 잃은 어머니의 고통은 세상 그 어떤 언어로도 표현될 수 없는 감정이리라. 침묵과 어둠 속에 잠긴 이 어머니는 앞서 본 김기덕 영화에서의 오열하는 어머니와 대비된다. 김기덕의 영화처럼 말로 표현할 수 없는 슬픔을 토해내는 어머니의 통곡도 전형적이지만, <당신을 기다리는 시간>의 이 어머니처럼 울음을 삼키고 일그러진 얼굴로 침묵 속에서 고통을 감내하는 모습이야말로 서구의 '피에타' 이미지에 더 가깝다고 할 수 있겠다. 아들의 부재는 삶에 대한 의지를 어머니에게 앗아가고 세상으로부터 스스로 고립되게 만든다. 잔의 등장은 어머니의 이 침묵과 어둠을 깨는 것으로 나타난다. 전화벨이 울리고 잔의 방문을 허락한 안나의 얼굴이 클로즈업된다(그림 14 참조) 하얀빛 속으로 사라진다. 잔이 도착한 후 차차 저택은 빛을 되찾아 밝아지고 커튼도 걷어진다. 잔이 가져다 준 것은 빛이고, 이 빛은 삶, 곧 일상으로의 복귀를 의미한다. 어머니 안나는 잔을 위해 요리를 하고 그녀와 산책을 하며 또 함께 외출도 한다. 아들이 죽었다는 사실만 제외하면 소소한 일상 그대로의 모습이다.

영화는 소중한 것을 잃은 두 여인에 관한 이야기지만 그들이 구체적으로 어떤 이별을 했는지 알려주지 않는다. 잔은 주세페의 죽음 이전, '지난 여름 일'이라고 칭해지는 이별을 한 적 있었고 이제 그와의 재회를 꿈꾸지만 이는 물론 이루어질 수 없는 소망이다. 영화에서 주세페가 어떻게 죽었는지는 중요하지 않다. 그것보다, 그를 가장 사랑했던 두 여인이 그의 부재를 어떻게 견뎌내느냐에 영화는 더 몰입한다. 어머니와 연인, 두 사람은 각자의 방식으로 상실을 견뎌내는데, 한 남자의 부재는 두 여성에게 서로 다른 의미를 지닌다. 연인은 그의 영원한 부재를 알지 못하고, 어머니는 그의 영원한 부재를 받아들이지 못한다. 어머니에게는 부활을 믿는 피에타의 간절함이 있고 연인에게는 정열적 사랑에 대한 갈증이 남는다 – 잔은 "너랑 자고 싶어."라는 메시지를 주세페의 핸드폰에 반복해서 읊조린다.

영화의 원제는 이탈리아어로 '기다림L'attesa'인데 두 여성은 각기 다른 방식으로 남자를 기다린다. 그의 죽음을 알 길 없는 애인은 그와의 사랑을 기다리고, 아들의 죽음을 받아들이기 힘든 어머니는 아들의 부활을 기다린다. 그것이 미치는 영향은 두 여인에게 사뭇 다르다. 연인에게는 새로운 출발에 대한 가능성이 있어 보이지만 어머니는 그렇지 않다. 또래 청년과의 만남이 보여주듯 잔에게 삶은 상실의 아픔에도 여전히 열려 있지만, 떠나는 잔을 바라보는 어머니의 뒷모습이 암시하듯 어머니에게는 공허만이 남는다.

두 여인을 연결하는 것은 주세페(아들/연인)이지만 이제 그는 부재하고 남은 두 여인은 그를 대신한 핸드폰으로 통신한다. 처음에는 일방적으로 어머니가 잔의 메시지를 들으면서 두 사람이 만남과 헤어짐을 거듭했음을, 그럼에도 진정한 사랑을 나누고 있음을 알게 된다. 잔이 찾아온 이유, 어머니에 대한 인상 등 잔의 생각과 감정이 녹음되면서 아들의 핸드폰은 어머니에게 일방적인 통신 역할을 한다. 물론 이 엿듣기는 부도덕하고, 정당한 방식의 통신이 아니다. 충직한 집사 피에트로가 이에 대해 경고하고 종내 주세페의 핸드폰을 잔의 방에 가져다 놓은 후 집을 떠난 이유도 안나의 행동이 어떤 이유로도 정당화될 수 없기 때문일 것이다. 결국 주세페의 핸드폰에서, 실종된 아들을 다급하게 찾는 어머니의 메시지를 역으로 잔이 확인하면서 이 통신은 마무리된다. 남은 두 여성은 소중한 사람의 죽음에 대해 직접 이야기를 나누기보다 아들/연인의 소지품을 매개로 이렇듯 간접적으로 통신한다. 그리하여 아들은 부재하지만 또한 그 집에 현존한다. 안나가 자신을 속였음을 알게 되지만 잔은 그녀를 이해하고 그 아픔을 감싸준다. 자식을 잃은 어머니의 슬픔은 세상 그 어떤 상실감과도 비교될 수 없지 않은가. 안나가 잔을 속이는 동안 관객이 그녀의 행동을 기이하게 여기면서도 한편 공감할 수 있는 것도 그녀가 무엇보다 '어머니'이고, 그중에서도 자식을 잃은 어머니이기 때문이다.

주세페를 중심에 놓고 보자면 잔과 안나는 남성이 관계를 맺는 대표적인 여성들이다. 사랑하는 연인으로서의 여성과 어머니로서의 여성. 잔과 주세페의 거듭된 만남과 헤어짐이 보여주듯 젊은 남녀의 사랑은 순수하고 열정적이며 그만큼 위태롭다. 이에 반해 어머니의 사랑은 영원불변하고 삶과 죽음의 경계를 초월한다. 영화는 안나와 잔이 아들/애인의 부재를 받아들이거나 받아들이지 못하는 심리 묘사를 치밀하게 그린다. 긴 기다림 끝에 잔은 열정적인 사랑에 마침표를 찍지만 어머니의 사랑은 죽음을 초월하여 영원히 계속될 것이다. 어머니의 이 거룩한 사랑은 영화에서 피에타 모티브로 그려진다.

영화 초반부, 잔이 공항에서 대저택으로 오는 도로는 텅 비다시피 한적한데, 시커먼 비닐로 포장된 커다란 동상을 실은 트럭이 유독 눈에 띈다. 영화 말미, 부활절 축제에서 그 동상의 가려진 얼굴이 벗겨지면서 그것이 성모 마리아 동상임이 비로소 드러난다(그림 15, 16 참조). 성모 마리아의 얼굴이 드러나는 순간 축제에 참가한 안나의 얼굴도 클로즈업되면서 어머니 안나와 성모가 동일시될 수 있는 효과가 짧게 연출된다. 안나가 성모와 동일시될 수 있다면 아들 주세페는 죽은 예수가 될 것이고 그렇다면 부활절은 주세페가 부활하는 날이 될 것이다.

[그림 15] 트럭에 실린 동상이 검은 비닐로 가려져 운반되는데 유독 손만 나와 있다. 드러난 손은 이후 이것이 성모 마리아 동상이었음을 관객에게 확인시켜 주는 역할을 한다. 우연찮게 동상은 안나가 사는 집 방향으로 향하고 있다. 출처 : 영화 <당신을 기다리는 시간>.

[그림 16] 부활절 축제에서 동상이 제 모습을 드러낸다. 동일한 손 모양으로 봐서 앞서 트럭에 실려 온 동상이 성모 마리아임을 알 수 있다. 영화 마지막에 배치된 이 축제 장면이 나올 때까지 관객은 저 동상의 의미를 지나친다. 출처 : 영화 <당신을 기다리는 시간>.

[그림 17] 아들의 부활은 영화에서 어머니의 '환상'으로 처리된다. 부활절 전야, 돌아온 아들은 어머니와 일상적인 대화를 나눈다. 아들의 얼굴은 가려져 있고, 어머니에게 내미는 손이 물에 퉁퉁 불어 있다. 출처 : 영화 <당신을 기다리는 시간>.

[그림 18] 부활절 축제에 찰나적으로 나타나 어머니 곁을 지킨 아들(로 추정되는 인물). 하지만 다음 순간 그는 사라지고 없다. 아들은 정말로 부활한 것일까. 출처 : 영화 <당신을 기다리는 시간>.

실제 영화는 아들이 부활한 듯한 모습을 연출한다(그림 17 참조). 부활절 전야, 아들은 집으로 돌아오고 어머니는 아무렇지 않게 아들과 일상적인 대화를 나눈다. 얼굴을 보여주지는 않지만 통통 불은 손은 그가 익사했음을 암시한다. 그때까지도 아들의 손과 목소리만 노출되는데, 부활절 축제의 인파 속에서 어머니의 아들로 짐작되는 인물이 그녀 옆을 잠시 지키지만 곧 사라지고 만다. 아들은 실제 부활한 것인가. 영화는 아들의 부활을 몽환적으로 처리하여 이것이 실재인지 아니면 어머니의 환상인지 명확하게 말하지 않는다. 이렇듯 영화에서 어머니는 여러 장치를 통해 성모 마리아에 비견되는데, 사실 영화 시작에서부터 이를 위한 실마리가 주어진다. 영화의 프롤로그에는 예수를 연상시키는 주검과 그 앞에 고개 숙이고 발에 입 맞추는 노모의 비통한 얼굴이 클로즈업되면서(그림 19 참조) 이후 안나의 슬픔을 성모 마리아의 고통에 비유하는 의미망을 준비한다. 비록 '피에타'라는 제목을 달고 있지는 않지만 가장 신성시되는 여성성, 문화적으로 각인된 위대한 모성을 인용하면서 영화는 어머니에 대한 서사를 재현한다.

그런데 영화의 시선은 모성애의 거룩함을 찬양하기보다 거리를 두고 이 주제를 다룬다. 아들의 죽음을 받아들이지 못하는 어머니는 아들의 연인에게서 아들의 흔적을 찾으며 현실을 회피하는 태도를 보인다. 아들이 마시다 남긴 차를 맛보며 아들에 대한 그리움을 삼키는가 하면, 잔의 몸을 훔쳐보며 더 이상 존재하지 않는 아들의 육체를 떠올린다. 비키니를 입고 수영하는 잔의 젊은 몸은 어머니에게 아들의 몸과 동일시 될 수 있지만 또한 그만큼 아들의 부재를 절감하게 한다. 영화는 호수로 걸어 들어간

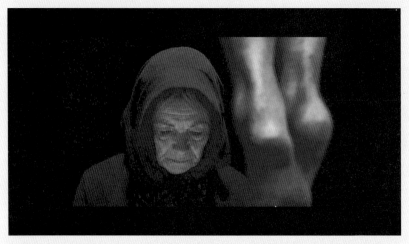

[그림 19] 영화의 프롤로그. 십자가에 매달린 예수의 몸을 카메라가 느리게 훑고 난 후 그 주검 앞에 머리 숙인 비통한 어머니의 주름진 얼굴을 보여준다. 출처 : 영화 <당신을 기다리는 시간>.

[그림 20] 잔이 호수에서 수영하는 모습을 본 직후 안나는 고무 놀이기구를 안고 숨죽여 흐느낀다. 김기덕의 <피에타>에서 아들의 시신이 보관된 냉장고 앞에서 오열하던 어머니가 떠오른다. 출처 : 영화 <당신을 기다리는 시간>.

잔이 한참 동안 물 밖으로 나오지 않는 장면을 연출하며 익사의 현장을 암시하는 동시에 이를 회상하는 어머니의 처절한 고통을 담아낸다. 아들과 달리, 잔이 다시 물 밖으로 나왔을 때 어머니는 자리에 없다. 다음 장면은 분홍색 고무 놀이기구를 안고 오열하는 어머니의 모습이다(그림 20 참조). 고무 놀이기구는 아들의 죽음을 추측하게 하는 유일하고 구체적인 물건이다.

잠시일망정 잔은 아들의 대체재가 되어 어머니의 보살핌의 대상이 된다. 유독 잔을 위해 요리하는 장면이 자주 등장하는 것도 그런 이유에서일 것이다. 어머니는 자식을 배불리 먹이는 존재가 아닌가. 처음에는 잔에게 다소 냉정한 태도를 보이다 전화기 메시지를 통해 두 사람이 진정으로 사랑한 사이였음을 알게 된 어머니는 그녀와 함께 평범한 일상을 누리고 싶어 한다. 어머니의 이 착각은 잔이 또래의 남자들을 만나 술 마시고 춤추는 모습을 보면서 끝난다. 이를 계기로 어머니는 잔을 놓아준다. 자신의 아들이 아니라 다른 남자와 새로운 사랑을 시작할 수 있음을 느끼면서, 어머니가 잔을 아들의 여자로만 혹은 자신의 아들로 보는 착각에서 서서히 벗어나게 된 것이다. 잔이 애인의 죽음을 모르는 상황에서 그녀를 계속 붙잡아두는 것은 어머니의 이기적이고 비정상적인 행동으로 보일 수 있다. 관객의 시선과 일치하는 관찰자 시점으로 이 모든 사태를 지켜보던 관리인이 우려를 표명하는 지점도 바로 거기에 있다. 그는 결국 그 집을 떠남으로써 항변의 뜻을 분명히 한다. 이리하여 피에타로 시작하여 모성을 극대화하고 어머니를 성녀의 자리로 가져가며 기존의 어머니상을 재현하는 듯한 처음의 논리는 균열이 가기 시작한다. 어머니가 현실을 회피하고 거짓을 말함으로써 그 사랑이 이기적이고 나르시시즘적인 사랑으로 비칠 수 있기 때문이다. 아들의 부활은 어떤가. 피에타 장면으로 엄숙하게 시작해서 부활절 축제 장면으로 끝나며 영화는 수미상관의 구조를 보인다. 하지만 부활에 대해서도 사실 영화는 모호한 시각을 취한다. 부활한 것처럼 보이는 아들은 어머니에게만 보이며 잔을 비롯한 여타 누구와도 만나는 장면이 없다. 또 아들의 부활을 믿었던 어머니에게 한순간 아들은 사라지고, 가면 속 젊은 남성들의 시선은 아들의 눈동자와 구분되지 않는다. 부활의 기적은 정말로 일어난 것일까. 혹은 어머니의 한낱 환상이나 환각일까. 이런 모호함으로 인해 영화는 처음의 입장을 번복하는 것처럼 보인다. 어머니는 성모 마리아도 아니며 아들은 예수처럼 부활하는 존재도 아니다. 이렇듯 영화는 성(聖)과 속(俗)을 오가며 피에타를 매개로 아들을 잃은 어머니의 고통과 비탄을 표현하고 있다.

그런데 이 영화에는 모정이나 연인 간의 사랑을 넘어 여성 간의 연대로 관계를 확장하고자 하는 시도도 있다. 잔과 안나, 두 여인은 처음에는 서로 거리감을 느끼며 낯설게 대하지만 – "네 엄마 이상해."라고 잔은 메시지를 남긴다 – 각자의 방식으로 주세페를 기다리는 시간 동안 서서히 친밀감을 느끼며 공감대를 형성한다. 안나에게 잔의 지금 모습은 젊은 시절 시어머니와의 만남을 떠올리게 한다. 가모장의 흔적도 있다. 안나는 이혼을 하고 아들을 데리고 살고 있었으며, 이를 본 시어머니도 이혼 후 자신의 아들과 산다고 한다. 부계의 흔적보다 어머니와 아들의 관계가 더 두드러지는 설정이다. 잔에게 보여준 벽화는 여신 테티스를 기리며 여성들이 시합하는 모습을 그리고 있다(그림 21 참조). 시합에는 여성들이 비키니를 입고

여신 테티스를 기리는
시합 중입니다

[그림 21] 여신 테티스를 언급하면서 두 여성 간의 연대가 암시된다. 테티스는 트로이 전쟁의 영웅 아킬레우스의 어머니. 그녀는 아킬레우스를 불멸의 존재로 만들기 위해 어린 아들을 스틱스 강물에 담갔는데, 이때 발목을 잡고 담그는 바람에 물이 닿지 않은 발목 부위가 유일한 약점이 된다. 결국 그 자리에 파리스의 화살을 맞아 아킬레우스는 죽게 된다. 아들을 잃은 어머니라는 점에서 영화의 내용과도 관련된다. 출처 : 영화 <당신을 기다리는 시간>.

있는데 특정한 미의 기준이 없고 자유롭게 여성의 육체가 표현된 점도 눈에 띈다. 잔과 안나는 함께 시간을 보내며 서로를 더 많이 이해하게 되고 주세페라는 매개체가 없이도 친근감을 느낀다. 안나는 아들의 죽음을 알리지 않고도 잔이 새로운 사랑을 찾도록 배려하고, 잔은 주세페의 죽음을 알고도 자기를 속인 안나를 비난하지 않는다. 영화의 마지막, 두 여인은 진심 어린 포옹을 하고 헤어진다(그림 22 참조). 그리하여 아들/연인의 부재로 크나큰 상실감을 느끼지만 남은 두 사람의 연대와 우정은 어쩌면 계속 될 것이라는 여운이 남는다. 그리하여 피에타의 고통을 진 어머니에 맞춰졌던 초점은 영화 말미 조금씩 흐려지고 새로운 관계와 사랑의 가능성이 엿보이는 것으로 영화는 끝난다. 물론 남겨진 어머니는 떠난 잔과 달리 여전히 아들의 부활을 '기다리는 시간'에서 벗어나지 못할 것이다. 영화는 아들의 부활을 모호하고 몽환적으로 처리하고 있지만, 자식을 잃은 어미의 비통한 심정이 종교적으로 승화된 보편적인 감정임을 고수함으로써 기존의 모성 클리셰로부터 완전히 자유로워 보이지는 않는다.

[그림 22] 영화 말미 두 여인은 진심을 담아 포옹하며 서로를 위로한다. 말없이 서로를 풀어주는 두 여인의 슬픈 얼굴을 카메라가 번갈아 비춘다. 연인의 열정적 사랑은 또 다른 대상을 찾겠지만 어머니의 자식 사랑은 죽음을 넘어 영원히 계속될 것이다. 출처 : 영화 <당신을 기다리는 시간>.

2. 모성적 지휘권 : <피아니스트>, <블랙 스완>

어머니의 기능 중 '나쁜 어머니'는 자식을 훈육하고 교육시켜 기존의 규범체계를 전달하는 역할을 어머니가 담당하면서 생겨난다. 어머니에게 아이의 양육 외 교육의 기능이 부가된 배경에는 18세기 계몽주의가 있다. 이 시기 교육학의 발달에 힘입어 아이도 계몽의 주요한 대상으로 간주되었다. 또 가족 단위의 농경제 사회에서는 아이에게 일단의 양육이 이루어지면 곧 가족의 일원인 동시에 가족 경제의 일원으로 취급되던 것과 달리, 이제 아이는 더 많은 교육을 필요로 하게 되었다. 더욱이 공적 교육이 충분히 이루어지지 않은 상황에서 어머니가 아이의 교육자 기능까지 떠맡게 되었다. 그리고 그 교육의 방향은 합리성을 추구하는 계몽주의와 궤를 같이 한다. 그 결과 어머니는 의식하든 하지 않든 이성 우위의 기존 규범체계를 전수하는 매개자 역할을 하게 된다. 곧 아버지의 대리자로서 어머니는 이성 중심의 사회에 불필요하거나 더 열등한 것으로 간주되는 감정이나 열정, 충동과 욕망을 억압하고 감시하는 모습으로 나타난다. 이 가운데 어머니는 자식을 자신의 소유물로 취급하며 이에 대해 전권을 행사하는 '모성적 지휘권'을 갖는다. 특히 모녀 관계에서 어머니는 어머니라는 이름으로 딸을 구속하는데, 여기 어머니로부터의 해방에 관한 두 영화가 있다.

미하엘 하네케Michael Haneke의 <피아니스트La Pianiste>(2001)와 대런 아로노프스키Darren Aronofsky의 <블랙 스완Black Swan>(2010)은 어머니가 예술가인 딸의 원초적 욕망과 본능을 억압한다는 점에서 서로 비교될 만하다.

두 영화에서 공히 어머니는 딸을 자신의 소유물로 취급하면서 딸과 지배-종속의 관계를 맺는다. 오스트리아 출신으로 노벨문학상 수상 작가인 엘프리데 옐리네크Elfriede Jelinek의 소설 『피아노치는 여자Die Klavierspielerin』(1983)를 영화로 만든 하네케의 <피아니스트>는 – 소설과 비교할 때 – 주인공 에리카의 성과 사랑에 관한 이야기로 읽힐 수도 있지만, 그녀의 분열상태를 설명하기 위해서는 사실 – 영화에서는 잘 나타나지 않는 – 그녀의 성장과정과 어머니와의 관계를 살펴볼 필요가 있다. 문학작품을 영화화하는 경우 매체의 특성 상 그 모든 것을 영상으로 서술할 수는 없지만, <피아니스트>에서 주인공의 성장 과정 및 교육 방식에 대해 전혀 언급하지 않은 것은 이 영화의 약점으로 보인다. 영화는 변태성욕자 여교수의 은밀한 이중생활로 비칠 위험이 있고 실제 그렇게 받아들이는 관객도 있다. 하지만 옐리네크가 자전적 소설이기도 한 이 작품에서 보다 주요한 주제로 삼고 있는 것은 어머니와 딸의 관계이다. 어머니의 훈육방식이나 모녀 관계를 통해서야 비로소 이해하기 힘든 에리카의 행동들이 설명될 수 있다.

에리카를 중심으로 줄거리를 재구성해 보면, 오스트리아 비인의 음대 교수이자 피아니스트인 에리카는 아버지 없이 어머니와 단 둘이 서민적인 아파트에 살며 어머니를 부양한다. 어머니는 30대 과년한 딸의 일거수일투족을 파악하고 간섭하며 감시하지만 딸은 어머니 몰래 핍쇼장에 가서 포르노를 보거나 타인의 성행위를 엿보는 관음증적인 행위를 이어간다. 자신의 음부에 면도칼을 긋는 것도 그녀만의 비밀 행위이다. 쉽게 갈등으로 치닫지만 그때 뿐 더 없이 견고해 보이는 어머니와의 공생은 제자인 클레머가 등장하면서 위기에 처한다. 열렬히 구애하는 클레머를 에리카는 차갑게 대하지만 내심으로는 그를 원한다. 문제는 그녀의 사랑 방식. 처음에는 클레머를 사디즘적으로 대하다 점차 마조히즘적인 태도를 보이는데, 클레머에게 보낸 편지는 그 절정에 있다. 자신의 남성성에 상처받고 모멸감을 느낀 클레머는 에리카를 성폭행한다. 다음날 에리카는 부엌칼을 들고 그를 찾아가지만 결국 자신의 어깨만 찌르고 다시 어머니의 집으로 돌아간다.

우선 눈에 띄는 것은 주인공 에리카의 성격이다. 그녀는 문학이나 영화에서 다시 찾아보기 힘들 정도로 모순되고 독특한, 매우 흥미로운 인물이다. 소설『피아노치는 여자』에 대한 다수의 선행연구에서는 그녀를 '어른도 아이도 아니며 여성도 남성도 아닌' 인물로 해석한다. 그 이유를 따라가 보면, 우선 에리카는 30대 성인 여성임에도 불구하고 여전히 어머니에게 종속된 모습을 보인다. 어머니에게 에리카는 영원히 자신만의 **아이**이며 그 결과 누구에게도 양도할 수 없는 소유물이다. 영화는 딸의 귀가로 시작된다. 그 날도 어머니는 – 언제 연주가 있고 언제 레슨이 있는지 - 딸의 하루 일과를 꿰고 있던 터라 딸의 늦은 귀가를 추궁한다. 딸이 어머니 몰래 산 옷은 팍팍한 살림살이에 어울리지 않게 비싸고 어머니 눈에는 딸의 품위 유지에도 도움이 안 되는 천박한 취향이다. 옷을 두고 한바탕 몸싸움이 벌어진다. 어머니가 상처를 입고 훌쩍이자 이내 딸은 자신이 한 짓을 뉘우치고 두 사람은 얼싸 안고 운다(그림 23 참조). 그 다음 아무 일도 없었던 것처럼 어머니와의 식사와 잠자리가 이어지는 걸로 봐서 이런 광경은 이 가정에서 하루걸러 볼 수 있는 듯하다.

[그림 23] 격렬한 몸싸움 뒤 에리카는 이내 자신이 한 짓을 뉘우치고 어머니의 착한 딸로 돌아간다. 두 사람은 잘 어울리는 한 쌍처럼 보인다. 출처 : 영화 <피아니스트>.

이 첫 장면은 매우 함축적이다. 어머니가 과년한 딸을 아이 취급하며 사령관이 되어 딸을 감시하는, 이른바 모성적 지휘권을 유감없이 발휘한다는 점이 우선 눈에 띈다. 그런데 딸인 에리카가 인형이 되어 어머니가 빚는 주물로만 살지 않는다는 점도 흥미롭다. 후에 보면 알 수 있지만 에리카는 내내 어머니를 속이고 어머니가 금기시한 자신의 욕망을 추구한다. 그 욕망이 결코 닿을 수 없는 것이라는 게 문제이지만. 딸과 어머니의 이 긴장은 옷을 사는 쇼핑 행위에서 잘 드러난다. 어머니가 딸의 쇼핑을 마음에 들어 하지 않는 이유는 우선 그것이 천박한 취향이라는 데 있다. 어머니는 딸이 고상하고 품위 있길 바라며 점잖은 옷을 강요하는데 딸은 그럼에도 몰래 이른바 야한 옷을 계속 산다. 욕망을 억압하는 어머니와 욕구를 분출하려는 딸 간의 갈등 관계가 '옷'을 매개로 표현된 것이다. 어머니가 딸의 쇼핑을 막는 또 다른 이유는 그것이 가계에 부담을 준다고 여기기 때문이다. 이 또한 주목할 만한데 이 모녀 가정의 가장은 실제로 에리카이다. 대출금을 갚아 나가야 하는 빠듯한 살림살이에 딸은 어머니에게 자신의 생계수단이자 노후 대책이기도 하다. 이는 딸이 이성을 만나 어머니로부터 멀어지지 말아야 하는 중요한 이유가 된다. 그리하여 에리카가 실제로 입는 옷은 무채색에 점잖은 분위기의 옷들이다 - 딸과의 대결에서 결국 어머니가 승자가 된 셈이다. 단, 클레머와 최초로 성적 접촉이 일어난 직후 에리카는 붉은색 옷을 입고 등장하는데(그림 24 참조), 이로써 그녀에게 일어난 내적 동요와 열정이 다시 옷 색깔을 통해 표현된다. 물론 내면의 갈등과 긴장도 여전하다. 자신의 욕구를 충족시키는 것이 어머니의 금기를 거스르는 것임을 누구보다 에리카 자신이 잘 내면화하고 있기 때문이다. 그 긴장감과 불안감은 에리카의 발작적인 기침으로 나타난다. 둘만의 레슨 시간에 클레머가 가까이 다가오자 에리카가 갑자기 발작적으로 마른기침을 한 것이다. 클레머를 욕망하는 몸과 어머니가 규율 있게 만들어 놓은 몸 사이에서 몸 스스로가 어쩔 줄 몰라 하며 반응한 격이다.

[그림 24] 서로의 성적 열망을 확인한 직후 에리카가 붉은 색 옷을 입고 등장한다. 화려한 색깔의 옷을 입은 유일한 장면이다. 잠시나마 어머니의 간섭이 닿지 않은 온전한 에리카로 보인다. 출처 : 영화 <피아니스트>.

영화는 이후 어머니의 감시와 딸의 일탈을 보여준다. 어머니는 딸의 스케줄을 관리하고 딸의 귀가 시간을 감독한다. 에리카는 이런저런 핑계로 어머니를 따돌리려 하지만 대개는 들키고 만다. 딸은 어머니와 갈등하지만 그럼에도 어머니의 감독과 간섭을 거부하지는 못한다. 어머니의 간섭은 어머니의 사랑과 등치되기 때문이다.

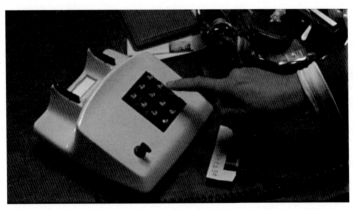

[그림 25] 딸이 연주회에서 돌아오는 데 조금이라도 지체되면 어머니는 사방으로 전화를 돌린다. <블랙 스완>에서 끊임없이 울려대던 엄마의 전화가 연상된다. 출처 : 영화 <피아니스트>.

이렇듯 어머니에게 영원히 아이로 취급되지만, 앞서 짧게 언급한 대로 에리카가 생계를 책임지고 가장 역할을 한다는 점에서는 엄연히 **어른**이기도 하다. 에리카는 어머니에게 딸이자 남편이다 - 성인이 된 딸이 부부침대에서 어머니와 동침하는 것은 매우 이례적인 일이다! 사실 어머니는 경제적으로 에리카에게 종속되어 있지만, 자신의 삶을 희생해서 딸을 키웠다는 하소연으로 어머니의 특권은 정당한 권리로 인정받는다. 뿐만 아니라, 집 밖에서 에리카는 누구보다 규율에 엄격한 어른이고 냉정한 선생이다. 그녀는 고압적이고 권위적인 태도로 학생들을 훈육하는데, 자신도 드나드는 핍쇼장 가판대에서 포르노 잡지를 기웃거리는 학생을 발견하자 가차 없이 처벌한다. 에리카는 어머니로부터 자신의 욕망을 거세당한 대상이지만 또한 자신의 권력으로 타인의 욕망을 억압하는 거세자이기도 하다.

에리카는 또한 모호한 성 정체성으로 인해 여성도 남성도 아니다. 핍쇼장을 당당히 드나들고 다른 사람들의 성행위를 엿보는 관음증을 어떻게 설명할 수 있을까. 에리카가 모순되고 분열된, 정체성 부재의 인물이 된 데에는 어머니와의 관계가 핵심적이다. 특히 에리카의 사도마조히즘적인 경향은 어머니와 딸의 주종관계에서 그 원인을 찾을 수 있다. 소설에서는 어머니의 양육 및 교육 방식에 대해 서술하는 데 많은 부분 할애하며 에리카의 현 상태에 대한 원인을 제공하는데, 아쉽게도 영화에서는 이 부분 전혀 드러나지 않는다. 소설의 도움을 좀 빌리자면, 에리카는 어려서부터 어머니의 진두지휘 하에 오직 피아노 연습에만 매달려야 했던 아이였다. 어머니는 딸이 예술가로 성공하길 꿈꾸며 - 아들이 없는 어머니는 에리카를 자신의 팔루스로 삼는다 - 어릴 적부터 에리카의 욕망을 억압한다. 이성에 관심을 가질 사춘기에도 금욕이 강요되고 자연스러운 충동이나 욕구는 무가치한 것으로 억압된다. 어머니의 논리에 따르면, 자연은 불완전하고 허무한 데 반해 예술은 위대하고 영원하다. 에리카의 성적 욕망과 충동은 자연적인 것에 해당하기에 억압의 대상이 된다. 대신 에리카는 자신의 몸을 극도로 통제하고 절제하며 피아노 치는 '기술'을 익혀야만 했다. 이때 어머니는 누구인가. 어머니의 기능 중 우리가 '나쁜 어머니'로 칭한 어머니의 역할은 바로 아이를 훈육하며 계몽의 주된 방향에 맞게 아이를 교육시키는 것이다. 나의 자연적인 욕구를 제한하고 통제하기에 '나쁜' 어머니라 칭할 수 있고 이는 나에게 젖을 물리며 양육하는 '좋은' 어머니의 또 다른 얼굴이다. 이 '나쁜' 어머니의 역할은 결국 기존의 규범체계에 아이를 맞추는 것이 되고, 그것이 아버지의 논리를 대변하는 한에서 어머니는 아버지의 대리자가 된다. 그런데 에리카의 집에는 아버지가 없지 않은가. 이 어머니는 곧 아버지이기도 하며, 아버지 부재의 상황에서 어머니로부터의 분리도 일어나지 않는다. 에리카에 대한 어머니의 검열과 간섭은 성인이 된 에리카에게 계속 일어나며 에리카 역시 궁극적으로는 여기서 벗어나지 못함으로써 지배-종속 관계는 지속된다. 물론 에리카의 자연스러운 욕구인 성 욕구가 억압된다고 해서 폐기되는 것은 아니어서 에리카는 어머니 몰래, 금기된 성적 욕망의 흔적을 끊임없이 찾는다. 그러고 나면 다시, 어머니가 지정한 금기를 깼다는 죄의식에 자기 처벌을 하는 악순환이 이어진다. 이렇듯 영화/소설은 '나쁜' 어머니의 역할을 극대화함으로써 모성 신화에 반기를 든다. 영화에서 어머니는 위대하지도 않으며 강하지도 않다. 어머니는 딸에게 위대한 예술가가 되라고 말하지만 기실 속마음은 – 이 역시 소설에서는 철저하게 폭로되는데 - 딸이 자신의 남편이자 아들 역할을 계속 해 주길 바란다. 그런 의미에서 영화 첫 부분, 모녀간의 싸움에서 '옷'과 '통장'은 중요한 키워드가 된다. '옷'이 에리카 개인으로서의 욕망이라면 '통장'은 어머니가 딸로부터 얻고 싶은 바이다. 어머니의 속물성은 곳곳에서 드러난다. 어머니는 에리카에게 제자가 그녀보다 실력이 나아지지 못하게 하라고 조언한다. 딸은 수단과 방법을 가리지 않고 최고가 되어야 하며, 어머니는 사령관이 되어 딸을 진두지휘한다.

딸을 자신의 소유물로 여기며 어머니가 딸에게 열정이나 충동을 억압하고 금욕적이며 규율 있는 삶을 강요한 결과 딸은 **남성**의 시선을 갖게 된다. 아버지(남편)의 대체재인 에리카는 남성의 눈을 장착하고 핍쇼 장을 찾는다. 그곳에서 유일한 여성이며 다른 남성 고객들이 힐끔거리며 봐도 전혀 개의치 않는 이유이기도 하다(그림 26 참조).

[그림 26] 핍쇼 장의 에리카. 다른 남성들의 힐끔거리는 시선에도 에리카는 머리를 꼿꼿이 한 채 당당한 모습을 보인다. 이 순간 그녀는 남성으로서 자신의 차례를 기다리고 있기 때문이다. 출처 : 영화 <피아니스트>.

이렇듯 그녀가 남성의 시선으로 섹슈얼리티를 표상하지만 다른 한편 실제 자신의 몸에서는 **여성**의 흔적을 찾고자 한다. 자신의 성기에 자해를 하는 것도 그 일환이라 할 수 있다(그림 27 참조). 그 전까지 에리카가 자신의 학생들을 사디즘적으로 대하던 태도는 이 대목에서 마조히즘으로 전환된다. 이는 그녀가 여성으로 자신을 분류하고 성을 확인하기 위한 절박한 방식이기도 하다. 이를 통해 옐리네크는 남성적 사디즘과 여성적 마조히즘을 연출하고 전시한다. 다른 한편, 이 자해 행위는 정신분석학의 관점에서 보자면 자기 처벌이나 거세를 재현하는 의식으로 볼 수도 있다. 이 자해 행위는 클레머의 입학시험을 본 이후 이루어진다. 냉정하게 밀어내고 있지만 그녀 자신 클레머에게 끌리고 있음을 느낀 날 그녀는 스스로를 처벌한다. 아버지의 대리자인 어머니가 정한 금기를 깨고 이성에게 이끌리며 자신의 욕구 충족을 추구하는 – 하지만 결코 충족은 되지 않는! – 순간 자기 처벌을 가하는 것이다. 이때의 에리카는 욕망하는 아이인 동시에, 욕망하는 아이를 거세하는 아버지/어머니이기도 하다.

[그림 27] 욕실에서 어머니 몰래 자해하는 에리카. 어머니로부터의 금기를 내면화한 에리카는 욕망을 품는 순간 자신을 처벌한다. 자해를 끝낸 에리카는 다시 착한 딸이 되어 어머니가 정성스럽게 차린 식탁에 마주한다. 출처 : 영화 <피아니스트>.

성 정체성의 혼란으로 보면 에리카가 클레머에게 보내는 편지도 해석이 가능하다. 그 장면을 좀 더 면밀히 들여다보면, 에리카가 주도하는 몇 번의 유사 성행위들로 인해 클레머는 이미 자신의 남성성에 상처가 나 있는 상태였다. 영화 초반, 클레머는 예술과 연인에 대한 순수한 열정을 품은 청년으로 자신을 연출하지만, 사실 영화 전체를 두고 보면 마지막 성폭행 장면이나 그 이후의 비열한 태도에서 드러나듯 자기애와 정복욕이 강한 남성적인 인물에 지나지 않는다. 에리카는 그에게 그저 정복의 대상일 따름이다 – 이에 반해 점차 열정적인 사랑의 감정을 품는 쪽은 에리카가 될 것이다. 클레머와 에리카, 이 두 사람은 연인 관계라기보다 권력 관계로 얽혀있다. 초반에는 에리카가 우위를 점한다. 선생과 제자라는 사회적 관계에서도 그렇지만 먼저 접근하고 구애를 하는 쪽이 클레머였기 때문이다. 화장실에서 처음으로 성적 접촉이 이루어진 날 에리카는 그에게 자신의 지시를 따르도록 하며 사디즘적인 경향을 보인다. 그 직전에 에리카는 클레머에게 호감을 가진 어린 여제자의 손을 깨진 유리병으로 망쳐놓으며 사디즘적인 태도를 이미 보였었다. 여성과의 섹슈얼리티에서 자신이 주도하는 데 익숙했을 남성 클레머로서는 에리카의 지시와 명령이 당혹스러웠을 것이다. 굴욕적인 유사 성행위가 끝난 후 클레머는 복도에서 높이 뛰고 달리며 자신의 남성성을 다시 회복하려고 한다. 이후 점점 더 클레머를 사랑하게 된 에리카는 그에게 편지를 써 준다(그림 28 참조). 그 내용은 충격적이다. 자신을 학대하고 폭력적으로 대해 달라며 가학성 성행위를 요구하는 내용이 담겨 있기 때문이다. 여기에 대해서는 다양한 해석이 가능하다. 우선 생각해 볼 수 있는 것은 에리카가 그 동안 핍쇼를 통해서나 관음증적 시선으로 관찰한 바에 따르면 여성의 섹슈얼리티는 마조히즘적이기 때문이다. 마조히즘 개념이 처음 생겨날 때 남성 마조히스트는 있되 여성 마조히스트는 거의 드물게 관찰된 데서 짐작할 수 있듯 본래 여성의 성은 마조히즘적인 경향을 지니는 것으로 인식되었다. 에리카가 실제 남성의 시선으로 보고 학습한 결과 여성은 가학적인 상태에서 쾌락을 느끼는 것처럼 묘사되었던 것이다. 남성적 사디즘과 여성적 마조히즘은 에리카가 - 어머니 몰래 - 학습한 사회적 섹슈얼리티에 속한다. 진정한 사랑을 경험하지 못한 에리카에게 마조히즘은 자신이 여성으로서 사랑받는 유일한 방식으로 여겨졌을 것이다. 물론 소설과 달리 이 부분, 영화에서 연결점을 발견하기는 쉽지 않아 보인다. 다음으로는 낭만적 사랑에 대한 패러디로도 볼 수 있다. 이제는 매체의 성격이 달라졌지만 이전에 편지는 연인들의 주요한 통신 수단이었다. 간절한 기다림과 동경 등을 담아냈을 편지가 여기서는 마조히즘적 포르노그래피로 변질된다. 마지막으로 실제 마조히스트들이 사용하는 방식으로 편지를 볼 수 있다. 마조히스트들은 고통에서 희열을 느끼는데, 그 고통은 그 자신이 원하고 또 앞으로 어떤 방식으로 일어날지 스스로 결정한 것이기에, 역설적이게도 마조히스트는 보다 주체적인 자리를 차지한다. 그런 한에서 에리카는 여전히 우위에 있으며, 클레머의 분노는 끝내 자신이 권력을 차지할 수 없는 데 기인하다고 할 수 있다.

[그림 28] 에리카가 클레머에게 건네준 편지. 다양한 해석을 낳는 이 편지는 어머니를 방에 못 들어오게 가구로 막고서야 클레머에 의해 낭독된다. 이렇게 공표된 여성적 마조히즘은 규범적 힘을 발휘하여 이후 실제로 여성의 몸에서 일어나고 그것은 성폭행에 다름 아니다. 출처 : 영화 <피아니스트>.

클레머가 이 편지를 읽는 것은 에리카의 집에서이다. 그녀의 집으로 들이닥친 클레머가 제일 먼저 한 일은 에리카로부터 어머니를 떼어내는 일이다. 에리카를 소유물로 취급하는 어머니에게 클레머의 등장은 물론 달갑지 않다. 영화 초반 클레머가 등장할 때부터 어머니는 그를 경계한다. 단순히 어린 제자와의 염문을 걱정하기보다 어머니는 딸에게 접근하는 모든 이성이 싫었을 것이다. 어머니에게 에리카는 다른 사람에게 내어줄 수도, 공유를 허락할 수도 없는 자신만의 소유물이기 때문이다. 삼각관계를 형성하는 듯 에리카를 두고 두 사람 사이에는 처음부터 묘한 긴장감이 생겨난다. 영화는 이 점을 잘 포착하고 시각화한다. 에리카가 비인 상류층 모임에서 연주를 하던 날, 모녀가 승강기에 오르는 순간 클레머가 나타난다(그림 29 참조). 그를 위해 문을 열어줄 수도 있었지만 물론 모녀는 그렇게 하지 않는다. 마치 제 삼자에 의해 모녀 관계가 방해받고 싶지 않은 것처럼. 다음 순간 청년 클레머가 계단을 이용해서 빠르게 그들을 따라잡는 바람에 개방형 승강기를 통해 층층마다 그가 보인다. 마치 클레머가 그들을 추격하는 꼴인데, 실제로 해당 층에 도착했을 때 벌써 당도한 클레머가 재빨리 자기 소개를 하며 끼어든다. 어머니로서는 불안한 훼방꾼의 등장에 다름 아니고, 실제 연주 모임 내내 그는 어머니의 신경을 거슬리게 한다.

첫 만남에서는 어머니의 승리로 끝나지만 점차 클레머는 어머니로부터 에리카를 떼어놓는다. 에리카에게 원래 '어머니란 희생적인 사랑'을 하는 사람이니 '자유로워지라'고 말하는 것도 클레머이며, 에리카도 편지에 '엄

[그림 29] 클레머의 첫 등장. 승강기 안의 모녀와 바깥의 클레머. 에리카에 대한 소유를 두고 그와 어머니 사이에 묘한 긴장감이 흐른다. 이들은 곧 삼각관계를 형성한다. 출처 : 영화 <피아니스트>.

마는 신경 쓰지 말라'고 적는다. 어머니를 밀어내고서야 두 사람의 '사랑' 관계가 가능함을 말해준다. 문제의 편지를 읽는 장면은 이 관계를 시각적으로 잘 구현하고 있다. 갑자기 집으로 들이닥친 클레머는 가구로 바리케이드를 쳐서 어머니를 몰아내고 그제야 편지를 읽는다. 편지의 내용에 충격을 받아 그 자리에서는 성 행위가 이루어지지 않지만, 다시 찾아온 클레머는 정말로 '엄마는 신경 쓰지 않고' 에리카를 성폭행한다.

처음에는 사디즘적 경향을 보이며 권력자의 위치에 있던 에리카가 나중에는 마조히즘적으로 사랑받기를 원하게 된 데에는 그녀가 관찰한바 여성의 사회적 섹슈얼리티도 한몫을 하지만, 가장 친밀한 관계인 어머니와의 관계에서 보다 주요한 원인을 찾을 수 있다. 곧 그녀가 아는 사랑 관계, 친밀한 인간관계는 어머니와의 관계로부터 습득한 지배-종속의 관계뿐이

[그림 30] 딸과 모든 것을 공유하던 어머니가 클레머에 의해 문밖으로 쫓겨나고 몰래 엿듣는 신세가 된다. 일시적으로나마 어머니로부터의 분리가 일어난 상징적인 순간이다. 출처 : 영화 <피아니스트>.

기 때문이다. 에리카는 모순적이고 분열적인 인물로 어머니의 금기를 남몰래 깨는 비밀을 갖고 있지만 기본적으로는 어머니에 종속된 수동적인 인물이다. 사랑 관계에 있어서 그녀에게 주어진 선택지는 어머니에 대한 종속에서 클레머에 대한 종속으로 옮아가는 것뿐이다. 그리고 그 결과는 참혹한 폭력과 멸시이다. 영화의 끝은 더없이 슬프다. 성폭행이 일어난 직후 에리카가 부엌칼을 들고 집을 나설 때까지만 해도 관객은 에리카의 반격을 기대했을 것이다. 여성 복수극은 아니지만, 적어도 칼끝이 자신을 모욕한 대상을 향할 것이라고 어렵지 않게 예상할 수 있기 때문이다. 하지만 정작 클레머는 아무 일 없었던 것처럼 미소를 띠며 무리들 속으로 사라지고 외로이 홀로 남은 에리카는 자신의 어깨를 찌른다.

이 당황스러운 결말은 프란츠 카프카의 『소송』에 대한 작가의 패러디

[그림 31] 준비한 칼로 자신을 찌르는 엔딩 장면. 반(反) 영웅적 여성 주인공의 모습이다. 출처 : 영화 <피아니스트>.

로 해석되기도 한다. 주인공 K.는 이유도 모른 채 하루아침에 '소송'에 휘말리고 내내 무죄를 주장하지만 끝내 자신의 죄를 알지 못하고 무기력하게 체포되어 처형당한다. 그래도 그 마지막 순간 몇 마디 저항함으로써, 비록 몰락한 주인공이지만 그에게는 일말의 '영웅'적인 면모가 있다. 하지만 이 주인공, 에리카는 마지막까지 한 마디 저항도 독립도 하지 못한다. 쓸쓸히 어머니의 집으로 돌아갈 뿐이다. 영화는 집으로 돌아간 에리카 뒤로 아무 일도 없었던 것처럼 차들이 달리는 거리를 오랫동안 비추며 끝난다. 저항도 복수도 못 해 본 수동적 인물 에리카에게 세상은 아무 관심도 없다. 결국 에리카는 어머니 집으로 돌아가 영화의 첫 장면처럼 살아갈 것이다. 클레머라는 사랑의 대상을 만나 어머니와의 분리가 일어날 가능성이 있었지만 지배-종속 외 다른 관계를 알지 못하는 에리카와, 그녀를 오직 정복의 대상으로 삼은 클레머로 인해 그 가능성은 무위로 끝난다. 결국 이 이야기는 어머니로부터 분리되지 못한 성인 딸이 이성을 만나 분리 시도를 하지만, 끝내 어머니와의 지배-종속 관계를 벗어나지 못하는 이야기로 요약될 수 있다. 영화에서 어머니는 딸을 자신의 소유물로 생각하며 딸의 독립을 막는 속물적인 인물이다. 열성적으로 딸을 뒷바라지하는 여느 어머니의 모습이기에 우리에게 친숙한 어머니이기도 하지만 영화는 바로 희생과 사랑이라는 이름으로, 딸이 한 개인으로 살아가는 데 걸림돌이 되는 어머니를 보여줌으로써 모성 신화를 해체한다.

여기 예술가 딸을 헌신적으로 뒷바라지하는 또 하나의 어머니가 있다. 영화 <블랙 스완>에서도 어머니와의 관계는 주인공의 성격을 결정하는 중요한 요소이다. 어머니의 '예쁜 딸'로만 자란 발레리나 니나는 뛰어난 기예에도 불구하고 백조에는 적합할지 모르나 흑조에는 맞지 않다. 흑조를 연기하기 위해서는 자신 안에 가둬 둔 충동, 금기, 열정을 끄집어내지 않으면 안 되는데, 금기를 지시하고 위반을 감시하는 자가 바로 어머니이다. 그리하여 내면의 억압을 뚫고 진정한 자유를 획득하기 위해서는 어머니가 만든 세계로부터의 해방이 전제되어야 한다.

2010년 베니스국제영화제 개막작으로 선정되고 주인공인 나탈리 포트만에게 아카데미 여우주연상을 안겨 준 이 영화는 감독의 전작인 <더 레슬러>와 일종의 자매편companion piece으로 칭해질 정도로 두 작품 모두 몸에 관한 서사라는 공통점이 있다. 감독 아르노프스키는 발레를 하는 여동생을 보며 언젠가 발레에 관한 영화를 만들 생각을 했고 처음에는 차이코프스키의 <더 더블>을 모티브로 영화를 구상했다고 한다. 그러다 <백조의 호수>를 보고 단박에 생각을 바꿔 '흑조'에 관한 이 이야기를 완성하였다. 줄거리를 보면, 이야기는 뉴욕시립 발레단이 <백조의 호수> 공연을 위해 새로운 주인공을 뽑는 데에서 시작된다. 단원 니나는 수단과 방법을 가리지 않고 주인공 역을 따내는데,[6] 백조는 잘 표현하지만 흑조를 완성하기에는 부적합하다는 평을 듣는다. 위압적인 단장이 니나에게 자신을 버리고 본능을 일깨우라고 다그치는 가운데 니나는 환각과 분열 증세를 보인다.

---

6 니나는 주인공 역을 따내기 위해 단장을 따로 찾아가 그 자신을 내놓을 수 있음을 암시한다. 흑조의 성격에는 자신이 탐하는 것을 어떤 식으로든 얻어내는 탐욕스러움과 사악함도 포함된다. 이후 자신의 행동에 대한 죄의식은 이전 프리마돈나 베스를 죽인 환상이나, 경쟁자 릴리가 단장을 성적으로 유혹하는 환상으로 나타난다.

특히 자유분방하고 행동에 거침이 없는, 같은 발레단 단원 릴리가 자신의 자리를 차지할 것이라는 불안감은 공연 직전까지 그녀를 극한의 공포 속으로 몰아넣는다. 결국 니나는 환각 상태에서 릴리를 죽이고 흑조를 완벽하게 소화하며 관객의 박수갈채를 받지만 사실 니나가 찌른 것은 릴리가 아니라 자신이었으며 그녀의 죽음으로 영화가 막을 내린다.

일종의 예술가 영화이기도 한 이 영화는 니나가 완벽한 예술가로 거듭나는 과정으로 읽을 수 있다. 이 영화를 예술가 영화로 본다면 영화는 선과 악이 공존하는 예술, 규범적이면서도 금기를 파괴하는 예술론을 말하고 있다. 이것을 우리의 주제 '어머니'와 연결하자면 금기를 지시함으로써 규범 체계를 확정 짓는 역할을 바로 어머니가 하게 되는데, 이 어머니는 아이의 자연적 욕구를 억압하는 '나쁜 어머니'의 기능이다. 그러므로 금기 파괴의 예술로 나아가기 위해서는 우선 어머니로부터 자유로워져야 한다는 논리가 성립한다. 발레리나로서의 기예는 니나에게 충분히 갖추어져 있다. 아르노프스키가 <백조의 호수> 이야기에 열광한 것은 두 명의 니나를 표현하기에 적합해서였다고 한다. 두 명의 니나란 "하나는 순결한 처녀이고 다른 하나는 유혹적이고 소유욕에 가득 찬 여성"(Whipp 2010 재인용)에 해당되는데 이는 각각 백조와 흑조로 대변된다. 이렇게 보면 백조와 흑조를 동시에 연기해야 하는 니나는 남성이 여성에게 상상하고 기대하는 전형적인 양극단 곧 순결과 유혹의 양면성을 지닌 여성 존재에 다름 아니다. 지금까지의 니나는 주로 전자의 모습(순결한 '처녀')이었다면, 공연의 주인공 역을 따내면서 자신에게 잠재되어 있는 후자(유혹하는 여성)를 끄집어내야 하는 상황에 놓인 것이다. 이것은 니나에게 상반된 요구를 하는 것으로 나타나는데, 어머니는 '굿 걸'로 딸을 조련하는 반면, 남성인 단장은 니나에게서 유혹하는 여성을 끄집어내려고 한다. 영화는 어머니의 지배로부터 단장의 지배로 바뀌며 백조에서 흑조로 변모해 가는 니나의 갈등과 분열을 그린다.

니나가 순결한 여자아이로 남게 된 데에는 어머니의 기능이 결정적인 역할을 한다. 이 영화에서도 하네케의 <피아니스트>와 유사한 장면을 목격할 수 있는데, 바로 딸의 일에 사사건건 개입하고 딸을 전면적으로 통제하는 어머니이다. 이미 성인이 된 딸임에도 불구하고 어머니에게 딸은 자신의 영원한 아이일 뿐이다. 니나의 방은 분홍색 공주방으로 치장되어 있고(그림 32 참조) 나이에 맞지 않게 인형들이 즐비하다. 자기 안에 있는 흑조를 끄집어내는 과정에서 니나는 이 인형들을 쓰레기통에 내다 버리는

[그림 32] 분홍색 공주방으로 꾸며진 니나의 방. 니나는 분홍색 옷도 즐겨 입는데 분홍색은 여자아이 니나의 미성숙을 상징한다. 엄마에게 니나는 영원히 아이이고 자신의 인형이다. 출처 : 영화 <블랙 스완>.

상징적인 행동을 한다. 어머니는 딸에게 오르골[7]을 켜주며 딸을 아이 취급한다. 니나는 어머니의 인형이며 또한 어머니의 꿈이다. 발레리나였던 어머니는 니나를 임신하면서 자신의 꿈을 접고 딸의 뒷바라지에 온 정성을 쏟는다. 아버지가 부재한 이 가정에서 딸은 어머니의 꿈이 투사된 팔루스이다. 어머니는 딸을 독립된 성인 여성으로 대접하지 않고 자신의 소유물로 취급한다. 발레단에서 니나는 외톨이에 가깝고 동료 발레리나들도 그녀에게는 경쟁자일 뿐이다. 어머니와 딸은 이 세상 누구보다 단단히 결속되어 있고, 변화를 겪기 전 니나는 이 지배-종속 관계에서 벗어나거나 저항할 생각조차 못한다. 대표적인 예로 니나가 주인공으로 선발된 날 축하하기 위해 어머니는 보기에도 부담스러운 케이크를 준비하지만 니나가 이를 달가워하지 않자 금세 차가운 태도로 돌변, 케이크를 버리겠다고 협박한다(그림 33 참조). 니나는 먹기 싫은 케이크를 억지로 먹어 보임으로써 어머니의 '사랑'에 답한다. 어머니가 딸의 일상을 지배하고 감독함은 'mom'이라고 저장된 핸드폰이 끊임없이 울려대는 데에서 잘 드러난다(그림 34 참조). 화답하듯 니나는 자신이 프리마돈나로 선발된 직후 엄마에게 제일 먼저 전화로 알린다. 뿐만 아니라 딸의 직업이 발레리나인 한에서 어머니는 딸의 정신세계뿐만 아니라 몸까지 지배한다. 심리 드릴러 형태를 띠면서 영화는 니나의 눈으로 그녀의 환각 상태를 보여주는데, 니나의

---

7   이후 어머니로부터 멀어지는 과정에서 니나는 발레리나 오르골을 던져 버린다. 어머니
     를 방문 밖으로 내쫓고 흑조로 변신하는 가운데 – 사실은 발작 후 정신을 잃은 것이다
     – 암전 후 카메라는 부서진 오르골이 혼자 돌아가는 장면을 한참 동안 비춘다(그림
     38 참조). 오르골은 니나와 어머니의 관계 변화를 볼 수 있는 주요한 모티브이다.

[그림 33] 자신이 사온 케이크를 먹지 않겠다고 하자 어머니의 얼굴은 차갑고 무서운 얼굴로 돌변한다. 사랑의 거부는 어머니가 딸을 전적으로 지배하는 주요한 방식이자 무기이다. 출처 : 영화 <블랙 스완>.

몸은 시간이 감에 따라 점점 새처럼 변한다. 흑조가 되어가는 과정이라 할 수 있는데 그 시작은 날개 자리에 해당되는 어깨 뒷자리에 전에 없던 발진과 상처가 생겨나는 것으로 나타난다. 이를 걱정하면서 어머니는 딸의 몸을 수시로 보려고 하고 니나는 이를 감추거나 마지못해 자신의 몸을 내놓는다. 어머니는 신경질적으로 니나의 손톱을 잘라내고 발진을 치료하는데(그림 36 참조), 이유 없는 발진과 자꾸만 자라나는 손톱이 니나의 흑조화 과정으로 볼 수 있다면, 이렇듯 어머니는 딸의 흑조화를 막는 역할을 한다. 곧 어머니는 딸의 자연성을 억압하고 통제하며 '착한 딸'로 교육하는 '나쁜 어머니'이다. 인간인 니나가 동물로 변하는 환상에서 짐작할 수 있듯 흑조는 동물적인 충동이나 본능과 관련되고 이는 어머니의 교육과는 반대되는 방향이다. 니나가 흑조가 되기 위해서는 어머니로부터의 분리가 전제되어야 하는 이유이다.

[그림 34] 연습이 끝나자마자 어머니에게 걸려온 전화. 어머니의 전폭적인 사랑과 딸에 대한 전면적인 통제는 그 경계가 모호하다. 출처 : 영화 <블랙 스완>.

어머니에 의한 몸의 전유는 니나에게 성적 본능의 억압으로 나타난다. '착한 딸'이 되라는 어머니의 가르침은 충동적인 삶을 억압하고 금욕적인 삶을 강요한다. 어머니가 항상 검은 옷을 입고 엄숙한 사제의 모습을 한 것도 시각적으로 이를 극대화시킨다. 자위 장면이 대표적이다. 욕망을 풀어놓으라는 단장의 자극에 따라 자위를 해 보지만, 어머니가 자기 방에 들어와 지켜본다는 환상으로 인해 니나는 경악하고 욕구는 충족되지 못한다. 자위를 시도하는 순간 어머니의 존재를 떠올리는 환상은 니나에게 내면화된 초자아로서의 어머니를 짐작하게 한다. 곧 니나가 욕망을 품는 순간 어머니는 무서운 처벌자가 된다. 그런 한에서 영화 <피아니스트>와 마찬가지로 여기서도 어머니는 거세공포를 불러일으키는 자 곧 아버지와 동일시 될 수 있다. 어머니의 강압적인 교육으로 인해 니나가 갖게 된 강박은 영화에서 거울 장면으로 여러 번 표현된다. 거울은 어머니가 자신

[그림 35] 니나의 어머니가 그린 그림들이 살아 움직이며 말을 거는 광경. 흑조로 몸이 꺾이기 직전의 환각으로, 백조(어머니의 니나)와 흑조(단장의 니나) 사이에서 니나는 이성으로 감당할 수 없는 압박감과 공포감을 느낀다. 출처 : 영화 <블랙 스완>.

을 지켜본다는 강박증과, 금기를 어겼을 때의 공포감을 증폭시키는 장치이다.[8] 니나의 집, 한 방은 어머니가 그린 그림으로 가득 차 있다. 그런데 어머니가 그린 그림은 모두 니나의 초상화로 짐작된다. 그림들은 딸에 대한 어머니의 사랑이 집착과 강박임을, 현재의 니나는 어머니가 만들어 낸 피조물에 지나지 않음을 보여준다. 어머니와의 결속이 강했던 만큼 니나의 독립은 광기로서만 가능해 보이는데, 광기의 정점은 니나가 실제 흑조로 변신하는 것이다. 흑조로의 변신은 어머니와의 갈등이나 분리를 전제로 하는 것으로, 그동안 어머니의 규범을 착실히 내면화한 니나는 엄청난 공포감과 압박감을 견디다 못해 분열 증세를 보인다. 어머니가

---

8   거울 장면과 관련하여 아르노프스키는 "디지털 방식으로 카메라를 삭제하여 불가능한 쇼트를 찍었다"(Whipp 2010 재인용)고 밝히고 있다.

[그림 36] 비정상적으로 자라나는 손톱을 잘라내는 어머니. 흑조로의 변신을 준비하며 붉게 갈라진 등의 상처가 보인다. 어머니는 딸의 자연성을 억압하고 통제한다. 출처 : 영화 <블랙 스완>.

그린 초상화가 살아서 말을 하는 그로테스크한 환각 속에서(그림 35 참조), 곧 광기 속에서 니나는 어머니에게 저항하고 흑조로의 변신을 경험한다.

이렇듯 흑조를 완성하는 과정은 어머니로부터 벗어나 스스로를 해방시키는 것과 궤를 같이하며, 이는 곧 아이의 자연스러운 욕망을 억압하는 '나쁜 어머니'와 분리되는 과정이라 할 수 있다. 그러므로 그것이, 내용적으로는, '나쁜 어머니'가 금지한 욕망들을 풀어놓는 방향으로 진행되는 것 또한 자연스러워 보인다. 자위로 시작한 이 시도는 점점 더 대범해지는데 릴리와의 동성애는 - 그것이 환상일 따름인지 실제 일어난 일인지 모호하지만 - 어머니가 정한 금기를 이중으로 깨는 일이 될 것이다. 단장이 남성적인 시각에서 니나에게 잠재된 섹슈얼리티를 요구하는 인물이라면, 릴리의 존재는 구체적인 실현 가능성을 제공한다. 릴리의 등장이 어머니와 충돌하는 이유이기도 한데, - 영화 <피아니스트>에서처럼 애시당초

[그림 37] 니나의 방문은 열려 있고 어머니는 딸의 방을 언제든 드나들며 모든 것을 지켜볼 수 있다. 어머니의 시선이 차갑고 섬뜩하다. 어머니로부터의 분리는 니나가 우선 자기만의 공간을 확보하는 데에서 시작된다. 니나는 방문을 막을 막대기를 몰래 준비한다. 출처 : 영화 <블랙 스완>.

제 3자의 등장은 어머니에게 달갑지 않다 - 니나의 집을 찾아온 릴리는 어머니로부터 그녀가 달아나게 돕는다. 니나는 릴리를 통해 평소 금지된 저녁 외출, 음주, 이성과의 만남을 경험할 뿐만 아니라 어머니의 간섭에 저항하는 니나로 거듭날 수 있었다. 자위를 할 때는 앞서 말한 대로 초자아 역할을 하는 어머니의 존재로 인해 욕구를 충족시키는 데 실패하지만, 릴리와의 일탈은 보다 대범하게 이루어지며 이 또한 공간적으로 어머니를 밀어낸 후에야 가능해진다. 평소 니나 방은 잠금장치가 없어 어머니가 수시로 드나들며 딸의 일거수일투족을 투명하게 들여다볼 수 있다(그림 37 참조). 릴리와의 정사 전 니나는 어머니의 간섭에서 벗어나기 위해 준비한 막대기로 방문을 막아 버린다. 이 장면은 <피아니스트>에서 클레머가 가구로 방문을 막아 어머니를 못 들어오게 하는 것과 매우 흡사하다. 릴리와의 금지된 사랑은 어머니를 공간적으로 차단하고서야 가능해진다. 이렇

듯 어머니와의 분리가 전제되어야 니나는 자신의 원초적인 욕구를 충족시
킬 수 있다.

여기서 발레단장의 역할은 흥미롭다. 그는 착한 니나에게서 악한 니나
를 끌어내고자 한다. 니나를 성적으로 도발하거나 자유분방하게 자신을
풀어놓도록 자극한다. 구속과 해방, 금기와 금기 파괴, 어머니와 단장은
서로 다른 것을 니나에게 요구하고 그럴수록 니나의 분열과 환각 증세는
더해 간다. 단장의 출현으로 어머니로부터 해방될 수 있는 계기가 마련되
지만 아이러니하게도 단장은 니나에게 또 다른 구속으로 다가온다. 공연
의 연출가이기도 하지만 단장은 지배적인 독재자의 얼굴로 니나에게 지금
까지의 자신을 버리고 어두운 충동을 발견하도록 그녀를 조종한다. 니나
이전에 그의 뮤즈였던 베스의 파멸은 니나의 미래를 예견하게 한다. 어머
니가 집에서 그렇게 부르듯 단장은 니나를 '나의 공주님'이라고 칭한다.
이는 어머니의 인형이었던 니나가 이제는 그의 인형이 될 것임을 예고한
다. 결국 어머니의 지배에서 단장의 지배로 바뀔 뿐 니나의 진정한 자유와
독립은 불가능해 보인다. 그런 의미에서 어머니로부터 떨어져 나와 흑조
를 완성시키지만 니나의 해방은 미완의 것이다. 죽음은 지배-종속 관계를
벗어날 길 없는 니나의 절망적인 선택으로 남는다.

<피아니스트>와 <블랙 스완>, 이 두 영화텍스트에는 자식을 위해 희생
하는 이상적인 어머니 대신 딸의 욕망을 가두고 자신의 세속적 욕망을
딸에게 투사하는 속물적이고 이기적인 어머니만 있다. 아버지 부재의 가
정에서 어머니의 팔루스가 된 딸의 몸이 예술을 빙자해 어머니에 의해
전유되는 것도 공통적이다. 두 영화에서 딸에게 본능을 일깨우는 욕망

[그림 38] 부서진 발레리나 오르골. 니나의 흑조화가 본격화된 시점, 어머니가 자장가로 들려주던 오르골이 망가진 채 혼자 돌아가고 있다. 니나는 더 이상 어머니의 아이도 인형도 아니다. 출처 : 영화 <블랙 스완>.

의 주체로서의 '몸'은 어머니에 의해 거부되고 통제되며 기예로서의 몸만 허용된다. 이타적으로 보이지만 기실은 이기적인 어머니를 통해 두 영화는 어머니를 신격화하는 불편한 숭배 대신, 기능으로서의 어머니가 자신은 물론 딸을 주체적인 인간으로 만들지 못함을 보여준다. 다른 것이 있다면, <피아니스트>의 주인공 에리카가 어머니로부터 벗어나는 데 실패하고 초라한 모습으로 어머니의 집으로 되돌아가는 반면, <블랙 스완>의 니나는 어머니가 만들어준, 인형이 즐비한 방을 뛰쳐나와 흑조를 완성시킨다. 물론 니나가 내면의 억압을 뚫고 진정한 자유를 획득했는지는 분명하지 않다. 자신을 찌른 뒤에야 흑조를 완성할 수 있었다는 것은 그 해방이 자기 파괴적임을 또한 말하고 있기 때문이다.

제3장

어미; 모성 본능과 모성 신화

‘어미’의 사전적인 의미는 ‘어머니의 낮춤말’이거나 ‘새끼를 낳은 암컷 동물’이다. 모성 본능에 관한 영화를 보게 될 이 장의 제목이 ‘어미’인 것은 후자의 의미에서이다. 출산과 수유라는 여성의 생물학적 조건은 이후 아이의 양육과 교육을 전담하는 어머니의 역할에 대한 주요한 근거로 제시되었다. 하지만 바댕테르가 프랑스 문화를 예로 든 것처럼 17세기까지 모유 수유 이전에 유모 수유의 문화가 있었으며, 모든 여성이 사회적으로 규정된 어머니 역할에 특화된 것도 아니다. ‘모성 본능’은 ‘바깥’, 곧 사회적 영역이나 문화 영역에 보다 많은 관심을 갖고 자신의 능력을 발휘하고자 하는 여성들마저 ‘안’, 곧 가정과 집에 묶어 두는 무시무시한 말이 되면서 모성 신화의 토대를 형성한다. 모성 본능을 실천한 어머니는 존경과 찬사의 대상이 되지만, 이에 반하는 여성은 비정상적인 괴물이라는 낙인을 피하기 힘들다. 이 장에서는 모성 본능과 모성 신화를 주제로 이를 해체하거나 강화하는 영화들을 본다. <마더>(봉준호 감독)와 <마미>에서의 어머니는 모성에 대해 서로 다른 양상을 보이는데, 모성 본능을 내면화한 동물적인 어머니가 있는가 하면, 어머니이기 이전에 한 개인임을 항변하는 여성이 있다. 영화 <케빈에 대하여>에는 그야말로 모성 본능이 결여된 어머니가 등장한다. 여성이라면 무조건적으로 아이를 사랑해야 하는 걸까, 그렇지 않은 어머니는 어떤 무자비한 상황에 놓이게 될까. <케빈에 대하여>는 모성 신화가 여성 개인에게 가하는 폭력과, 모성 신화를 내면화한 여성의 죄책감을 다룬다. 이 세 영화가 각각의 방식으로 모성 신화를 해체하는 시도를 하고 있다면, 모성 신화를 재구성하는 영화도 물론 있다. 영화 <내 어머니의 모든 것>과 <나의 어머니>는 모성에 관한 멜로드라마를 다시 쓰며 오늘날에도 모성 신화가 계속됨을 보여준다.

1. 모성 신화, 그 해체의 길
: <마더>(봉준호 감독), <마미>

° 모성에 관한 서로 다른 두 이야기

캐나다 퀘벡 출신의 자비에 돌란Xavier Dolan은 2009년 데뷔작 <아이 킬드 마이 마더J'ai tué ma mère>를 칸영화제에 출품하면서 20세의 천재 감독이라는 평가를 얻어낸다. 돌란은 이 데뷔작에서부터 어머니와 아들의 관계를 파고든다. 이는 감독의 자전적 요소와도 관련된다. 돌란은 캐나다 몬트리올에서 프랑스계 캐나다인 교사인 어머니 돌란과 이집트계 이민자 가정 출신의 배우이자 음악가인 아버지 타드로스 사이에서 태어났다. 어릴 적 부모가 이혼한 후 어머니에 의해 양육되었는데, 어머니와의 애증 관계는 그의 영화 전반에 나타난다. 데뷔를 하면서 아버지의 이름을 빼고 어머니의 성을 사용한 것도 눈에 띄는 사실이다. 아버지의 부재 및 어머니와의 분리 불안은 돌란 영화의 특징적 요소이다. 무엇보다 자전적 요소가 강한 <아이 킬드 마이 마더>에서 돌란은 어머니와 아들의 심리적 공생관계나 적대관계를 감독 특유의 감각적 연출로 그렸다. 이듬해 돌란은 세 남녀 간의 사랑 이야기인 <하트 비트Les amours imaginaires>를 만들었고, 2012년에는 트랜스젠더를 주제로 한 <로렌스 애니웨이Laurence Anyways>를 칸영화제 '주목할 만한 시선' 부문에 출품하였으며 2013년에는 <탐 앳 더 팜Tom à la ferme>을 베니스 영화제에 내놓았다. 2014년에 발표한 <마미Mommy>가 칸영화제 본선에 올라 거장 고다르와 공동으로 심사위원상을 수상하면서 다시 한 번 돌란의 역량을 입증함과 동시에 모자 관계를 다룬 처음의 주제로 되돌아갔다는 평을 듣게 된다. 하지만 <마미> 이전의 세 영화에서도 어머니와의 분리 불안은 부분적이긴 하지만 지속적으로 다루어져 왔다. 그런 면에서 '어머니'라는 주제는 돌란 영화의 주요한 키워드라 할 수 있다.

제목부터 '어머니'를 내세운 이 두 영화 <아이 킬드 마이 마더>와 <마미>를 동일한 선상에서 비교하는 평단의 분위기에 대해 하지만 감독은 선을 긋는다. 기존의 전통과 권위를 비웃는 '무서운 아이enfant terrible'[9] 돌란은 어차피 자신의 영화에 대한 세세한 해석에 연연해하지 않는 편이지만

---

9 20세의 젊은 나이에 천재 감독으로 세계적으로 인정을 받은 돌란은 자신에 대한 세간의 평가에 피로감을 느낀 듯 사람들이 어떤 꼬리표를 자신에게 붙이든 관심 없다지만 '무서운 아이'란 별칭은 나쁘지 않다고 생각한다(Seymour 2015 참조).

인터뷰에서 두 영화의 차이를 분명히 한다. "몇몇 에피소드로 <아이 킬드 마이 마더>와 <마미>가 비교되지요. 하지만 <마미>는 세상 누구보다 사랑하는 두 사람의 위기에 대한 이야기예요. 그들은 서로 너무 사랑해서 같이 살 수가 없어요. 그에 비해 <아이 킬드 마이 마더>는 서로 양립할 수 없어서 같이 살 수 없는 두 사람에 관한 이야기고요."(Slotek 2014) 모자 관계가 이 두 영화에서만 나타나는 것도 물론 아니다. 예컨대 <로렌스 애니웨이>에서는 '멀쩡한' 아들이 트랜스젠더의 길을 가려고 할 때 어머니와 아버지의 반응은 현저하게 다르다. 고루한 시민 가정의 규범을 관장하는 자는 아버지이고 트랜스젠더는 이 가정에서 도저히 용납될 수 없다. 어머니는 우선은 아버지의 편에서 아버지의 시선으로 세상을 보지만, 점차 아들의 이 '비정상적인' 결정을 존중하고 아버지를 떠나 모자간의 연대를 확인한다. 이렇듯 돌란에게 어머니는 아들과 갈등 관계에 있지만, 도무지 접점을 찾을 수 없는 아버지와 달리 아들의 삶을 이해하고 지원하는 지지자이기도 하다. 그러므로 돌란에게 모자 관계는 <아이 킬드 마이 마더>와 <마미>에서뿐만 아니라 그의 영화의 출발점이자 현재 진행형의 주요한 주제라할 수 있다. "어머니와 아들 이야기로 돌아가려고 했던 것 같긴 않아요. 그들을 떠난 적이 없었으니까요. 그들은 어떤 식으로든 내 영화 속에 있었어요. 어떤 때는 배경으로, 또 어떤 때는 중심 주제로 말이에요."(Slotek 2014).

    <마미>에 대한 착상은 다재다능한 돌란이 칼리지 보이College Boy의 노래를 뮤직 비디오로 찍으면서 이루어졌다고 한다. 음악적 영감은 돌란 영화의 특징이기도 한데, <마미>의 경우 루도비코 에이나우디Ludovico Einaudi의

익스피리언스Experience를 들으면서 시나리오를 썼다고 전해진다. 이 음악은 영화에서 어머니가 결코 도달할 수 없는, 아들과의 행복한 미래를 꿈꾸는 장면에 삽입되기도 했다. 클래식, 대중음악 등 장르를 가리지 않고 음악적 효과를 다양하게 활용하기로 유명한 돌란이지만 <마미>는 그중에서도 단연 돋보이는 영화이다. 카운팅 크로우스Counting Crows, 오아시스Oasis, 아이펠 65Eiffel 65 등의 노래가 적절하게 삽입되면서 서사적 기능을 갖는다.

<마미>의 공간적 배경은 캐나다 몬트리올이고, 시간적 배경은 가까운 미래이다. 그것이 가까운 미래인 것은 '부모가 원할 경우, 아이를 국가기관에 위탁하여 보호받도록 할 수 있다'는 가상 법안이 통과된 시기로 상정되기 때문이다. 이 법안에 대해 관객은 이야기가 본격적으로 시작되기 전에 듣게 된다. 그리하여 이 법안이 어머니와 아들, 두 주인공에게 과연 적용될 것인가 하는 묘한 긴장감이 영화 내내 유발된다.

영화의 전체 플롯은 별다른 경제적 능력이 없는 어머니 다이안과 ADHD 증세가 있는 16세 아들 스티브의 동거에 관한 것이다. 영화는 청소년 위탁시설에서 아들을 집으로 데려오는 장면으로 시작한다. 아들을 데리러 가는 도중에 뜬금없이 자동차 사고가 나고, 차 없이 양손 가득 짐을 들고 나오는 모자의 모습은 이들의 동거가 쉽지 않을 것임을 예고한다. 방화와 폭력을 이유로 시설에서 퇴출당한 스티브는 시한폭탄 같은 존재이다. 이 영화의 주된 의도는 "집에서 정신병이 문제가 될 경우 얼마나 관계가 예측불허하게 되는지 생생하게 그리는 것"(Slotek 2014)이다. 제도화된 교육과 교정이 불가능한 아들을 다이안은 홈스쿨링하기로 결정하지만 그의 행동은 예측을 불허하고 결국 통제 불능의 상황으로 치닫는다. 아들이

'마미'라고 장식된 싸구려 목걸이를 훔쳐 와 선물하자 어머니는 억눌렸던 분노를 폭발하며 선물을 거부한다. 이 상징적인 선물에 대한 거부를 자신의 사랑에 대한 거부로 받아들인 아들이 폭력적으로 돌변한 위험천만한 상황에서 이웃 카일라는 이 불안한 가정에 홀연 구원투수로 등장한다. 안식년 중인 교사 카일라가 생활비를 벌어야 하는 다이안을 대신해 대체 어머니이자 홈스쿨링 선생님 역할을 맡아주면서 모처럼 행복한 시간이 찾아온다. 하지만 이전 시설에서 발생한 폭행에 대한 배상비는 다이안을 더 이상 감당할 수 없는 상황으로 몰아가고 자신을 흠모하는 이웃 변호사에게 도움을 청하지만 아들의 걷잡을 수 없는 질투심에 다시 폭력과 자해가 반복된다. 영화는 결국 아들을, 영화 초반에 제시한 가상의 법에 따라, 보호기관으로 보내는 것으로 마무리된다. 그리하여 전체 이야기의 구조는 국가 감독기관에서 벗어난 아들이 어머니의 보호를 받다 다시 다른 이름의 시설로 돌아가는 형태를 띤다.

영상미학적으로 볼 때 <마미>에서 우선 눈에 띄는 것은 1 : 1 비율의 프레임이다. 실제 필자는 이 영화를 대학 수업의 교재로 사용한 적 있는데, 선지식 없이 이 영화를 처음 보는 경우 자신의 노트북에 문제가 있는 게 아닌가 생각했다는 학생도 더러 있었다. 전통적인 시네마스코프는 1.85 : 1 이나 2.35 : 1 비율인데, 이는 관객이 시각적으로 가장 자연스럽게 느끼는 비율이라고 한다. 돌란은 뮤직 비디오를 통해 실험한 1 : 1 비율을 이 영화에도 도입했다. 그 이유는 정사각형 프레임이 배우들의 얼굴을 집중적으로 잡아내고 그들의 고립된 감정을 실감 나게 담아내는 데 효과적이기 때문이다. "전 그냥 인물들에게 아주 가까이 다가갈 수 있는 초상화 비율을 찍길 원했을 뿐이에요. 프레임의 왼쪽, 오른쪽으로 산만해지는 것을 피하고, 관객들로 하여금 인물들을 눈으로 똑바로 보게 하고 싶었어요"(O'Falt 2015). 이 비관습적인 비율을 두고 인물을 틀 안에 가두기 위한 것이라는 해석에 대해서도 돌란은 크게 동의하지 않는 눈치이다. 뿐만 아니라 인스타그램이나 바인Vine을 연상시키는 프레임이라는 견해에 대해서도 부정적이다. 오히려 감독이 떠올린 이미지는 LP판 앨범의 커버라고 한다. 앨범 커버는 그에게 "시간에 대한 우리의 상상력에 새겨진, 지울 수 없는 이미지"(O'Falt 2015)이기 때문이다. 이 1:1 비율은 영화에서 두 번 1.85:1 비율로 확장됨으로써 그 의미가 더욱 선명해진다. 감독은 원래 한 번을 계획했었으나 이 형식에 스스로 만족하여 두 번으로 늘렸다고 한다. 세 사람의 관계가 평화롭고 조화로운 상황이 도래하고 그로 인해 미래에 대한 희망이 엿보이는 순간, 상징적으로 스티브는 "자유!"를 외치며 양손으로 프레임을 늘린다. 영화의 안과 밖이 연결되는 순간이기도 한데, 고립과 불안에서 벗어나 연대와 신뢰로 나아감을 형식미학적으로 잘 표현한 명장면이라 할 수 있다. 그 외, 인물들은 대개 1:1 프레임에 단독으로 들어오고 이마저 흔들리는 핸드 헬드 카메라로 잡아줌으로써 인물들 간의 소통의 어려움, 고립감, 불안감 등을 시각화한다. 다이안, 스티브, 카일라, 이 새로운 가족이 한 프레임에 잡혀지는 순간은 - 감독이 한 인터뷰에서 5번 정도 이런 장면이 나온다고 언급한 바 있다 - 그러므로 주목할 만하다. 이들만의 방식으로 소통하고 즐거운 동거를 시도하는 짧은 순간을 포착하고 있기 때문이다.

봉준호의 <마더> 역시 제목에서 이미 전면에 내세우고 있는 것처럼 어머니의 역할과 모성애에 관한 이야기이다. 이 제목이 '머더murder'라는 말과 혼동될 수 있음은 곧 영화의 내용이 말해준다. 모성애에 눈 먼 어머니는 아들을 구하기 위해 살인자가 된다. <괴물>에서 최근 <기생충>에 이르기까지 가족애를 즐겨 다루는 봉준호 감독이 이 영화에서는 아버지 없이 어머니 혼자 아들을 양육하는 가정을 통해 어머니의 역할을 집중 조명한다.

대표적인 어머니 전문 배우인 김혜자가 분한 어머니는 스물여덟 살, 몸은 성인이되 정신 연령이 낮은 아들 도준을 제 목숨보다 더 중하게 보살 피며 살아간다. 남편 없이 지방 소도시에서 무허가 한의원을 운영하며 그럭저럭 살아가는데, 어머니에게 일은 생계를 위한 부차적인 활동일 뿐 어머니의 최대 관심사는 자나 깨나 아들뿐이다. 아들에게 영양가 있는 음식을 해 먹이고 아들과 함께 자며 아들의 오줌 누는 모습까지 바라보는 어머니. 지능이 떨어져 동네에서 모자란 인물 취급을 받지만 20대 아들의 성적 호기심은 여느 청년들과 다름없다. 마을에서 10대 소녀 아정이 무참 히 살해되자 경찰은 아들을 범인으로 지목한다. 아들의 결백을 확신하는 어머니는 아들의 석방을 위해 백방으로 힘을 쏟는다. 경찰서를 드나들고 없는 돈에 변호사를 선임하기도 하지만 현실의 벽은 돈도 권력도 없는 어머니의 편이 아니다. 이제 어머니는 스스로 아들을 구할 길을 찾아 불법 적인 경로를 통해 아들의 행적을 추적한다. 그 과정에서 밝혀지는 끔찍한 사실은 조손가정의 아정이 할머니를 위해 자신의 몸을 팔아 쌀을 마련했 던 것. 하지만 더욱 충격적인 사실은 아들이 실제 범인이라는 것이고 이제 이 비밀을 덮기 위해 어머니는 현장의 유일한 목격자를 무참히 살해한다.

결국 마을의 또 다른 지적 장애인이 죄를 뒤집어쓰고 어머니와 아들이 평온한 일상으로 돌아가는 것으로 영화는 마무리된다.

° 타자로서의 모자

봉준호와 돌란 영화의 공통점은 아버지가 부재한 가정을 배경으로 어머니와 아들이 사회적 타자로 등장한다는 사실이다. 아버지 부재의 상황은 어머니가 원하든 원치 않든 전통적인 어머니 역할 외 생계를 해결하며 가장의 역할을 맡지 않으면 안 된다는 것을 말한다. 우선 <마미>를 보면, 사업에 실패한 아버지가 빚만 남기고 세상을 떠난 이 가정에서 어머니 또한 뚜렷한 경제적 능력을 갖추지 못한 것으로 설정된다. 남편이 부재한 가운데 문제아 아들까지 집으로 돌아오면서 어머니 홀로 생계를 해결하는 동시에 양육까지 책임져야 하는 상황에 놓이게 되고, 이는 이 모자 관계를 규정하는 중요한 요소가 된다. 생계를 위해 그녀가 찾아보는 일이란 비서직이나 어린이 책 번역 정도이다. 이 또한 아예 일을 얻지 못하거나 전문적인 수준에 달하지 못하고 결국 그녀가 세상에 뛰어들어 한 일은 청소일이다.

<마미>의 어머니는 <마더>의 어머니와 달리 영웅적인 주인공이 못된다. 위기에 처한 아들을 구해야 하는 공동의 미션 앞에서 두 어머니는 서로 다른 선택을 한다. 봉준호의 어머니는 수단과 방법을 가리지 않고 제 몸을 불살라 아들을 '구원'하는 데 성공하는 반면, 돌란의 어머니는 '합리적인' 방식으로 아들을 자신으로부터 떼어놓는다. <마미>의 다이안

이 그렇다고 무책임한 인물로 그려지는 것은 물론 아니다. <아이 킬드 마이 마더>에서 어머니 역할을 맡았던 안 도르발Anne Dorval이 이 영화에서 도 어머니로 등장하고 교사 역의 쉬잔 클레망Suzanne Clément이 두 영화에서 모두 같은 직업을 가진 점은 흥미롭다. 어머니 역의 도르발은 이 인물이 갖는 모순성을 부각시키는 데 공을 들였다고 한다. "그녀는 밝은 성격의 소유자예요. 지혜로운 인물이기도 하고요. 하지만 그녀는 교육을 제대로 받지 못했어요. 그녀는 아들에게 최고의 것을 주길 원하지만 또한 자신을 위해서도 최고의 것을 원해요. 그녀는 자신에 대해 결코 미안해하지 않아 요."(Olsen 2015) 다이안이 서슴지 않고 거친 언행을 보이며 요란한 치장을 하고 있지만 감독은 이 인물이 인간적인 품위를 잃지 않도록 신경을 썼다 고 한다. 전문적인 직업 교육도 받지 못한 여성이 생계 해결과 문제아 아들의 양육을 동시에 해나가야 하는 상황은 그녀의 존재 기반을 흔들어 놓기에 충분하다. 다이안은 아들을 인내하며 할 수 있는 한 문제를 해결하 려고 애쓰지만 현실의 벽은 높기만 해 결국 아들을 시설로 다시 보내는 결정을 내린다.

영화 <마더>에서는 어머니와 아들의 혼연일체 관계를 보여주면서 이야 기가 시작된다. 작두로 약초를 자르는 어머니는 자신의 손가락은 보지 않고, 문 밖에서 놀고 있는 아들을 살피느라 정신이 팔려 있다(그림 39 참조). 20대 청년임에도 지능이 낮은 아들은 어머니의 돌봄이 아직까지, 아니 영원히 필요한 존재이다. 아들이 사고를 당하는 순간 어머니의 손가 락에서도 피가 난다. 어머니와 아들이 한 몸과 같음을 상징적으로 보여주 는 장면이다.

[그림 39] 영화 <마더>의 시작 부분, 어머니가 작두로 약초를 자른다. 손은 날카로운 작두를 쥐고 있지만 시선은 문 밖 아들을 향한다. 실제 아들이 차에 부딪히는 가벼운 사고가 나는 순간 어머니도 작두에 손을 다친다. 어머니는 한시라도 아들을 떼놓을 수 없고 어머니와 아들은 한 몸과 같다. 출처 : 영화 <마더>.

　작은 마을에서 약초 처방과 침술로 넉넉잖은 살림을 꾸리며 어머니는 아들을 돌본다. 나중에 밝혀지는 이야기이지만 어머니는 어떤 사연인지 어린 아들과 동반 자살을 시도한 적 있었고 아들의 장애는 그 후유증일 수 있음이 암시된다. 고등교육을 받았을 리 없는 어머니는 이렇다 할 직업도 없다. 그렇다고 무지한 여성은 아니다. 그녀의 약초술과 침술은 현대적인 의학교육을 제대로 받은 것은 아니지만 그녀가 그럭저럭 마을에서 먹고 살 수 있게 해 준다. 어머니의 상황을 장황하게 늘어놓는 이유는 이 영화에서 어머니의 선택을 이해하는 데 중요한 요소이기 때문이다. 어머니는 경제적 상황으로 보나 사회적 지위로 보나 사회의 주변부 인물에 속한다. 더욱이 싱글 맘인 그녀에게 오롯이 떠맡겨진 아들은 평생 그녀의 돌봄을 필요로 한다. 타자가 또 다른 타자를 보살피는 격이다. 작은 마을은 폐쇄적이고 전근대적인 공간이다. 이곳에서 이들의 어려움을 공적 차원에서 덜어주는 기관은 없어 보인다.

사회문화적 배경은 다르지만 이렇듯 <마미>와 <마더>를 비교할 수 있는 전제조건이 마련된 것처럼 보인다. 세상 어디에도 기댈 데 없는 어머니가 홀로 아들을 보살피는 처지에 놓여 있다. 그 아들들은 사회적인 범주에서나 지적 수준에서나 '정상'이 아닌 타자들이다. 즉 어머니와의 분리가 불가능한, 어머니의 보살핌과 헌신을 끊임없이 필요로 하는 존재들이다. 그런데 이 어머니들조차도 주류 인생을 사는 인물들이 아니다. 제대로 된 교육을 받지도 경제적으로 여유가 있지도 않은 상황이다. 그러는 가운데 아들이 범죄나 폭력, 물질적 배상 등에 휘말리면서 모성은 시험대에 오른다. 위기에 처한 아들을 구할 자는 어머니밖에 없어 보인다. 두 영화는 서로 다른 결정을 보여준다.

°모성이 향한 서로 다른 길

영화 <마더>에는 곳곳에 모성애가 충만하다. 주인공 어머니가 그 마을에서 이렇다 할 권력을 가진 인물이 아님에도 불구하고 마을의 남성들로부터 존중받는 이유는 그녀가 '어머니'이기 때문이다. 작은 마을에서 서로 인간적으로 친밀한 관계여서이겠지만, 경찰이며 건달이며 어머니 앞에서는 모두 깍듯하다. 아들의 동네 친구인 진구는 힘으로나 잔꾀로나 어리숙한 아들보다 우위에 있다. 그런 진구가 친구에게 단 하나 부러운 게 있다면 어머니가 계시다는 거다. 아들의 무죄를 밝히기 위해 수단과 방법을 가리지 않는 어머니를 진구가 기꺼이 돕는 것도 물론 어머니로부터 받는 돈 때문이기도 하지만 아들을 구하려는 어머니의 성스러운 부탁이 있기 때문이다. 이렇듯 모성애는 이 마을에서 그 어떤 도덕이나 미덕보다 우위에 있는 것처럼 보인다. 그러기에 어머니를 가졌다는 것은 대단한 권력이 된다. 심지어, 주인공 모자에게서 볼 수 있는 것처럼, 살인자 아들은 어머니 덕택에 살인마저 덮고 살아남는다. 그 아들의 죄를 대신 떠넘긴 방식도 주목할 만하다. 아들과 비슷하게 지적 장애를 가진, 하지만 어머니가 없는 다른 청년이 수감되자 양심을 가책을 느낀 도준의 어머니는 의미심장하게 소리친다. "넌 엄마도 없니?" 평이하고도 일상적인 이 말은 어머니 존재의 유무가 갖는 의미, 모성의 기능, 그것의 긍정성과 부정성 등 영화 전체의 주제를 가리키며 큰 울림을 남긴다. 지적 장애를 가진 인물들은 불합리한 사회의 좋은 먹잇감처럼 보이는데 – 아들이 범인인 것은 오히려 우연의 일치일 뿐, 경찰은 증거도 없이 아들을 범인으로 몰아간다. – 개중 어머니의 유무가 이들을 다시 서열화한다. 그래서 어머니의 보살핌을 받지 못하고 또 장애까지 있다면 누명을 벗을 기회조차 없다. 어머니 없는 아이의 시련은 살해당한 아정의 예에서도 보인다. 제정신이 아닌 할머니와 단둘이 사는 아정은 어머니로부터의 보호나 구원을 기대할 수 없고 결국 매춘으로 내몰리다 살해당한다.

다른 형태로도 여성은 모성과 긴밀한 관계를 맺는다. 어머니에게 돈을 빌려주거나 아정의 사진으로 사건의 실마리를 제공하며 소극적이나마 어머니에게 조력자 역할을 하는 이웃집 사진관 여인의 최대 고민은 불임이다. 어머니의 한약 제조와 침술은 특히 불임 치료에 특화되어 있다. 그녀에게 임신을 촉진하는 침을 놓아주며 아들의 미모를 자랑하는 어머니는 세

[그림 40] 어머니가 이웃집 사진관 여자에게 임신이 잘 되는 침을 놓고 있다. '정상적인' 여성은 이미 어머니이거나 어머니를 준비하는 여성으로만 존재할 수 있다. 출처 : 영화 <마더>.

상 부러울 것 없는 사람처럼 보인다(그림 40 참조). 이 영화에서 여성은 이미 어머니이거나 미래의 어머니를 준비하는 여성, 아정과 같이 남성들의 성적 대상이 된 여성, 아정의 할머니나 장례식장의 여성들로 대변되는 광기 어린 여성들로 나누어 볼 수 있는데, 그중 최상위 자리를 차지하는 것은 물론 '성스러운' 어머니가 될 것이다. 영화는 이 성스러운 어머니가 어떻게 악마로 화하는지 보여준다.

　<마더>에서 어머니는 그 자신의 정체성을 오직 어머니 역할에서만 찾는 인물이다. 어머니는 모성 본능에 충실할 뿐 어머니 개인의 욕망이나 주체의식이라곤 찾아볼 수 없다. 어머니의 존재 의미는 오직 아들을 양육하고 보호하며 구원하는 데 있다. 이 역할을 수행하는 데 걸림돌이 되는 것은 그 무엇이든 수단과 방법을 가리지 않고 제거되어야 한다. 위기에 처한 아들을 구하라는 일생일대의 과업 앞에서는 소녀 아정의 불합리하고 끔찍한 삶에 대한 일말의 동정심이나 문제의식도 없으며 남의 자식이 누

[그림 41] 목격자를 살인한 직후의 광기 어린 모습. 영화는 피가 튀는 살인 행위를 적나라하게 보여줌으로써 어머니의 괴물성을 시각적으로 강조한다. 마더는 곧 머더이다. 출처 : 영화 <마더>.

명을 쓰건 말건 상관하지 않는다. 불량배 진구를 매수하여 폭력적인 방식으로 진실에 접근하는 것은 물론 아들을 구하기 위해서라면 살인도 마다하지 않으며 어머니는 괴물이 되고 모성은 광기로 치닫는다(그림 41 참조). 목격자를 무참히 살해하며 피칠갑 한 어머니의 얼굴, 이성을 잃고 광기에 휩싸인 어머니의 얼굴이 클로즈업 되면서 '마더'와 '머더'의 경계는 사실상 사라진다. 모성 실천이라는 절대 명분 앞에서는 인명에 대한 존중도 없으며 정의도 그 의미를 잃는다.

김혜자가 연기한 어머니가 그렇다고 죄의식을 전혀 느끼지 못하는 반사회적인 인물은 아니다. 이 인물이 느끼는 고독과 공포, 죄의식과 고립감은 영화에서 춤으로 표현된다. 영화의 시작은 공허한 표정의 김혜자가 허허벌판에서 넋을 놓고 춤을 추는 장면이다(그림 42 참조). 로맨틱하게 들리는 배경 음악과 혼이 나간 춤사위는 서로 이질적이며, 사실 김혜자의 동작은 춤이라고 하기에도 곤란한 낯선 몸짓이다. 이를 바라보는 관객은 어색한 감정을 가지는 동시에 호기심이 인다. 대체 어떤 의미일까? 감독은 무슨 이야기를 하려는 걸까? 혼이 빠져 춤을 추던 어머니의 눈이 마침내 카메라를 바라봄으로써 관객을 향한다. 관객에게 어떤 질문을 던지는 듯한데, 이 질문의 내용은 이후 영화가 진행되면서 그 춤을 춘 시점을 알고서야 드러난다. 어머니의 행색과 배경이 되는 벌판으로 보아 어머니가 살인을 저지른 직후임을 영화 말미에서야 알 수 있기 때문이다. 유일한 목격자를 처리함으로써 어머니는 결정적으로 아들을 구할 수 있게 되었지만, 자신의 행동이 얼마나 잔인하고 끔찍한 일이라는 것을 그녀 자신도 감지하고 있는 것처럼 보인다. 어머니로서의 의무와 인간으로서의 의식 사이에서 어머니는 순간 정신 줄을 놓아버린 모습이다. 그렇다고 자신이 한 짓을 후회하는 건 아니다. 목격자가 아들을 범인으로 지목하고 이를 경찰에 제보하려는 그 순간이 다시 와도 살인을 반복할 테지만, 이 끔찍한 어머니 역할을 다 하기 위해 자신이 살인자가 되는 과정은 어머니에게 감당하기 힘든 고립감과 공포감을 안겨준다. 어머니 역할 외에는 자신의 정체성을 찾지 못하는 인물이 극단적인 방식으로 어머니 역할을 '성공적으로' 수행하지만 그 과정에서 최소한의 도덕의식마저 마비된 괴물이 되었기에 어머니는 세상 누구보다 외롭고 자기 자신으로부터 소외된 존재이다. 하지만 어머니는 빈껍데기 같은 자신의 존재를 언어적으로는 설명할 길이 없다. 어머니의 인식이 자신의 역할로부터 떨어져 나올 수도 없거니와 어머니가 아닌 여성, 어머니가 아닌 개인을 언어화하는 것 자체가 불가능하기 때문이다. 그리하여 나온 것이 몸짓이다. 그녀 자신조차 인식하지 못한 고독과 소외, 어머니 역할로 인해 감내해야 하는 고통과 모순된 삶이 절로 만들어낸 몸짓. 아무도 없는 들판에서 홀로 추는 이 춤은 '자리 없음'을 특징으로 하는 어머니의 자리를 함축하고 있다고 해도 과언이 아니다. 결국 관객을 향한 어머니의 시선이 던진 질문은 '나, 어머니는 누구인가?'가 될 것이다.

영화는 춤으로 시작하여 춤으로 끝난다. 아들을 구해내는 데 성공한 어머니가 겉으로 보기엔 이전의 일상으로 돌아와 마을의 다른 어머니들과 함께 이른바 관광버스 춤을 추는 것으로 영화는 끝을 맺는다. 감독은 춤추는 어머니들의 모습을 원거리로 잡아주고 주인공 김혜자가 이들과 어울려 들어가는 장면을 흐릿하게 뭉개면서 김혜자가 여타 어머니들과 동화되는 듯한 인상을 준다. 음악은 영화의 처음 춤 장면과 마찬가지로 춤과는 어울리지 않는 팝 음악으로 이 일상적인 장면을 이질적으로 만든다. 이 이질감은 춤을 추기 직전 상황을 고려하면 묘한 긴장감 속에서 배가된다. 어머니가 살해 및 방화의 현장에서 정신없이 뛰쳐나오느라 두고 온 침통을 아들이 주워 은밀하게 전해주며 잘 보관하라고 하자 놀란 어머니는 진정제 침을 자신에게 놓았었다. 아들은 어머니가 한 짓을 모두 알고 있는 것일까? 과거에 자살 시도로 장애가 생긴 아들이 다시 정상으로 돌아온 걸까? 의문을 남긴 채 영화는 끝난다.

김혜자가 그린 어머니 역할은 극단적인 형태이긴 하지만, 모성애에 대한 여성 자신의 강박과, 모성에 대한 절대적인 요구를 단적으로 보여준다는 점에서 근본적으로는 여타 어머니들과 다르지 않다. 자식을 양육하고 보호하는 데 어머니의 기본적인 역할과 기능이 있다면, 여기 이 어머니의 경우는 앞서 살펴본 것처럼 고립무원의 상황에서 장애가 있는 아들이 위기에 처하자 모성이라는 명분하에 불법, 탈법의 극단으로 치닫는다. 어머

[그림 42] 영화의 프롤로그에서 어머니는 세상 고독하게 기이한 춤을 춘다. 이것이 살인 직후임은 이야기의 진행과정에서 드러난다. 어머니가 느끼는 죄책감, 공포감, 불안감은 언어를 넘어서는 것이기에 혼이 빠진 몸동작으로만 표현될 수 있다. 출처 : 영화 <마더>.

[그림 43] 영화의 마지막 장면. 관광버스를 탄 어머니는 자신에게 진정제 침을 놓아 자신이 저지른 짓을 억지로 잊고 세상 어머니들 사이로 섞여 들어간다. 어머니의 형체가 뭉개지면서 여느 어머니들과 구분되지 않는다. 이로써 김혜자 어머니는 자식 사랑을 명분으로 이기적인 태도를 보이는 보통의 어머니들로 일반화된다. 출처 : 영화 <마더>.

니 역할 외 다른 기능이라곤 생각할 수 없는 이 어머니는 그래서 이타적인 어머니의 극단적인 형태이자 자기 자신이 없다는 의미에서 몰아적인 어머니라고 할 수 있다. 비교되는 <마미>에서의 어머니가 어머니이기 이전에 개성 있는 한 여성으로 두드러지는 것과는 대조적이다. <마미>의 어머니가 '다이안'이라는 제 이름을 갖고 있는 것과 달리, <마더>의 어머니는 이름조차 없이 그냥 '어머니'라고 불리며 캐릭터를 다 한다. 이 어머니의 이타성은 자신의 삶 대신 아들의 삶을 사는 것으로 왜곡되는데, 감독은 이 이타적인 삶이 어떻게 가장 이기적이고 파괴적인 형태로 나타날 수 있는지 보여준다. 물불을 가리지 않는 자식 사랑은 인명 존중이나 정의 실현과 같은 더 높은 이념을 도외시하며 남의 자식도 내 자식과 동등하게 귀한 존재라는 평등 의식도 외면한다. 영화에서처럼 극단으로 치닫는 경우는 아니지만 자식에 대한 굴곡된 사랑이 반사회적이거나 이기적인 형태로 나타나는 것은 일상생활에서도 드물지 않게 접할 수 있다. 감독이 영화의 마지막에 한국사회의 전형적인 어머니 군상을 끌어들인 것도 이런 맥락에서 해석될 수 있다. 다른 어머니들 무리 속으로 흘러 들어가 동일한 집단이 됨으로써 이 어머니의 특수성은 보편성을 얻게 된다. 이 어머니가 저지른 불법 행위의 정도를 생각하면 다소 비약적인 면이 있지만, 다른 어떤 규범보다 자식 사랑을 우선시하는 어머니들을 왕왕 볼 수 있기에 또 그리 비약적이지도 않다. 이렇게 보면 영화에서 아들이 어머니의 죄를 인지했을 수도 있다는 암시는 모성 신화가 어떻게 악용될 수 있는지 보여준다. 곧 어머니의 희생으로 이득을 취하는 가족 구성원이 있고 그리하여 가족제도가 유지될 수 있는 것은 아닌지. 이렇게 보면 도준은 어머니의 희생을 강요하고 어머니 개인의 억압에 공모하는 자가 될 것이다. 이 끔찍한 진실을 외면하기 위한 최후의 수단으로 어머니는 망각의 침을 스스로에게 놓는다. 어머니의 희생을 알고도 그것이 주는 안온함과 일상적인 편재성으로 인해 이를 묵과하거나 당연시하는 건 아닌지, 따뜻한 가정이라는 환상은 어머니의 삶 전체와 헌신을 담보로 하는 것은 아닌지 영화는 관객에게 여운을 남긴다.

[그림 44] 아들을 보호시설에서 데려올 때 다이안이 서류에 서명을 한다. 다이안은 전통적인 어머니 상과는 거리가 있다. 어머니이기 이전에 한 여성으로서 매력이 넘치는 그녀는 서명마저 개성 있게 한다. 한편 '죽음'을 의미하는 단어 D.I.E는 이 모자 관계가 파국으로 치달을 것임을 암시하는 듯하다. 출처 : 영화 <마미>.

<마미>의 어머니 다이안은 어머니이기 이전에 개성 강한 개인으로 등장한다. 멋을 한껏 부린 외모 하며 당당하다 못해 거친 언행의 다이안은 여성으로서의 매력도 맘껏 발산한다. 다이안의 성적 매력은 비서로 채용

되는 데 걸림돌이 되고 - 사장 부인의 질투로 끝내 일자리를 얻지 못한다. - 이웃집 남자 변호사가 호시탐탐 다이안을 탐내게 만든다. 성적 욕망이 철저하게 억압된 <마더>의 어머니와는 대조적인 모습이다. <마더>에서 어머니는 진구의 정사 장면을 우연히 엿보게 되고 자신의 억압된 성적 욕구를 느낀 듯 하지만 이내 '아들 구원'이라는 대의 앞에 이 욕구는 흔적 없이 사라진다. 어머니의 욕망은 오이디푸스적인 구조에서 아들에 대한 사랑으로 대체된다. 장성한 아들은 어머니와 한 이불을 사용하고, 여자랑 자 봤냐는 동년배들끼리의 장난기 어린 질문에 아들은 "응, 엄마!"라고 대답한다. 오줌 누는 아들의 성기를 찬찬히 들여다보고, 누가 볼까 오줌 눈 자리를 치우는 모습은 팔루스로서의 아들을 말함과 동시에 아들에 대한 사랑을 독점하고자 하는 오이디푸스적인 욕망을 암시한다.

[그림 45] 영화에서는 어머니가 아들에게 보양식을 먹이는 장면이 반복적으로 등장하며 양육하는 어머니노릇을 강조한다. 오줌 누는 도준에게 어머니가 한약을 먹이는 장면. 검은 한약 액체가 오줌 줄기가 되어 흘러나온다. 어머니는 아들의 페니스를 자랑스레 훔쳐보는가 하면 행여 남이 볼까 아들의 오줌을 묻으며 이를 독점하고자 한다. 모성독점을 상징하는 장면이라 할 수 있다. 출처 : 영화 <마더>.

<마미>의 다이안이 개성 강한 개인으로, 욕망의 주체로 비칠수록 어머니 역할과의 충돌은 더 강하게 표출된다. 아들을 시설에서 데려올 때부터 어머니는 자신의 일상이 뒤흔들릴 것이라는 긴장감을 부지불식간에 가지게 되고, 이런 심리는 영화에서 아들을 데리러 가는 도중 뜬금없이 자동차 사고가 일어나는 것으로 표현된다. 그리하여 <마더>에서는 모자 관계가 갈등 관계가 아닌 공모관계에 가까운 데 비해, <마미>의 모자는 사사건건 부딪친다. 갈등과 이해, 다툼과 화해, 사랑과 증오로 이들 모자 관계는 얽혀 있는데, 이들의 충돌을 완화하는 인물이 이웃 카일라이다. 카일라는 모자의 갈등이 극에 달하는 절망적인 순간에 기적처럼 나타나 결정적으로 도움을 준다. 발단은 스티브가 슈퍼마켓에서 훔쳐온 식료품과 목걸이다. 두 품목은 그 자체로 상징적이다. 두 모자는 서로 깊이 사랑함에도 경제적인 불안감에 시달리는데, 부족한 식료품은 이들 모자가 느끼는 경제적 궁핍함과 사회적 위기감을 말해준다. 목걸이는 영화의 제목이기도 한 '마미'가 크게 새겨진 것으로 모성의 키치에 다름 아니다. 어머니에 대한 스티브의 사랑과 감사의 마음은 훔쳐온 싸구려 목걸이로 안타깝게 표현될 뿐이다. 어쨌거나 스티브는 미성숙한 아이가 아닌가. 사회적 규범 체계로부터 비껴나 있는 스티브가 자신의 욕구와 감정을 드러내는 방식은 이렇듯 비사회적이고 소통 불능의 방식이다. 아들의 감정을 살필 틈도 없이 절도 행위에 분개하여 '마미' 목걸이를 내동댕이치는 어머니를 향해 아들은 잠재된 폭력성을 표출한다. 영화는 통제 불능 상태의 아들과, 생명의 위협을 느끼며 두려움에 떠는 어머니의 모습을 화면 가득 담아낸다. 서로의 사랑과 신뢰를 시험 받는 이 고립된 모자 앞에 카일라는 구원투수로 등장하여

모자에게 절실한 두 가지를 선사한다. 다이안에게는 자신이 일하는 동안 아들을 보살펴 줄 베이비시터 역할을, 스티브에게는 "대체 부모이자 페티쉬 대상"(Berry 2014)이 되어 준다. 세 사람 간에 친밀한 관계가 형성되고 소통이 가능해지면서 영화는 잠시 희망적인 순간들을 내비친다. 더불어 '마미' 목걸이가 결국 다이안의 목에 얌전히 매달린 모습도 화면에 잡힌다. 하지만 다음 순간 이전 보호시설에서 저지른 폭행에 대한 배상금 통지서가 배달되면서, 반짝거리지만 진짜 보석이 되지 못한 '마미' 목걸이는 족쇄가 된다. '어머니'라고 새겨진, 벗어날 수 없는 족쇄.

카일라라는 제 3의 존재는 이 모자 관계에 숨통을 틔워준다. 뿐만 아니

[그림 46] 스티브가 훔쳐 와 엄마에게 선물한 목걸이. 아들에게는 엄마에 대한 사랑을 표현할 길이 이것밖에 없고, 엄마에게는 아들의 절도 행위만 눈에 들어온다. 선물의 거부는 아들에게 사랑의 거부에 다름 아니다. 스티브는 내재된 폭력성을 폭발시킨다. 결국 다이안은 이 목걸이를 영화 끝까지 내내 하고 있다. 출처 : 영화 <마미>.

라 영화는 카일라라는 인물을 설정함으로써 부모 자식 간의 폐쇄적인 사랑을 타자 간의 연대와 사랑으로 확장한다. 바로 카일라 자신이 관심과 사랑이 필요한 존재이고 이 모자 가정에서 위안을 얻기 때문이다. 그런 의미에서 이 삼자 간의 관계는 일방이 아닌 쌍방 간의 소통이라 할 수 있다. 카일라의 가정에 대해 영화는 세세한 설명을 생략한다. 남편과 딸아이가 드문드문 등장하여 가정의 분위기와 카일라의 자리를 확인해 줄 따름이다. 엔지니어인 남편은 무미건조하게 아내를 대하고 아내의 고민이나 감정 따위에는 관심이 없어 보인다. 불필요한 대화라곤 없는 이 가정에서 카일라는 침묵하거나 말을 더듬는다. 이 가정의 차가운 질서가 카일라를 숨 막히게 함을 짐작할 수 있다. 좌충우돌 무질서해 보이지만 서로 부딪치

[그림 47] 목걸이 사건으로 스티브의 분노가 광기로 치닫자 어머니는 생명의 위협을 느낀다. 영화는 아들을 설득하며 두려움에 떠는 어머니의 얼굴을 오랫동안 비춘다. 이 어머니에게 사랑하는 아들 스티브는 감당하기 힘든 두려운 존재이다. 출처 : 영화 <마미>.

고 소통하는 다이안의 집에서 그녀가 더 이상 말을 더듬지 않는 것도 눈여겨 볼만하다. 영화는 자신의 딸보다 이웃집 아들을 더 살갑게 보살피는 카일라의 존재를 통해 새로운 대안 가족을 제안한다. 대체 어머니로서 카일라는 출산과 모성의 연관 관계가 절대적이지 않음을 또한 보여준다. 양육하는 과정에서 애착 관계가 형성된다면 출산이나 혈연관계가 아니더라도 모성애나 부성애에 준하는 사랑이 생겨날 수 있다.

이 대안 가정은 각자 상처를 안고 있는 타자들이 서로 연대하여 만들어 낸 열린 공간이다. 혼자 힘겹게 아이를 돌보는 어머니, 아버지를 잃고 어머니에게 과도한 애착을 보이는 아이, 그 자신 아들을 잃고 세상으로부터 단절된 것처럼 보이는 이웃. 이들의 만남은 부족하게나마 서로에게 필요

[그림 48] 영화는 주로 한 사람씩 미디엄 숏으로 1 : 1 프레임을 사용하지만 이 세 인물에 대해서는 예외적으로 한 프레임으로 잡아 이들의 연대와 소통을 가시화한다. 새로운 대안 가족으로서 세 사람의 짧지만 유쾌한 동거가 시작된다. 출처 : 영화 <마미>.

한 존재가 되어 상처를 치유해 가는 과정에 다름 아니다. 음악과 춤은 이 세 사람의 친밀감과 연대를 효과적으로 드러내는 장치이다. 홈 파티를 하면서 세 사람이 리듬에 맞춰 함께 춤추는가 하면, 자전거를 타고 달리는 장면에서도 다이나믹한 배경 음악이 더해져 세 사람의 연대감과 해방의 분위기를 배가시킨다. 더욱이 외로운 아이 스티브는 평소 늘 헤드폰을 끼고 음악을 들으며 위안을 받던 터다. 사실 스티브는 폭력적이고 비정상적인 아이이기 전에 음악을 사랑하는, 섬세한 감수성을 지닌 아이이다. 친어머니 다이안과 대체 어머니 카일라는 이제 이 감성적인 반항아 스티브의 눈높이에 자신들을 맞추고 아이를 이해하는 것처럼 보인다. 자동차

[그림 49] 1 : 1 정사각형 프레임을 찢듯 열고 나오는 스티브. 영화의 안과 밖이 연결되는 방식으로 영화의 형식미가 돋보이는 장면이다. 카일라의 도움으로 모자는 돌파구를 찾은 듯하다. 세 사람의 즐거운 동거가 계속되는 동안 프레임은 직사각형을 유지하다, 배상금 통지서가 배달되는 순간 다시 1 : 1로 바뀐다. 출처 : 영화 <마미>.

가 다니는 도로 위에서 스티브가 쇼핑 카트를 몰며 물건을 던지고 자전거를 탄 두 여성이 유쾌하게 뒤따르는 장면은 기존의 질서를 거스르고 자신들을 억압하는 규범 체계를 벗어난 타자들의 통쾌한 해방을 - 비록 그 해방의 순간이 짧을지언정 - 상징적으로 보여준다(그림 50 참조). 이 조화로운 관계는 앞서 언급한 대로 영상미학적으로도 잘 표현된다. 대부분의 인물들은 미디엄 숏으로 단독으로 찍어 인물들 간의 소통 부재와 몰이해를 시각화하고 있다면 이 세 사람은 예외적으로 한 컷에 담긴다. 또한 자전거를 타는 시퀀스에서는 스티브가 1 : 1 프레임을 열어젖히는 동작을 하며 일반 영화의 프레임으로 전환된다. 관습적인 프레임으로의 전환은

[그림 50] 도로 위에서 카트를 몰며 물건들을 마구 던지는 장면. 스티브는 기존의 관습을 거스르며 저항하는 예민한 아이이기도 하다. 멀리 자전거를 타고 따라오는 다이안과 카일라가 보인다. 두 사람의 사랑과 지지가 있는 한 어쩌면 스티브는 사회의 일원으로 살아갈 수 있었을지 모른다. 불행히도 경제적 어려움을 지닌 이 가정을 지원할 사회적 시스템은 없어 보인다. 출처 : 영화 <마미>.

이들 세 사람이 서로를 가족으로 받아들이고 정서적으로 안정감을 느낌을 효과적으로 전달한다. 이 안정적인 프레임은 배상 책임을 묻는 통지서가 예기치 않게 날아오면서 다시 1 : 1 프레임으로 되돌아간다.

다시 어머니 문제로 돌아가면, <마미>에서 어머니는 어머니 역할에만 매몰되지 않고 또한 자신의 삶을 살고자 하는 여성으로 그려진다. <마더>의 어머니가 모성이라는 보편적인 상에 자신을 맞추고 있다면, <마미>의 어머니는 '어머니-기능'이 아닌 '어머니-여성'에 더 가깝다. 경제적으로나 아들의 양육에서나 통제 불능의 상황에 처하자 어머니는 자신의 역할을 국가기관에 맡기는 선택을 한다. 이제 이야기의 전제조건이 빛을 발하는 순간이다. 가상 법안은 어머니의 돌봄이 작동하지 않을 경우 국가기관이 개입할 수 있다는 내용이다. 그런데 문제는 이 돌봄 기관이 제대로 기능하느냐이다. 영화에서 보호 및 치료시설은 환자를 정서적으로 돌보거나 치유하는 것을 목적으로 하기보다 정상적인 사회로부터 격리시키고 감독하는 기관으로 비친다. 영화의 초반부, 스티브가 떠나온 보호시설의 감독관들은 고루하고 위압적인 태도를 취하거나 그들 자신이 폭언을 일삼는 등 아이들의 보호시설이 제대로 기능하지 못하는 모습을 보인다. 영화의 마지막, 스티브가 끌려 들어간 시설은 정신병동과 다르지 않다. 시설 직원들은 환자에게는 아무 관심이 없고 필요할 경우 무자비한 폭력을 행사하며, 구속복을 입은 스티브는 약물치료 탓인지 몽롱해 보인다. 영화는 스티브가 빛을 향해 도주하는 것으로 끝맺는데 그 끝이 죽음인지, 탈출인지, 재수감인지 보여주지 않는다.

한편, 영화는 어머니의 선택이 불가피한 것이었음을 설득력 있게 전개한다. 평소에 자신을 흠모하던 변호사에게 도움을 청하고자 한 시도는 아들의 질투로 무산되고 그 순간 절망한 어머니가 아들로 인해 자신의 삶이 불행하다는 본심을 쏟아내고 마는데, 이에 대해 아들은 가출과 자해로 답하며 모자 관계는 파국으로 치닫는다. <마더>의 어머니가 아들을 구원하기 위해 불법적인 일을 자행하는 것과 달리, <마미>의 어머니는 합법적인 길을 선택한다. 가상 법안은 출구 없는 삶에 하나의 해결 방안처럼 보인다. 모권의 타율적 규정에서 벗어나 모성독점을 포기하는 것도 제3의 선택이 될 수 있음을 영화는 암시한다. 물론 아들이 끌려가는 과정에서 거침없이 행사된 국가의 폭력은 어머니의 이 결정이 결코 대안이 될 수 없음을 또한 예고한다. 어머니의 아들 사랑은 상상된 미래로 대체된

[그림 51] 아들을 시설로 보내고 카일라마저 떠난 후 다이안은 혼자 남겨진다. 의연하게 보통의 일상을 되찾은 것처럼 보이지만 어머니로서의 다이안은 고통스럽게 일그러진 얼굴로 울음마저 내뱉지 못한다. 이 어머니의 삶은 앞으로 온전치 못할 것이다. 출처 : 영화 <마미>.

다. 아들을 시설로 보내기 전 떠난 마지막 여행에서 어머니는 잘 성장한 아들의 진학과 결혼을 상상해 볼 따름이다.

아들이 끌려간 후 어머니는 평범한 일상을 보내고 있는 것처럼 보인다. 시한폭탄 같은 아들과의 불안한 동거가 끝난 '평온한' 집에서 어머니는 번역 일을 한다. 스티브가 없는 이 가정에서 카일라와의 연대와 소통도 더 이상 없다. 남편의 뜻에 따라 마침 카일라는 이사를 가게 되고, 한때 친구로서 밤새 수다 떨던 다이안과 카일라는 어색하고 피상적인 인사를 나눌 뿐이다. 카일라 앞에서 당당하고 평온해 보이려고 애쓰지만 다이안 이 어머니로서 느끼는 죄책감과 책임감에서 자유로울 리는 없다. 아들을 시설로 보낸 것이 앞으로 나아지리라는 '희망' 때문이라고 말하지만 어머 니 스스로도 자기 말을 확신하지 못하는 듯하다. 홀로 남아 숨죽여 우는 어머니의 모습은 그 고통의 무게를 가늠케 한다. 자식을 낳은 여성이 어머 니가 아닐 때 그 여성은 어떤 의미를 지닐까. 영화는 소리 내어 울지도 못하는 어머니의 고통스러운 몸짓을 통해 모성 실천이 얼마나 많은 장애 와 내적 갈등을 가져올 수 있는지 말하고 있다. '어머니-기능'으로서의 삶과 '어머니-여성'으로서의 삶 사이에서 다이안은 더 이상 접점을 찾지 못하고 결국 어머니 역할을 포기하지만 이후 그녀의 삶은 온전치 못할 것이다. <마더>의 어머니와 달리 어머니 역할 외에 '어머니-여성'의 삶 또한 추구하는 다이안이지만 모성을 내면화하지 않을 수 없는 규범 체계 하에 있는 한 그녀 자신 모성 신화로부터 완전히 자유로울 수 없다. 여성의 개인 서사와 모성을 강요하는 문화 사이에서 고통받는 어머니-여성의 모 습은 영화 <케빈에 대하여>에서 보다 극명하게 나타난다.

2. 모성 신화의 폭력 : <케빈에 대하여>

　로고스의 자연으로 자리 잡으며 모성은 여성의 자연스러운 감정으로 칭송받는다. 그리하여 아이가 여성에게 어떤 두려움을 가져다줄 수 있는지 '감히' 이야기하는 서사는 많지 않다. 그런 한에서 미국 작가 라이오넬 슈라이버Lionel Shriver의 소설을 원작으로 한 린 램지Lynne Ramsay의 <케빈에 대하여We Need to Talk About Kevin>(2012)는 획기적인 주제를 다루고 있다. 영화는 아이를 사랑의 대상이 아니라 자신의 자유를 구속하는 두려운 존재로 느끼는 한 여성의 심리를 다루며 모성이 과연 여성에게 천부적인가, 모성을 실천할 수 없는 여성의 선택지는 무엇인가 하는 물음을 던진다.

　세계 곳곳을 누비며 자유로운 여행가로 살아가던 에바는 이국의 축제에서 만난 남자와 열정적인 사랑을 나누고 계획에 없던 임신을 한다. 이로써 그녀의 세계는 이전과 달리 아이와 가정으로 한정된다. 어머니가 될 준비가 전혀 되어 있지 않은 에바는 출산 후에도 여전히 여행을 꿈꾸며 아들 케빈이 원하는 사랑을 충분히 주지 못한다. 케빈은 에바의 인생에 반갑지 않은 손님일뿐더러 유별나게 엄마를 애먹이는 아이이다. 자신에게 충분한 사랑을 줄 준비가 되어 있지 않은 엄마에게 복수라도 하듯 케빈은 유독 엄마에게 적대적이고 교묘한 방식으로 엄마를 괴롭히며 에바의 두려움을 키운다. 세월이 흘러 여동생이 태어나자 질투심에 해를 가하기도 한다. 어언 사춘기에 접어든 케빈은 사사건건 엄마와 부딪치는데, 에바는 아들과 화해하려고 노력하지만 이는 대개 엄마의 참패로 끝난다. 16살 생일을 앞두고 케빈은 아버지와 여동생을 죽인 후 이에 그치지 않고 자신이 다니던 학교의 학생들을 학살하는 만행을 저지른다. 혼자 남은 에바는 세상의 온갖 비난을 온몸으로 견뎌내며 소년원에 수감 된 케빈을 정기적으로 찾아가 면회한다.

위 줄거리는 연대기 순으로 사건을 정리한 것이고 영화는 여러 시점을 넘나들며 사건을 뒤섞는다. 현재 시점은 사건이 일어난 후이다. 케빈이 가족과 학우들을 살해한 후 에바는 마을에서 갖은 모욕과 린치를 당하며 자그마한 여행사의 말단 직원으로 일하고 있다. 그녀가 마을을 떠나지 못하는 이유는 생계 문제도 있지만 무엇보다 케빈을 정기적으로 방문하기 위해서인 듯하다. 이 현재 시점에서 면회는 그녀의 가장 중요한 업무이다. 가장 먼 과거 시점은 에바와 남편의 만남이 이루어진 때이다. 이국의 축제에서 우연히 만난 두 사람은 열정적인 사랑을 나누는데 이것이 그녀의 인생을 송두리째 바꾸어 놓는다. 영화는 이 부분을 빠른 영상으로 간략하게 처리한다. 두 사람의 사랑 이야기보다는 임신으로 인해 달라질 에바의 삶이야말로 영화의 본래 주제이기 때문이다. 그사이에 오는 시간대는 케빈이 태어나 자라는 과정, 다시 말해 에바가 케빈을 양육하고 교육하는 시기이다. 간혹 기억이 뒤섞이기는 하지만 대체로 중간에 놓인 이 과거는 케빈의 성장과 변화과정을 시간순으로 따라가는 형태를 하고 있다. 과거와 현재로 나누어볼 때, 현재의 에바는 참회와 고난의 시간을 보내고 있고, 과거는 에바가 모든 일이 벌어진 후의 관점에서 케빈에 대해 회상하고 자신이 한 행동을 되돌아보는 형식을 취한다. 그리하여 케빈이 어떻게 그렇게 악마 같은 인간이 되었나, 그 책임은 누구에게 있는가 하는 관점으로 영화는 전개된다.

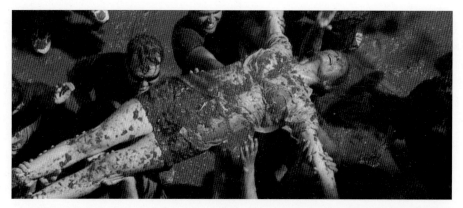

[그림 52] 이국의 토마토 축제에서 에바는 자유와 해방을 만끽한다. 어떤 것에도 구애되지 않는 에바의 몸만큼 그녀의 정신도 자유로워 보인다. 이때의 붉은색은 열정과 욕망, 자유를 상징한다. 출처 : 영화 <케빈에 대하여>.

영화 전체를 압도하는 색깔이 있다면 단연 붉은색이다. 시작은 붉은색으로 뒤덮인 토마토 축제이다. 축제는 터부 없는 디오니소스 축제를 연상시킨다. 으깨어진 빨간 토마토를 덮어쓴 채 남녀가 뒤엉킨 장면이 화면을 압도하고 그 중심에는 에바가 있다(그림 52 참조). 에바의 몸도 마음도 더없이 자유로워 보인다. 임신과 결혼으로 삶의 일대 변화를 겪기 전 에바의 이 모습은 이 인물의 성격을 이해하는 데 중요한 전제가 된다. 어디에도 구속되지 않은 자유로운 삶은 이후 온전히 자신만을 원하는 아이가 생기면서 불가능해지기 때문이다. 자유와 해방의 이 붉은색은 영화에서 에바의 집과 차에 들러붙은 붉은색 페인트 색깔로 곧장 이어진다. 여기서 붉은색은 경계 짓기와 혐오, 배척과 고립을 의미하며 축제에서의 붉은색과 대척점에 있다. 마을 사람들이 에바 집과 차에 붉은색 페인트를 뿌려 그녀에 대한 증오심과 혐오감을 표시해 놓은 것이다(그림 53 참조). 살인마 케빈

[그림 53] 토마토 축제 장면에서 바로 연결된 장면. 붉은색으로 연상작용을 불러일으키지만 그 의미는 정반대이다. 마을에서 에바의 집은 터부시된다. 마녀의 집을 표시하듯 그녀의 집과 차는 붉게 칠해진다. 정열의 색 붉은색은 이제 피와 죽음을 상기시키고 경고와 배척의 의미로 바뀐다. 출처 : 영화 <케빈에 대하여>.

의 어머니인 에바는 주홍글씨처럼 새겨진 이 붉은색을 면도칼로 긁어내고 솔로 닦고 물로 씻어낸다(그림 54 참조). 이 붉은색 표식을 하염없이 지워나가는 행위는 영화에서 반복적으로 등장한다. 영화는 자유와 해방의 붉은색이 구속과 혐오, 죄악의 붉은색으로 바뀐 과정을 들려준다. 아기가 잉태된 순간부터 아이가 살인을 저지르기까지.

인물 에바는 두 개의 서로 양립하기 힘든 에바로 나뉠 수 있다. 여행가 에바와 어머니 에바가 그것이다. 언급했듯 영화의 시작에서 함축적으로 보여주는 바, 여행가 에바는 무엇에 구속되지도 어디에 정주하지도 않는 자유로운 영혼의 소유자이다. 여행과 모험은 에바의 꿈이자 열정이며 또한 전문 직업 세계이기도 하다. 에바는 아이를 낳고도 호시탐탐 다시 여행을 가거나 여행 관련 일을 하고자 하며, 실제로 나중에는 전설적인 여행가

[그림 54] 영화에서 에바는 자신의 죄를 씻어내듯 말없이 이 붉은색을 기계로 깎아내고 면도칼로 벗겨내며 솔로 닦고 또 닦는다. 자신에게 가해지는 비난과 처벌을 달게 받고 속죄의식을 치르는 듯하다. 출처 : 영화 <케빈에 대하여>.

로 자서전을 내기도 한다. 에바는 세계를 누비며 모험을 하고 사람들과 그 경험을 나누고 싶어 하는 인물이다. 하지만 이 여행이 아이에게는 전혀 다른 의미가 된다. 여행은 아이에게 어머니의 부재나 그로 인한 모성의 결핍에 다름 아니기에 케빈은 에바의 여행 욕구와 대척점에 있다. 곧 어머니 노릇과 여행은 양립할 수 없다.

우연한 임신으로 에바는 어머니가 된다. 특히나 어머니 역할은 에바에게 미처 예상하지도 준비하지도 못한 일이라 그녀에게 감당하기 힘든 요구가 된다. 보채는 아이를 안고 어쩔 줄 몰라 하는 어머니 에바의 얼굴은 앞서 축제에서 본 자유롭고 당당한 여행가 에바와 대조를 이룬다. 영화는 임신과 출산, 육아가 어떤 여성에게는 얼마나 끔찍한 과정인지를 보여주며 임신이 축복이요 아이가 행복의 조건이라는 고정관념을 깬다. 그래서 임신과 출산을 새 생명의 창조라는 성스러운 일로 미화하지도 않으며, 오히려 이질적인 존재로 인해 한 개인의 자유와 욕구가 어떻게 제한되고 삶이 구속되는지 보여준다. 우선, 임산부로서 에바는 자신의 부풀어 오른 배를 자기 몸에 일어난 낯선 변화로 체험한다. 순산을 위해 임산부들이 모여 운동하는 모임에서 에바는 행복한 표정의 다른 임산부들과 달리 자신을 이방인으로 느낄 따름이다. 그녀에게 임신은 자신의 몸을 낯설게 체험하는 것이자 두려운 미래에 다름 아니다. 에바가 임산부들 무리에서 빠져나오자 마침 귀여운 여자아이들이 우루루 달려가는 장면이 있다(그림 55 참조). 분홍색 발레복을 입고 달려가는 아이들은 행복하고 즐거워 보인다. 이는 아이를 낳고 키우는 일이 얼마나 아름다운 일로 미화되는지 또 그것이 현실에서는 어떻게 다르게 나타날 수 있는지 보여주는 장치라 할 수 있다. 에바는 현실에 있을 법한 어머니의 모습을 하고 있는데, 아이들 무리 속에서 떠밀리듯 걸어 나오는 예비 엄마 에바는 망연자실 무기력해 보인다. 세상 밖으로 나가고 싶은 에바의 내적 욕구와는 반대로, 저 아이들과 같은 한 생명체에 묶여 어미 노릇을 하는 것 외에 달리 선택의 여지가 없어 보이기 때문이다. 자신의 뜻과는 무관한 어머니 역할을 강요받으며 내적 갈등과 압박감을 느끼는 여성의 심리를 함축한 장면이라 할 수 있다.

출산도 경이로운 기적으로 묘사되지 않는다. 대개의 출산 장면은 어떠한가. 산고의 고통은 있지만 그것을 통과하고 나면 이내 엄마는 신생아를 품에 안고 자랑스러운 얼굴로 주위의 축복을 받지 않는가. <케빈에 대하여>에서 출산 장면은 짧지만 이와 완전히 다르게 연출된다. 감독은 전등에 비친, 굴곡지고 왜곡된 이미지들을 보여줌으로써 에바가 갖는 공포감과

[그림 55] 천진난만한 아이들의 즐거운 모습과 에바의 공허한 표정이 대조적이다. 여성으로 태어났다고 해서 모든 여성이 임신을 원하고 아이들을 좋아할 것이라는 고정관념을 영화는 거스른다. 출처 : 영화 <케빈에 대하여>.

고통의 감정을 시각화한다(그림 56 참조). 출산 과정에서 의사는 에바에게 "그만 저항해요!"라고 두 번이나 말하는데, 에바의 몸이 출산 마지막 순간까지 어머니 되기를 거부하고 있는 듯하다. 육아는 어떠한가. 베이비 케빈은 모자간의 증오 관계를 예고라도 하듯 내내 죽어라 울어대는데 – 실제 이런 아가들이 있지 않은가 – 에바는 어르고 달래느라 아가의 울음소리에 온종일 지쳐간다. 차라리 공사장 소음에 한숨을 돌리는 어머니 에바의 모습은 그녀가 처한 절박한 상황을 잘 대변해 준다(그림 57 참조). 자신의 직업 생활이나 취미는커녕 어머니 에바는 자신의 삶을 오롯이 아이를 위해 내놓아야 한다. 이렇듯 영화는 임신과 출산이라는 생물학적인 이유로 여성이라면 당연히 모성 실천에 재능이 있을 거라며 여성에게 어머니 되기를 설득하고 강요하며 급기야 협박하는 모성 신화에 대해 하나하나 반

[그림 56] 에바의 출산 장면. 형체를 알아보기 힘들 정도로 일그러져 마치 공포 영화의 한 장면처럼 연출되었다. 아래 의사의 얼굴은 에바를 쫓는 괴물처럼 보이고 절규하는 에바는 그 희생자로 보인다. 출처 : 영화 <케빈에 대하여>.

[그림 57] 악을 쓰며 울어대는 케빈을 유모차에 태우고 에바는 종일 어딘가를 헤맨다. 저 표정은 공사장 굴착기 소리에 잠시 위안을 얻는 모습이다. 아이의 울음소리보다 요란한 굴착기 소리가 차라리 더 견딜 만하다. 에바의 절박한 상황을 잘 보여주는 장면이다. 출처 : 영화 <케빈에 대하여>.

박해 나간다.

이후 케빈의 성장사는 어머니에 대한 잔혹사에 다름 아니다. 퇴근 후 잠시 아이를 돌보는 아버지가 아니라 – 더욱이 케빈은 유독 아버지 앞에서는 착한 아들 행세를 한다 –, 거의 하루 종일 아이와 밀착된 시간을 보내는 어머니의 시선으로 보면 케빈은 도저히 사랑하기 힘든 섬뜩한 아이이다. 우선 이중적인 태도로 관객을 경악케 한다. 숫자를 셀 줄 알면서도 어머니의 교육에 일부러 몽니를 부리고 대소변도 오직 에바를 괴롭히기 위해 가리지 않는다. 부부 관계도 질투한다. 침대에서 부부가 사랑을 나누고자 하면 자신을 돌보라고 시위하며 이를 훼방 놓는가 하면, 아버지에게는 상냥하고 정상적인 아들로 인정받으면서도 교묘하게 에바를 배척하여 어머니로서의 무능함을 실토하게끔 만든다. 늦둥이 여동생을 예뻐하기는커녕 경쟁자로 여겨 질투하며 괴롭히는 등 케빈의 폭력성은 점점 도를 넘어선다. 결국 부부는 이혼 위기에 처한다. 엄마를 독차지하고 싶었던 케빈에게 이혼은 엄마를 영원히 뺏길 수도 있다는 위기의식을 가져왔을 것이고 그 결과는 엄청난 재앙으로 나타난다. 오직 어머니 에바의 이목을 끌기 위해 여봐란듯이 케빈은 사람들을 죽인다. 케빈이 사람들을 죽이는 방식도 어머니에 대한 복수와 많은 관련이 있다. 한번은 병이 난 케빈을 돌보며 모자는 어느 때보다 친밀감을 느끼는데 에바는 케빈에게 로빈훗 이야기를 읽어준다. 후에 케빈은 활로 사람들을 학살한다. 자신의 범죄가 어머니에게서 비롯되었음을, 사실은 시위를 떠난 화살이 모성을 향함을 시사하는 장치라고 할 수 있다.

케빈은 왜 이렇게 반사회적인 인물이 되었을까. 케빈은 사이코패스로 태어난 것일까 혹은 모성 결핍으로 인해 범죄자가 된 것일까. 사이코패스 문제로 확산하기보다 영화는 모자 관계를 중심으로 모성애와 모성 실천에 초점을 맞춘다. 우선은 어느 정도는 에바에게 책임을 물을 수 있는 것처럼 보인다. 앞서 언급한 대로 에바는 어머니 에바와 여행가 에바로 나누어 볼 수 있는데 이 양자가 양립할 수 없다는 데 불행의 단초가 보인다. 어머니 에바는 언제든 여행가 에바로 돌아가고 싶어 하는데, 마침 아이가 어머니에 대한 독점욕이 누구보다 강한 아이라면 문제는 훨씬 더 복잡해진다. 더욱이 케빈은 아이이지만 머리 꼭대기에 앉아 엄마를 괴롭히는 교활함을 보여 에바를 옴짝달싹할 수 없게 만든다. 이쯤 되면, 그치지 않은 울음도 엄마를 자기 옆에 묶어 두기 위한 행동으로 의심해 볼 정도이다. 무슨 수를 써서라도 엄마를 독차지하고픈 케빈에게는 엄마를 못살게 구는 것도 - 왜곡된 - 사랑의 표현이 될 것이다. 엄마에 대한 케빈의 집착은 오이디푸스적인 욕망으로도 해석될 수 있다. 자위 장면을 들켰을 때 케빈은 광기 어린 눈으로 엄마를 도발하며 행위를 멈추지 않는다. 가족 내에서 엄마의 사랑을 경쟁해야 하는 사람들, 곧 여동생과 아버지마저 제거하면서 케빈은 결국 엄마를 독차지할 수 있게 되었다. 그것도 세상에서 가장 사악한 방법으로. 케빈에게 어머니란 온종일 자신만 바라보고 자기를 위해 희생하고 헌신하는 여성이어야 할 것이다. 에바가 여행을 동경하거나 관련 일을 하는 것은 엄마로서의 직무 유기이고 이는 케빈이 엄마를 증오하는 이유이다. 이로써 어머니이기 이전에 자신의 삶을 주체적으로 살고자 하는 '한 조각 자기 인생'이 에바에게는 허락되지 않는다. 이 긴장이 불거지는 단적인 예를 들어보면, 케빈이 어느 정도 자라자 에바는 여행가의 꿈을

[그림 58] 케빈이 어느 정도 자라고 에바가 슬슬 여행 일을 재개하면서 자기 방을 세계지도와 여행 계획으로 도배한다. 여행 전문가로서 그녀는 누구보다 세상에 대한 호기심과 일에 대한 열정을 가진 여성이다. 출처 : 영화 <케빈에 대하여>.

담아 자기 방의 사방 벽을 세계지도로 도배한다(그림 58 참조). 그녀에게 가정과 집은 너무 좁은 세계이고 아이는 자신의 발목을 잡는 족쇄처럼 느껴지는데, 세계지도를 보며 언젠가 세상 밖으로 나가길 꿈꾸는 여성 에바의 모습이다. 그런데 이 세계지도를 케빈이 물감으로 망쳐놓는다(그림 59 참조). 이 지도가 뭐냐고 케빈이 물었을 때 에바는 '특별한 것'이고 특별한 것이란 '자신의 성격을 드러내는 것'이라고 대답한다. 바로 어머니 역할을 수행하는 '어머니-기능'이 아니라 여타 서로 다른 개인들처럼 자신의 꿈을 성취해 나가고자 하는 '어머니-여성'을 말하는 대목이다. 이 '어머니-여성'은 아들 앞에서는 주장될 수 없는 것이고 아들은 이를 무참히 짓밟아 어머니 역할을 강요한다.

이렇듯 영화에서 아이는 엄마에게 사랑의 결실도 축복의 대상도 아니

[그림 59] 케빈이 물감으로 망쳐놓은 세계지도 앞에서 에바가 망연자실한다. 아이와 육아라는 현실은 그녀의 꿈과 내적 동경을 가로막는 최대 장애물이다. 출처 : 영화 <케빈에 대하여>.

다. 영리하면서도 교묘하게 잔인하고 폭력적인 케빈은 사이코패스 성향을 보인다. 최근 사이코패스에 대한 사회적 관심이 늘어나면서 이에 대해서도 다양한 차원에서 논의될 수 있다. 영화의 원제 'We need to talk about Kevin'을 번역하자면 살인마 케빈의 인격에 대해 논해 볼 필요가 있을 텐데 정작 영화/소설은 케빈의 악마화를 어머니와의 관계로 축소시키며 어쩌면 논점을 흐리고 있는지도 모른다. 케빈의 잔혹한 기질이 선천적일 수도, 혹은 다른 사회적 요인에 의한 것일 수도 있지만 이야기는 유독 어머니 역할로만 파고든다. 이것은 서사의 구조적인 문제이기도 하다. 영화는 학살이 일어난 후의 시점에서 에바가 과거를 회상하는 형식으로 전개된다. 현재의 에바는 엄청난 죄책감에 시달리는데, 과거에 자식을 완전히 방치한 것은 아니나 마음이 가정에 머물러 있지 않았음을 그녀 자신 고백한다. 그녀가 이전에 했던 말들은 어머니로서의 죄책감을 불러 일으키기에 충분하다. "네가 태어나기 전이 더 행복했다." "매일 일어날 때마다 프랑스에 있었으면 좋겠다고 생각한다." 아이에게 지독한 상처가 되었을 이 말들은 다른 한편 일과 가정을 양립할 수 없었던 여성들이 감히 입 밖으로 내뱉지는 못하지만 마음속에 한 번쯤 품었을 법한 말이기도 하다. 모성의 거부 혹은 모성 결핍에 대해 아이는 '비뚤어짐'으로 복수한다. 소름 돋게 영리한 케빈은 엄마에 대한 복수를 가장 처절하게 하는 방법을 잘 알고 있다. 가족을 몰살시키면서도 정작 어머니는 살려두는 것이다. 학교 에서의 학살 후 경찰차에 실려 가면서도 케빈은 보란 듯이 어머니의 시선 을 찾는다. 어머니 노릇을 제대로 하지 못한 여자가 어떻게 되는지 잘 보라는 듯이.

영화는 과거와 현재를 교차하며 보여주는데, 현재 시점의 에바는 과거 자신의 화려한 경력에 걸맞지 않게 작은 여행사 말단 직원으로 일하며 근근이 살아간다. 무엇보다 견딜 수 없는 것은 사람들의 냉대와 기피이다. 어머니 노릇을 거부하거나 제대로 하지 못한 여자는 세상으로부터의 낙인 을 피할 수 없다. 앞서 언급한 것처럼 에바의 집은 붉은색으로 금단의 표식을 달고 에바는 철저히 배제되고 고립된다. 할로윈 축제 때 아이들이 몰려와 계란을 던지며 그녀를 괴물 취급한 것은 단순히 아이들 놀이가 아니라 현실이기도 하다. 아들을 잘못 키운 어머니에게 세상은 그 이유를 묻지 않는다. 에바는 마을 사람들의 폭력과 폭언에 고스란히 노출됨은 물론 도덕적 비난을 담은 대중의 시선에 갇힌다. 어딜 가나 사람들은 에바 를 정상적인 인간이 아니라 괴물/병자/마녀를 보듯 쳐다본다(그림 60 참 조). 어머니 노릇을 제대로 하지 못한 여성은 사람들이 접촉하기 싫어하는

[그림 60] 에바는 어딜 가나 사람들의 시선에 갇힌다. 살인마 아들을 둔 어머니는 아무도 가까이 가고 싶어 하지 않는 기피 대상이고 비난의 시선만 늘 그녀에게 들러붙는다. 출처 : 영화 <케빈에 대하여>.

질병과 같은 존재가 된다.

　이에 대해 에바는 변명을 늘어놓지도 저항하지도 않는다. 그녀는 자신의 죄를 잘 알고 있으며 이제 이를 속죄하려 한다. 온갖 멸시와 냉대에도 마을을 떠나지 않으며 자신의 죄를 씻어내듯 주홍글씨처럼 새겨진 표식들을 지워나간다. 아이러니하게도 에바는 케빈이 수감된 이후에야 비로소 '어머니 노릇'을 하기 시작한다. 아무도 남지 않은 집에서 케빈의 옷과 동화책, 침대를 정성스럽게 정리하는 모습에서 의지를 갖고 자신의 꿈을 좇으려던 이전의 에바를 다시 찾아볼 수는 없다. 그동안 어머니이기만을 거부하던 에바에게 갑자기 모성이 생겨났다고는 할 수 없을 것이다. 그보다는 아무리 애를 써도 어머니 역할로부터 도망갈 수 없는 처지임을 처절하게 깨달았기 때문이리라. 이렇듯 가장 잔인한 방식으로 에바는 '제도로서의 어머니'로 길들여지고 '어머니-기능'을 받아들인다. 소년원에 있는 케빈을 정기적으로 면회 가는 일은 가장 중요한 속죄 행위에 해당된다. 그 과정에서 어머니는 아들을 이해해 보려고 노력한다.

들판의 꽃처럼 나는 누구의 아이도 아니라네.
어머니의 키스도 아버지의 미소도 받아본 적 없어.
누구도 나를 원하지 않아. 난 누구의 아이도 아니라네.
I'm nobody's child I'm nobody's child
Just like the flowers I'm growing wild
No mummy's kisses And no daddy's smile
Nobody wants me I'm nobody's child

면회 가는 길에 카렌 영Karen Young의 '누구의 아이도 아니라네Nobody's Child'란 노래가 흘러나온다. 영화는 곳곳에 대중음악을 배치하는데 감미로운 멜로디나 감상적인 가사가 사건의 끔찍함이나 에바가 느끼는 공포감과는 대조를 이루는 경우가 많다. 위 인용한 음악은 아무에게도 사랑받지 못한 아이의 슬픔과 고독함을 노래한다. 마침내 자신의 꿈을 접고 절망의 끝에서 어머니는 아들을 이해하게 된 것일까. 적어도 케빈에게 충분한 사랑을 주지 못한 어머니로서 자책감은 느끼는 듯하다. 과연 어머니의 사랑만이 이 죄악을 막을 수 있었을까. 케빈이 18살이 되던 해, "도대체 왜냐?"라고 묻자 "엄마가 알 줄 알았는데, 지금은 나도 모르겠어."라고 케빈은 무심히 대답한다. 이로써 케빈의 잔혹성과 폭력성이 과연 모성 결핍으로만 설명될 수 있는지 다시 의구심이 든다. 모성 신화의 역사가 깊은 만큼, 또 그것을 내면화하고 확대 재생산하는 문화의 속성이 강한

만큼 모성은 블랙홀처럼 모든 문제를 빨아들일 수 있다. 모성에 대한 집착에서 벗어나 케빈의 사이코패스 성향에 대한 보다 다각적인 논의가 필요한 시점이다. 세상 악의 근원을 모성애의 결핍으로만 설명할 경우 여성의 선택지는 극히 좁아진다. 어머니의 진정한 사랑과 관심이 있었다면 케빈은 악마가 되지 않았을까. 케빈의 인성에 문제가 있음을 아버지는 왜 몰랐고 비난 또한 받지 않아도 되는 걸까. 영화는 육아와 교육이 당연히 여성의 몫이라는 데에서 출발하고 이를 전제로 서사를 구성한다. 모성 신화로부터 한 발짝 떨어져 나오면, '그토록 꿈꾸던 여행 일과 아이를 양육하는 일을 병행할 수 있는 길은 과연 없는가?'라는 보다 핵심적인 문제가 비로소 보일 것이다. '여성은 누구라도 모성을 갖고 태어나는 걸까?'라는 질문을 화두로, 영화 <케빈에 대하여>는 사랑받기 힘든 존재로 태어난 아이에 대해 어머니라는 이유로 여성에게 모성을 강요하는 것이 한 개인에게 얼마나 감당하기 힘든 요구인지를 보여주는 한편, 다른 한편으로는 죄지은 아들을 대신해 하염없이 속죄하는 어머니를 통해 모성 신화가 얼마나 강력한 문화적 생산물로 작용하고 있는지를 실감케 한다.

3. 어머니, 오 나의 어머니! – 모성의 멜로드라마
    : <내 어머니의 모든 것>, <나의 어머니>

모성에 대한 고정관념을 비틀어 그 신화를 해체하려는 시도들이 있는가 하면, 다른 한편으로는 여전히 어머니의 사랑을 소외된 현대 삶에 대한 위로와 대안으로 삼는 영화들도 있다. 스페인 영화계의 거장 페드로 알모도바르Pedro Almodovar는 자신의 13번째 장편 영화 <내 어머니의 모든 것All about My Mother>(2000)을 세상의 모든 어머니와 여성들에게 바친다. 멜로드라마라는 대중적인 양식을 택한 이 영화는 감독 특유의 개성 있고 유려한 연출로 아카데미 외국어영화상, 골든 글로브 외국어영화상, 영국 아카데미상 외국어영화상 등 다수의 수상이 말해주듯 그 예술성 또한 인정받았다. 여성적인 것에 매료된 감독은 '여성의 감독'이란 별칭으로 불리기도 하는데, 이 영화에서는 그중에서도 모성을 용서와 포용, 헌신이라는 여성성의 총화로 그리며 여성 간의 연대를 보여준다.

[그림 61] 영화는 어느 환자의 죽음과 장기이식 장면으로 시작한다. 간호사 마뉴엘라의 업무이기도 하지만 이 장면은 아들의 죽음과 장기 이식에 대한 복선이 된다. 출처 : 영화 <내 어머니의 모든 것>.

영화는 병원에서 장기이식을 하는 장면으로 시작한다(그림 61 참조). 간호사 마뉴엘라의 업무이기도 하지만, 이는 이후 일어날 아들의 죽음과 장기이식에 대한 복선임이 곧 밝혀진다. 마뉴엘라는 작가 지망생인 아들 에스테반과 단둘이 산다. 17살 생일을 맞이하여 모자는 『욕망이라는 이름의 전차』 공연을 보러 가는데 유명 연극배우 우마의 사인을 받으려다 불의의 교통사고로 아들은 그만 목숨을 잃고 만다. 아들의 유품을 정리하던 중 아버지에 대한 그리움을 담은 일기장을 발견하고 마뉴엘라는 남편을 찾아 바르셀로나로 17년 만에 돌아온다. 하지만 남편과 재회하는 대신 정작 그곳에서 새로운 사람들을 알게 되고 그들과 어려움을 나눈다. 트랜스젠더 매춘부가 된 옛 친구 아그라도를 만나 우정을 나누고, 임신한 수녀 로사를 정성스럽게 보살핀다. 아들의 죽음에 간접적인 원인이 되었던 배우 우마에게도 도움의 손길을 내밀고 친구가 된다. 마뉴엘라의 남편이자 복장도착자인 롤라와 관계를 가진 로사는 아이를 낳지만 에이즈로 죽는다. 로사의 유언대로 아기는 마뉴엘라의 아들과 같은 이름을 얻게 되고 마뉴엘라는 로사 어머니의 간섭을 피해 아기를 데리고 바르셀로나를 떠난다. 2년 후 다시 만난 세 여성 마뉴엘라, 우마, 아그라도는 서로의 우정을 확인한다. 영화는 아들을 잃은 어머니로 시작하여 새로운 아들을 얻은 어머니의 이야기로 끝난다.

영화는 여러모로 파격적인 주제를 담고 있다. 무엇보다 정상의 경계 밖에 있는 다양한 인물들을 등장시켜 터부시되는 여러 형태들의 성(性)과 사랑을 보여준다. 마뉴엘라의 남편이자 로사의 연인이기도 했던 에스테반과 마뉴엘라의 친구 아그라도는 트랜스젠더 트라베스티이다. 가슴 성형을 하고 여장을 하지만 남성 성기를 없애지는 않았다. 배우 우마는 예민한 성격의 동성애자이며 그녀의 연인인 니나는 마약 중독에 양성애자이다. "니나는 마약에 중독되고 난 니나에 중독되어 있죠." 매춘을 하는 트랜스젠더도 그렇고 수녀의 임신도 파격적이다. 이렇듯 여기서는 이성애 중심

사회의 '정상적인' 경계 바깥에서 살아가는 인물들이 대거 등장한다. 소외되고 불안한 삶을 사는 이들을 보듬고 서로 연결하며 그 중심에 있는 인물이 어머니, 그중에서도 아들을 잃은 어머니 마뉴엘라이다.

이들을 만나기 전 마뉴엘라는 아들에게 헌신하고 아들을 위해 자신의 삶을 희생하는 어머니였다. 남편으로부터 도망쳐 싱글 맘으로 오직 아들만 바라보며 산 것이다. 영화 초반, 어머니와 아들은 둘도 없이 친밀한 일상을 나눈다. 아들의 생전 모습은 영화에서 차지하는 분량이 많지 않지만 아들 에스테반은 전체 서사에서 중요한 역할을 한다. 관련하여 키워드를 꼽아보자면 모성, 연극, 아버지에 대한 그리움이다. 아들과의 대화에서 마뉴엘라는 아들을 위해서라면 매춘까지도 할 수 있다고 말하는데, 이렇듯 마뉴엘라는 누구보다 모성이 강한 어머니로 설정되어 있다. 작가를 꿈꾸는 아들은 어머니를 모델로 한 작품을 쓰고 싶어 한다. 뿐만 아니라 마뉴엘라는 어머니이기 이전에 아마추어 극단의 연극배우였다. 병원에서 세미나용 자료로 연극을 할 때 그녀 자신이 출연도 하고 아들은 이 모습을 인상 깊게 지켜본다. 이 연극에서 마뉴엘라가 맡은 역할이 장기 기증을 제안받는 어떤 가족 구성원이라는 점도 눈에 띈다. 영화에서 연극과 현실은 매우 긴밀하게 연결되어 있다. 간호사로 일하며 아들을 키우는 싱글 맘이지만 마뉴엘라의 내적 열정은 '연극'이라고 할 수 있다. 아들과 연극을 보기로 약속한 날 어머니는 주인공 우마의 짙은 입술 색과 같은 붉은색 옷을 입고 기다린다(그림 62 참조). 연극에 대한 그녀의 내적 열망은 작가 지망생 아들에 못지않아 보인다. 실제 우마의 비서로 일하며 마뉴엘라는 대사를 외울 정도로 연극 작품에 심취해 있고 니나의 대역으로 투입되기도 한다. 연극이라는 공통분모로 봐도 아들과 어머니는 한 몸처럼 느껴진다. 아들이 그토록 원하던 우마의 사인을 어머니 마뉴엘라가 대신 받는 것도 그러므로 의미가 있다. 또 다른 키워드는 아버지이다. 아버지의 존재는 반쪽으로 찢어진 사진이 말해주듯 이 가정에서 지워져 있다. 아들은 일기장에 아버지에 대한 궁금증과 그리움을 적어 두는데, 이 노트는 마뉴엘라가 17년 만에 자신의 과거로 돌아가 남편을 찾는 계기가 된다. 여장복장도착자인 남편에게 죽은 아들의 존재를 알려주고 죽은 아들의 현현이라고 할 수 있는 로사의 아들 에스테반을 그의 품에 안겨 주는 이도 마뉴엘라이다. 이리하여 아버지와 아들은 처음이자 마지막으로 만나게 된다.

나중에 밝혀지는 바이지만, 아들과 단둘이 살게 된 사연을 보면 남편이 원인 제공자였다. 영화에는 3명의 에스테반이 등장하는데 남편, 아들, 그리고 후에 로사의 아들도 같은 이름으로 불린다. 마뉴엘라의 아들이 로사

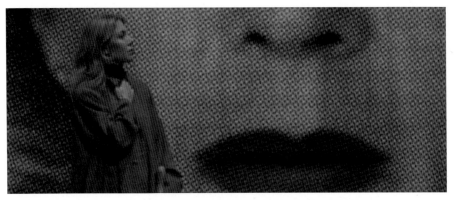

[그림 62] 정열적인 붉은색 옷을 입고 연극 포스터 앞에서 아들을 기다리는 마뉴엘라. 어머니이기 이전에 그녀 역시 누구보다 연극을 사랑하고 재능 있는 여성이었다. 아들이 죽고 나서 마뉴엘라는 우연한 기회에 연극 무대에 선다. 출처 : 영화 <내 어머니의 모든 것>.

의 아들로 완벽하게 대체되는 지점이기도 한데, 그 기원은 아버지 에스테반이다. 그는 롤라라는 여성, 곧 그녀로 불리기도 하는데, 언급했듯 복장도착의 트랜스젠더이다. 하지만 완전히 남성성을 상실한 것은 아니고 마뉴엘라가 로사에게 말하듯 그는 남성과 여성의 단점만을 가진 이기적인 인물이다. 로사의 에이즈도 그로부터 감염되었을 가능성이 높다. 평소 사회주변부 인물이나 '비정상'으로 낙인찍힌 인물에 대해 공감하는 태도를 보인 감독이지만, 이 에스테반에 대해서는 그의 이중적 태도를 비판적으로 그린다. 일례로 자신은 비키니를 입고 활보하면서 아내에게는 노출을 금지하는 보수적인 태도를 보인다. 이 비키니 에피소드는 감독의 경험에 바탕하고 있다. "자기는 비키니를 입고 다니면서 아내는 미니스커트도 입지 못하게 하는 어느 트라베스티에 대한 얘기를 들었을 때 나[알모도바르 - M.J.]는 힘들었다. 왜냐하면 그것은 남성우월주의의 비이성적인 면을 보여주는 예이기 때문이다"(정동섭 2012, 301f 재인용). 마뉴엘라가 남편으로부터 달아난 것은 그가 트랜스젠더여서가 아니라 남성중심주의 가치관에서 벗어나지 못했기 때문이다. 그로부터 아들을 떼어놓아 아들이 그와 같이 모순된 생각을 갖지 않게 보호하기 위해서이다. 영화에서 연극『욕망이라는 이름의 전차』공연은 중요한 역할을 하는데, 그중 폭력적이고 지배적인 남편을 아내 스텔라가 떠나는 의미심장한 장면이 반복적으로 연출된다. 감독은 "다시는 이 집에 돌아오지 않겠어."라는 스텔라의 대사 때문에 이 작품을 인용했다고 밝히고 있다. 마뉴엘라와 스텔라, 이 두 여성은 아이를 위해 남편을 떠난다는 점에서 닮은꼴이며 나중에 마뉴엘라가 연극무대에서 스텔라 역할을 한다는 점도 눈여겨볼 만하다. 이쯤에서 이 영화가 갖는

미학적 구조를 언급할 수 있겠다. 상호텍스트성의 관점에서 보자면 연극 『욕망이라는 이름의 전차』는 영화에서 흥미로운 효과를 불러일으킨다. 가부장적인 남편을 떠나는 마뉴엘라의 현실은 연극의 내용과 맞물리며 현실과 허구는 일치한다. 허구가 현실이 되기도 하는데, 앞서 언급한 대로 마뉴엘라는 병원에서 장기 기증을 제안받는 환자의 보호자 역할을 연기했었다. 연극뿐 아니라 영화도 언급된다. 마뉴엘라가 아들과 함께 시청한 영화 <이브의 모든 것All about Eve>은(그림 63 참조) 전설적인 배우 베티 데이비스Bette Davis가 주인공 마고 역을 맡아 열연한 1950년대 할리우드 영화의 고전이다. 마고는 어느 날 대기실로 찾아온 열혈 팬 이브라는 여인을 자신의 비서로 곁에 두는데, 이후 이브는 마고의 대역은 물론 마고의 모든 것을 뺏으려 한다. <내 어머니의 모든 것>이란 제목 자체도 <이브의 모든 것>과의 관련성을 이미 말하고 있다. 뿐만 아니라 마뉴엘라가 공연이 끝난 후 우마의 대기실로 찾아간 것, 그녀의 비서가 되어 일하는 것, 니나의 대역으로 공연을 하게 되는 것도 <이브의 모든 것>에서 차용함으로써 상호텍스트성이 발생한다. 다만 이브가 계획적으로 대배우 마고의 삶을 망가뜨린 반면, 알모도바르는 마뉴엘라와 우마, 두 여성이 서로 돕고 연대하는 모습으로 훈훈한 이야기를 만들어낸다.

영화에는 반복과 부활의 구조도 눈에 띈다. 거듭 언급했지만 장기 기증이 반복되고 연극 공연이 반복된다. 특히 마뉴엘라가 우마의 공연을 관람할 때 첫 번째는 아들과 함께 관람석에서 박수를 치며 즐거워하지만, 두 번째 관람 때는 옆자리를 비워 둔 채 비통하게 눈물을 흘린다. 삶이 주는 예기치 못한 상실감을 표현하는 데 자식을 잃은 어머니만큼 효과적인 것

[그림 63] 마뉴엘라가 아들과 함께 시청한 영화. 인물 간의 관계와 몇몇 에피소드들이 이 고전 영화로부터 차용된다. 아들은 영화를 보면서 "제목을 잘도 바꿨네"라고 말하는데, 이로써 감독은 <내 어머니의 모든 것>이라는 자신의 영화 제목을 재치 있게 풍자한다. 출처 : 영화 <내 어머니의 모든 것>.

도 없으리라. 마뉴엘라는 바르셀로나를 반복적으로 떠나고 반복적으로 돌아온다. 아들의 죽음 후 남편 때문에 떠났던 바르셀로나로 다시 돌아오고, 로사의 어머니로부터 도망친 2년 후 마뉴엘라는 다시 그곳으로 돌아온다. 마뉴엘라의 두 번째 도피는 로사의 아들을 그 외할머니의 영향으로부터 벗어나게 하기 위한 것으로 반복된다. 이 또한 트랜스젠더를 병적인 것으로 터부시하는 외할머니의 배타적인 태도에서 비롯된다. 그리하여 마뉴엘라는 가부장적이고 폐쇄적이며 보수적인 세계에 맞서는 인물로 해석될 수 있다. 뿐만 아니라 마뉴엘라의 아들이 죽고 로사의 아들이 태어남으로써 롤라(아버지 에스테반)의 아이는 두 번 태어난다고 할 수 있다. 이렇듯 영화에서 삶은 순환구조를 보이는데 화해와 용서를 통해 단순한 반복이 아니라 삶의 슬픔과 고통마저 긍정된다.

아들의 죽음은 마뉴엘라의 삶을 송두리째 흔들어 놓지만 이후 마뉴엘라의 사랑과 헌신을 확장하는 계기가 된다. 마뉴엘라의 모성애는 사실 폐쇄적인 측면이 있었다. 그녀는 임신을 남편에게 알리지도 않았고, 아들에게도 아버지의 존재를 부정함으로써 모성을 독점하고자 했다. 마뉴엘라가 남편을 만나 "미안해."라고 말한 것은 이런 자신의 과거에 대한 반성의 의미도 있을 것이다. 그녀는 남편에게 아들의 사진과 노트, 그리고 로사의 아기를 안겨줌으로써 자신의 과거와 화해한다. 로사의 아들로 모성이 다시 완성되기까지 그녀의 모성애는 타인에 대한 보살핌과 헌신으로 대체되고 확장된다. 그리하여 이후 마뉴엘라의 삶은 자식을 잃은 슬픔을 사랑으로 승화시키고 베풂을 통해 내적 고통을 치유하는 과정에 다름 아니다. 그녀는 세상의 타자들을 관용적인 태도로 포용하고 보살피며 사랑한다. 트랜스젠더나 동성애자에 대해 어떠한 고정관념도 없으며, 아그라도와는 진정한 우정을 나눈다. 아그라도와 남편 에스테반은 여성성에 대한 동경을 육체적으로 실현하고자 한 인물들이다. 성 정체성에 있어 동일한 조건을 갖지만 에스테반이, 앞서 언급한 것처럼, 여성과 남성의 모호한 정체성 사이에서 이기적이고 자기중심적인 태도를 보인 데 반해, 아그라도는 긍정적인 예를 보여준다. 비록 매춘을 하지만 당당하고 삶에 긍정적이며 다른 여성들과 연대한다는 점에서 '그(녀)'는 남성의 육체를 여전히 갖고 있지만 여성적 정체성을 획득한 인물이라 할 수 있다. 감독은 이렇듯 복합적인 성 정체성을 보여줌으로써 남성/여성이라는 이분법적 구도를 비판하고 대안을 모색한다. 아들의 죽음에 자기도 모르게 연루된 배우 우마를 마뉴엘라가 찾아갈 때만 해도 관객들은 그녀의 원망과 복수를 기대했을지 모른다. 하지만 마약중독자인 동성애 파트너로 인해 괴로운 삶을 살고 있는 우마를 마뉴엘라가 오히려 도와주면서 이 예상은 빗나간다. 증오와 미움의 감정을 갖기보다 우마를 용서하고 오히려 그녀를 도와주는 역할을 자처하면서 마뉴엘라의 사랑은 자식 사랑을 넘어선다. 용서와 화해의 성숙한 태도는 영화 말미 죽어가는 남편을 만나는 모습에서도 확인할 수 있다. 사랑을 통해 타인의 상처를 치유하는 모습은 로사와의 관계에서 정점에 달한다. 로사는 엄연히 부모가 있는 여성이지만 그들과 같은 집에 살지도 않으며 상호간 진정한 교류도 없다. 치매에 걸린 아버지는 개 이름은 알지만 딸 이름은 모른다. 로사의 친어머니와 마뉴엘라가 서로 대조적인 모습을 보이는 가운데 영화는 '어머니다움'이라는 주제를 다시 환기시킨다. 로사의 어머니는 생물학적 어머니임에도 불구하고 로사를 '외계인' 취급하며 그녀의 삶을 이해하지 못하고 진정한 어머니 노릇을 하지 않는다. 관련하여 로사의 어머니가 샤갈의 위작을 그리는 모방 화가라는 점도 의미심장하다. 어머니와 딸이 함께 있는 시퀀스에서는 마침 샤갈의 그림 '마을의 성모 마리아'가 모작으로 노출되는데(그림 64 참조), 이를 통해 그림이 모작이듯 어머니의 모성애도 가짜임을 신호한다. 이에 반해 마뉴엘라는 로사를 끝까지 책임지고 보살피며 그녀의 아이를 양육함으로써 혈연관계를 넘어서는 모성으로 자신의 사랑을 확대 재생산한다.

그런데 마뉴엘라가 구축하는 모성은 남성적인 것을 배제한다는 특징이 있다. 영화에서 남성성은 부정되거나 부정적으로 그려진다. 언급했듯 아버지 에스테반은 - 물론 롤라라는 이름으로 '그녀'라고도 칭해지지만 - 이기적이고 자기중심적이며 질병을 전파하는 위험한 인물로 나타난다. 로사의 아버지는 불능의 가부장에 지나지 않으며 - 로사의 어머니는 아버

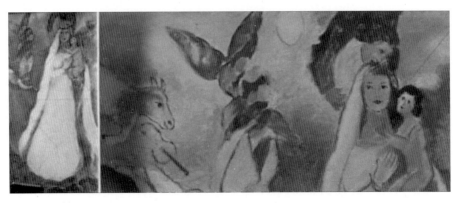

[그림 64] 로사 어머니의 작업실 장면. 로사의 어머니는 모작 화가이다. 차림새만 보고 그녀는 마뉴엘라를 창녀 취급한다. 타인에 대한 편견과 폐쇄적인 태도를 보이는 어머니는 삶의 진짜 모습을 알아보지 못한다. 출처 : 영화 <내 어머니의 모든 것>.

지를 돌보느라 딸에게까지 신경 쓸 틈이 없어 보인다. 그런 의미에서 그녀는 가짜 모성을 대변하지만 동시에 가부장적 규범의 희생자이기도 하다 - 극단 멤버 마리오는 아그라도의 육체에 저급한 호기심을 드러낸다. 영화 속 남성들은 그들 자신 권력의 중심에서 비껴나 있지만, 여성을 성적인 대상으로 삼거나 여성의 돌봄을 필요로 하기는 마찬가지이다.

이에 반해 여성적 요소는 화해와 연대를 가능케 하는 것으로 긍정되고 칭송받는다. 상처받은 여성들을 거두고 아우르면서 마뉴엘라는 아들의 죽음을 계기로 오히려 더 넓은 의미에서 어머니 역할을 수행한다. 간호사인 그녀는 아픈 사람들을 돌볼 능력이 있으며 요리사인 그녀는 사람들에게 먹을 것을 내놓는다. 곧 모성애와 어머니 역할은 자매애에 기반한 새로운 공동체를 만들어낸다. 임신한 수녀, 치매에 걸린 남편을 보살피는 아내, 불안한 사랑에 상처받는 레즈비언, 매춘부로 일하는 성 전환 여성 이들은 모두 각자의 상처와 고통을 안고 있지만, 타자에 대한 사랑으로 이들을 연결하고 치유하는 것은 아들을 잃은 어머니 마뉴엘라이다. 세상의 고통을 보듬고 아우르는 그녀의 모성애야말로 알모도바르가 희구하는 여성성의 최고봉이자 최대치인 것처럼 보인다. 친아들의 이름을 붙인 아기 에스테반을 아들로 삼고 – 아들의 환생으로 볼 수도 있으리라 - 이들 여성들과 유사가족을 형성하면서 마뉴엘라는 새로운 모계사회를 제안하고 있는지도 모른다. 그런데 이 아름다운 결말에 맹점은 없는가. 대상이 달라질 뿐 여성은 어머니라는 이름으로 봉사하고 헌신하는 역할을 계속 수행하며, 모성은 세상의 상처를 치유하는 만병통치약으로 회자된다. 여성 중심의 이 새로운 가족에 남성은 삭제된다. 영화는 이성애 중심의 결혼제도에서 벗어나 혈연에 기반하지 않은 진보적인 대안 가족을 제안하지만, 그 중심에 있는 인물 마뉴엘라가 맡고 있는 역할은 어머니와 유사하다. 타인을 위한 삶과 희생, 헌신을 내포하는 모성은 그리하여 더 강화되는 측면이 있다. 자식의 죽음을 계기로 그 사랑을 넘어서는 모성을 보여줌으로써 영화가 새로운 모성 신화를 쓰고 있지는 않은가. 이 새로운 모성 신화는 양육과 보살핌, 헌신의 속성을 모가장 마뉴엘라에게 영원히 부여하게 될 것이다.

마뉴엘라의 강인함과 포용력, 용서와 화해, 봉사와 희생은 그녀를 성스러운 존재로 만든다. 자식을 잃은 아픔과 절망감을 이겨내고 성스러운 어머니 역할을 계속할 것임은 그녀가 바르셀로나에 도착하는 장면에서도 암시된다. 도시를 상징하는 풍경들이 전개되는데 그중에서도 가우디의 성 가족Sagrada Familia 성당이 유독 눈에 띈다. 예수의 탄생을 축성하는 탄생

[그림 65] 영화의 마지막, 다시 바르셀로나로 돌아와 재회한 여성들. 로사의 아들을 키우며 세 여성은 한 가족이 된다. 마뉴엘라의 죽은 아들 사진이 꽂혀 있다. 그는 이제 모두의 아들이기도 하다. 출처 : 영화 <내 어머니의 모든 것>.

의 파사드가 보인 연후 마뉴엘라의 얼굴이 클로즈업되는 것은 아들을 잃은 어머니의 슬픔을 강조하는 동시에 새로운 아들 - 세 번째 에스테반 - 을 얻어 새로운 가족이 탄생할 것임을 암시한다(정동섭 2011, 234 참조). 그것은 고통에 찬 사랑, 곧 모성에 기반한 가족이 될 것이고 그럴 경우 마뉴엘라의 자리는 성모 마리아의 것과 다르지 않을 것이다. 실제 이후 마뉴엘라가 보이는 담대한 자세와 타인에 대한 헌신적 태도는 성모의 품격에 비견될 수 있다. 그만큼 과연 이 이상적인 어머니상이 과연 현실적인가 하는 물음을 던져 볼 수 있다. 이상적인 어머니상은 여성의 역할을 한정지을 뿐만 아니라, 현실적으로 이에 미치지 못한 여성들에게 끊임없이 죄의식을 갖게 하기 때문이다.

"베티 데이브스, 헤나 로랜드, 로미 슈나이더 (...) 모든 여배우들에게

(...) 여성으로 성전환한 남성들 그리고 어머니가 되고자 하는 모든 여성들, 그리고 내 어머니께 바친다." 이렇듯 감독은 이 영화를 세상의 모든 어머니, 여성들에게 헌정하고 있다. 그만큼, 앞서 살펴본 것처럼, 여성적인 것에 대한 긍정과 칭송도 과감하게 이루어진다. 그리하여 여성 중심의 서사가 만들어지고 어머니의 사랑에 대한 멜로드라마가 쓰인다. 알모도바르와 멜로드라마가 합쳐진 '알모드라마'(정동섭 2011, 290 재인용)는 물론 남성적 시각으로 여성의 역할을 규정하는 기존의 할리우드 멜로드라마와는 차별화될 수 있다. 여기서는 여성성이 긍정되고 여성 연대가 이루어지며 모성이 찬양된다. 그런데 여성적인 것에 대한 이런 과찬에는 여성성과 남성성을 본질적인 것으로 구분 짓는 위험성도 노출된다. 여성적인 것이 미화되고 남성적인 것이 부정된다면 이 또한 이분법적 사고의 틀에 갇힌 발상일 수 있으며, 보살핌과 헌신이라는 모성적 특성이 우리를 소외된 삶으로부터 구원하리라는 어머니 숭배 의식은 모성 신화의 변주라는 비판으로부터 이 영화를 자유롭지 못하게 만든다.

이탈리아 감독 난니 모레티Nanni Moretti의 <나의 어머니My Mother>(2015)는 <내 어머니의 모든 것>과는 다른 방식으로, 하지만 '이상적인 모성'이라는 점에서는 동일한 주제를 다룬다. 여기서 어머니는 끊임없이 갈등하고 투쟁해야 하는 현실에서 따뜻한 위안과 현명한 지혜를 주는 인물로 이상화된다. 특히 어머니의 죽음을 목도하는 딸의 시각으로 이야기가 전개되면서 그 깊은 슬픔과 상실감이 관객에게 효과적으로 전달된다.

1953년생 난니 모레티는 이탈리아를 대표하는 감독이자 세계적으로 실력을 인정받은 감독이다. 영화감독은 물론 제작자, 배우로도 활동하며 일상과 정치의 경계를 넘나드는, 진보 성향의 비판적인 코미디물을 주로 연출해 미국의 우디 앨런Woody Allen과 비교되기도 한다. 그는 화려한 수상 경력을 자랑한다. <좋은 꿈꿔라Sweet Dreams>(1981)로 베니스 영화제 심사위원 특별상을, <나의 즐거운 일기Caro diario>(1994)로 칸영화제 감독상을, <아들의 방The Son's Room>(2001)으로 칸영화제 황금종려상을 수상한 바 있으며, <4월April>(1998), <악어Il Caimano>(2006), <우리에겐 교황이 있다We Have a Pope>(2011)로 각각 칸영화제 경쟁부문에 진출하는 등 명실상부 칸이 사랑하는 감독이자 세계적인 거장의 반열에 올랐다. <나의 어머니>는 제68회 칸영화제 특별상 수상작이기도 하다. 주인공 마르게리타역을 맡은 마르게리타 부이는 모스크바 국제영화제 여우주연상을 수상하는 등 이탈리아 최고의 배우라 할 수 있다. 이 영화에서 부이는 어머니의 죽음을 받아들이지 못하는 딸의 불안한 심리를 훌륭하게 연기한다.

영화는 감독의 자서전적인 요소가 강하다. 모레티의 어머니는 로마의 비스콘티 고등학교에서 30여 년간 교사생활을 했는데, 영화에서도 어머니는 라틴어 교사로 나온다. 어머니가 돌아가시고 모레티는 어머니에 대해서 자신은 몰랐던 새로운 사실들을 제자들로부터 알게 되었다고 하는데 이것도 영화 마지막에 나오는 부분이다. 어머니의 병상 일기를 읽고 마르게리타라는 주인공을 만들었다고 하니 영화 자체가 어머니를 잃은 슬픔과 회한을 담은 작품이라 할 수 있겠다. 더욱이 주인공이 영화감독으로 설정되어 영화를 만드는 과정이 주요한 서사로 들어오면서, 영화는 어머니의 죽음이라는 개인적인 경험을 한 축으로 하는 한편 영화에 대한 감독의 생각과 고민을 다른 한 축으로 하여 자서전적인 성격이 짙다.

사회문제를 즐겨 다루는 감독답게 모레티는 영화의 시작을 노동자의 파업과 시위로 시작한다. 공장을 배경으로 한 시위대와 경찰의 대치가 연이어 폭력적인 장면으로 이어지지만 곧 관객은 이것이 영화 속의 영화임을 알게 된다. 주인공은 중년의 영화감독 마르게리타이다. 영화의 서사는 크게 두 줄기로 구성되는데, 마르게리타가 자본가와 노동자의 갈등을 다룬 자신의 영화를 완성해 가는 과정이 그 하나요, 다른 하나는 어머니의 발병과 임박한 죽음에 관한 것이다. 곧 감독 마르게리타가 영화를 만드는 과정과 그녀의 개인사가 서로 번갈아 가며 전개된다. 주인공 마르게리타는 딸이자 엄마, 동료, 연인 등 수많은 관계 속에서 다양한 역할로 조명된다. 영화 촬영이 시간순으로 진행되는 데 반해, 마르게리타의 개인사는 실재와 꿈, 현재와 과거 기억을 넘나든다. 하지만 영화가 보다 집중적으로 추적하는 것은 어머니의 죽음이 그녀의 내면에 끼친 영향이다.

성공한 영화감독 마르게리타는 괴짜 배우 배리와 영화 촬영 중이다. 촬영 현장은 감독 뜻대로 진행되지 않는다. 배리의 허세는 곧 바닥을 드러내고 그가 대사조차 잘 외우지 못하자 결국 마르게리타는 폭발하고 만다. 동거하던 애인과도 헤어지고 사춘기 딸은 엄마 앞에 비밀이 많아 보인다. 사실 마르게리타의 몸은 촬영 현장에 있지만 마음은 입원 중인 어머니에게 가 있다. 노년의 어머니는 폐렴이 합병증으로 번지면서 더 이상 가망 없다는 진단을 받는다. 치매 증세마저 보이는 어머니를 마르게리타와 오빠는 번갈아 간호한다. 오빠는 장기 휴가와 사직을 거듭하며 어머니 곁을 지킨다. 어머니의 죽음을 받아들이길 거부하던 마르게리타이지만 결국

[그림 66] 자신의 집이 침수되자 마르게리타가 신문지로 물을 닦아내다 망연자실 내려다보고 있다. 위중한 어머니로 인한 그녀의 불안한 심리와 뒤죽박죽 수습되지 않는 그녀의 현재 삶을 반영한 모습이다. 카메라는 인물이 벽과 문틀에 갇혀 있는 것처럼 보이는 구도로 이 장면을 잡아냄으로써 출구 없어 보이는 그녀의 현재 상황을 효과적으로 드러낸다. 출처 : 영화 <나의 어머니>.

어머니를 집으로 모시자고 제안한 쪽은 그녀였다. 끝까지 손녀에게 라틴어를 가르치던 어머니는 결국 돌아가시고 마침 방문한 제자들이 선생님은 곧 그들의 어머니이기도 했음을 증언하며 영화는 끝난다.

부모의 죽음과 이별은 대개 일생에 한 번은 겪을 일이지만 특히 어머니의 죽음은 누구에게나 애달픈 감정을 불러일으키는 보편적인 주제이다. <나의 어머니>에서는 이 보편적인 주제를 드러내기 위해 딸의 감정선을 따라가 본다. 딸은 현재 위기의 중년 삶을 살고 있다. 성공한 감독임에도 불구하고 영화를 만드는 과정은 수월해 보이지 않는다. 스텝들은 감독만 바라보고 있고, 할리우드에서 영입한 배우 배리는 큰소리친 것과는 달리 막상 대사조차 못 외우기 일쑤다. 자기중심적이고 단호한 성격의 마르게리타는 영화 촬영이 뜻대로 되지 않자 예민하게 반응하며 지쳐간다. 직업상의 문제뿐만 아니라 사적 관계에서도 불안하기는 마찬가지이다. 어머니는 중병으로 입원 중이고 애인과도 헤어졌으며 사춘기 딸에 대해서는 모르는 게 너무 많다. 마르게리타의 불안한 심리는 어머니가 돌아가시는 악몽이나 온 집 바닥에 흘러내린 물로 표현된다(그림 66 참조).

어머니의 빈 집에 묵게 된 그녀는 어머니의 임박한 죽음을 예감하며 자신의 삶, 특히 주변 사람들과의 관계에 대해 성찰한다. 딸의 남자 친구 이야기는 정작 자신의 어머니를 통해 알게 되고, 옛 연인으로부터는 자기중심적이라는 말을 듣는다. 마르게리타는 자의식에 가득 찬 여성으로 전통적인 여성상과는 거리가 멀다. 단호한 성격에 자신의 주장을 꺾는 법도 없다. 감독은 마르게리타가 과거를 회상하는 가운데 어머니와 오빠는 물론 자기 자신과도 대면하는 몽환적인 장면을 연출한다(그림 67 참조). 젊은 시절의 마르게리타는 그 당시 남자친구로부터도 자기중심적이라는 말을 듣고 있었다.

촬영 현장에서도 독단적인 모습을 보이는데, 오빠와 딸이 그녀에게 "평생 혼자만 옳은 사람"이라고 놀린 말은 그냥 우스갯소리만은 아닐 것이다. 어머니에 대한 기억 중에는 차를 몰지 말라고 했음에도 어머니가 운전을 하자 단호하게 차를 망가뜨린 적도 있다. 물론 어머니에 대한 죄책감을 드러내는 부분이지만, 또한 쉽게 타협하지 않는 그녀의 독단적인 성격을 엿볼 수 있는 장면이다. 마르게리타는 그녀 자신 딸인 동시에 어머니이기도 한데, 딸과의 관계에서 늘 부족함을 느낀다. 사춘기 딸은 바쁜 엄마를

[그림 67] 젊은 시절의 마르게리타와 현재의 마르게리타(사진 왼쪽). "네가 나인가?"라는 질문에 젊은 시절의 마르게리타가 "그렇다."라고 말하며 웃는다. 이후 젊은 마르게리타는 늦은 귀가 후 어머니 곁에 곤히 잠드는 모습으로도 한 번 더 등장한다. 출처 : 영화 <나의 어머니>.

대신해 할머니와 더 많은 이야기를 나눈 것처럼 보이며 어머니인 마르게리타에 비해 더 성숙한 면모를 보이기도 한다. 이렇듯, 늘 자기주장을 하며 일에 매진했던 중년 여성은 친밀성의 영역에서 자신이 서툴렀음을 어머니의 죽음이 임박해서야 새삼 깨닫게 된다.

영화 촬영 현장에서 벌어지는 일은 이 영화의 자기반영적인 성격을 잘 보여준다. 젊은 시절 회상 신에서 오빠 지오바니는 마르게리타에게 새로운 스타일의 영화를 만들라고 조언한다. 재미있게도 감독 자신이 오빠 역을 연기한다. 자상하고 지혜로운 지오바니는 어머니 곁을 지키기 위해 다니던 회사를 그만 둔다. 재취업이 어려울 것이라고 동료가 만류함에도 지오바니는 어머니를 선택함으로써 경쟁과 성과를 최우선시하는 기존의 가치관에 조용히 저항한다. "열정적인 관심, 관조하면서 헌신하는 태도, 단호한 사직" 등 지오바니의 삶의 기술은 감독 모레티 자신과 매우 유사해 보인다(Brody 2016). 그런 한에서 지오바니가 여동생에게 오랜 세월 반복된 영화 패턴을 깨라고 충고한 것은 영화에 대한 감독의 자기 성찰로 읽혀질 수 있다. 마르게리타는 배우에게 극중 캐릭터와 더불어 배우 자신이 드러나도록 연기하라고 주문하는데, 서사극적인 소외효과를 가져오라는 이 말을 배우는 이해하지 못하며 마르게리타 자신도 무슨 말인지 잘 모르겠다고 결국 실토한다. 이는 이론을 영화로 구현하는 데 따른 어려움을 말하는 것으로 보인다. 배리는 영화판을 풍자하는 인물이자 코믹한 연기로 이 영화에서 어머니의 죽음이라는 무거운 주제를 중화하는 역할을 한다. 그 자신 할리우드 유명배우로 영입되지만 사실 그는 '한물 간 배우'에 지나지 않으며 기억장애가 있어 배우생활 자체가 어려운 사람이다. 스탠리 큐브릭Stanley Kubrick과 같은 유명감독과의 친분을 과시하는 등 허세를 부리는 이 인물을 통해 감독 모레티는 영화 제작 현장을 풍자한다. 마르게리타는 리얼리티를 강조하며 스탭과 연기자들을 독려하지만 사회 문제를 다루는 자기 영화가 사실 얼마나 리얼리티를 담아낼 수 있을지에 대해서는 그녀 자신도 확신하지 못한다. 배우 배리가 '이제 리얼리티로 돌아가고 싶다'라고 한 것은 그런 한에서 의미심장하게 들린다. 영화를 만들며 매 순간 '컷'을 외치는 마르게리타이지만 정작 그녀의 삶은 불확실함으로 가득 차 있다. 이러한 불일치를 보여주는 것은 감독 모레티의 의도(Ganjavie; Moretti 2015 참조)에 속한다. <나의 어머니>에서 그 간극은 마르게리타가 만드는 영화의 제작 설명회를 통해 가시화된다. 기자들의 질문 공세에 마르게리타는 신에게 갈구하듯 "엄마 도와줘."라고 중얼거린다(그림 68 참조). 마르게리타의 이 무력감이 위중한 어머니에 대한 슬픔인지, 답보 상태에 빠진 영화 제작에 대한 압박감인지 또는 현실을 담아내기 역부족인 영화 매체에 대한 고민인지는 분명치 않다. 하지만 그것이 무엇이든 위기에 처한 인물이 도움을 요청하는 곳이 바로 '어머니'라는 것만큼은 부정할 수 없다.

영화에서 어머니의 모습은 어떻게 그려지는가. 노모가 두 자식을 어떻게 키웠는지에 대해서 영화는 함구한다. 하지만 지혜롭고 완벽한 모성을

[그림 68] 영화 제작 설명회에서 기자들은 마르게리타에게 동시다발적으로 예리한 질문들을 퍼붓는다. 사람들의 시선이 날카롭다. 사회의 경쟁과 냉정한 평가에 내몰린 마르게리타는 더 이상 답을 알지 못하고 "엄마 도와줘"라고 중얼거린다. 출처 : 영화 <나의 어머니>.

유추하는 데에는 어려움이 없다. 노쇠한 어머니는 신체상으로는 나약하고 죽음이 임박해 있지만 자식들에게는 든든한 버팀목이 된다. 갈등과 반목의 사회를 살며 개인적으로나 직업상으로 삶의 위기에 처한 자식에게 노모는 그로부터의 피신처요 최후의 안식처이다. 자기주장을 굽히지 않고 투쟁하며 살아가는 딸 세대에게 어머니는 잠시 쉬어가는 삶과 일상의 중요성을 깨닫게 해 준다. 병석의 어머니를 간호하는 것은 딸이지만, 위안을 받는 쪽은 딸인 셈이다. 실제 마르게리타는 어머니를 보내는 과정에서 삶의 지혜를 얻고 변화하는 것처럼 보인다. 자신이 자기중심적이고 이기적으로 살아왔음을 깨닫자 촬영 현장에서 감독 마르게리타는 훨씬 부드러

[그림 69] 배리의 생일날, 촬영 현장은 파티장으로 변한다. 무리들 틈에서 편안하게 즐기는 마르게리타의 모습이 보인다. 영화 속 영화의 내용도 그렇고 갈등과 반목, 다툼을 피할 수 없는 게 현실이지만 <나의 어머니>는 기본적으로 화해와 희망을 말하는 영화라 할 수 있다. 그 중심에는 어머니의 사랑이 있다. 출처 : 영화 <나의 어머니>.

워진 모습을 보인다. 특히 배리가 대사를 잘 외우지 못한 것이 기억장애로 인한 것임을 알게 되면서 그간의 오해가 풀리고 화해의 시간을 갖는다. 이를 기점으로 영화는 갈등과 반목의 현실에서 벗어나 화해와 희망을 말하기 시작한다. 배리의 생일을 축하하는 장면은 앞서 긴장감이 넘치고 신경이 날카롭던 촬영 현장과는 확연히 달라진 분위기를 전한다(그림 69 참조). 마르게리타가 이렇게 자기를 돌아보고 주변 인물들과 화해할 수 있게 된 데에는 어머니라는 존재가 있다.

어머니의 사랑은 가족 간의 관계를 이어주고 그것은 후대에 전수되는데, 영화에서 라틴어는 어머니의 존재를 상징한다. 어머니는 병석에서도 사전을 머리맡에 두고 라틴어 문법을 공부한다. 어머니의 서재에 빼곡히 진열된 전문서들은 그동안 어머니가 연구과 교육에 얼마나 매진했는지 말해준다. 라틴어는 일종의 라이트모티브로 영화에서 반복적으로 언급된다. 라틴어 공부를 왜 하는지 모르겠다며 투덜대던 손녀는 점차 라틴어 문법을 공부하기 시작하고, 종국에는 임종을 앞둔 할머니가 손녀에게 라틴어를 가르치는 다정한 장면이 연출된다. 라틴어 교사였던 어머니는 돌아가시지만 손녀가 그 언어를 배우면서 어머니의 존재는 죽음 후에도 계속될 것이다. 서양문화의 기초가 된 언어라는 점에서 라틴어는 시대와 문화를 초월해 인간관계의 토대가 되는 본질적인 사랑, 곧 모정과 제법 잘 연결되어 보인다. 하지만 영화에서 어머니가 가르친 것은 단순히 라틴어만이 아니다. 어머니는 사랑과 삶을 가르치는 멘토이다.

어머니의 존재가 영속화되고 완벽해지는 것은 영화 말미 어머니가 죽고 난 후 제자들의 증언에서 더욱 분명해진다. 영화에서 어머니의 죽음 자체

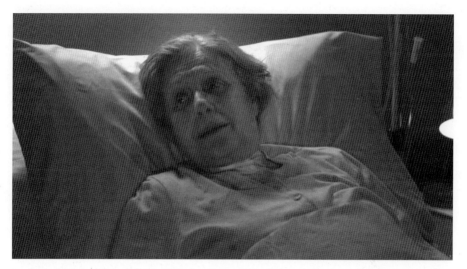

[그림 70] 영화의 마지막 장면. 어머니가 죽고 난 후 상황으로 이것이 회상인지, 상상인지는 분명치 않다. 무슨 생각을 하느냐는 딸의 질문에 어머니는 "내일"이라고 대답한다. 출처 : 영화 <나의 어머니>.

는 간결하게 처리된다. 영화의 대부분은 어머니의 죽음을 받아들이기 힘들어하는 딸의 복잡다단한 심리가 한편의 멜로드라마로 그려지고, 실상 어머니의 죽음은 담담하게 묘사된다. 예상된 죽음이고 가족들도 절제된 감정으로 어머니를 애도한다. 제자들의 방문은 에필로그와 같다. 제자들은 어머니를 단순히 훌륭한 교사가 아니라 진짜 '엄마 같은' 존재로 기억한다. "선생님은 우리랑 같이 춤을 췄어요... 우리에게 선생님은 엄마 같은 분이세요. 어떤 과목보다 삶을 가르치셨지요." 그리하여 어머니는 죽지만 보살핌, 헌신, 따뜻함 등 모성의 이미지로 어머니는 죽지 않고 박제된다. 모성은 삶에 지친 자식에게 위안을 주고 지혜의 길로 인도하는, 완벽하고 숭고한 사랑일 뿐만 아니라 사회에서도 훌륭한 멘토 역할을 한다. 이로써

'어머니 자연'은 마음의 영원한 안식처로 여전히 유효하며, 경쟁사회에 내몰리고 개인적 관계에 지친 포스트페미니즘 세대에게 고답적인 대안이 된다. 어머니의 영원한 사랑은 모녀가 대화를 나누는 마지막 시퀀스에서 정점에 달한다. 실제인지, 상상인지는 분명치 않으며 그 또한 중요하지 않다. 무슨 생각을 하느냐는 마르게리타의 질문에 어머니는 "내일"이라고 대답한다(그림 70 참조). 이로써 영화는 이별의 슬픔과 상실감 속에서도 희망을 말한다. 어머니는 죽지만 어머니의 사랑은 영원할 것이며 그 존재 또한 영속하리라는 의미가 될 것이다. 이렇듯 이상화된 어머니는 영원불멸한 존재로 하나의 신화가 된다. 하지만 세상의 모든 어머니가 마르게리타의 어머니처럼 모성이라는 이름으로 일과 가정에서 이토록 완벽하게 제 역할을 할 수는 없지 않은가. 딸의 심리가 집중적으로 그려지지만 여기서 어머니를 바라보는 시각은 남성적인 성격이 짙다. 어머니의 죽음을 애도하는 남성 감독의 자서전적인 작품이기에 어머니의 이상화는 더욱 용이하게 이루어졌을 것이다. 끝까지 타인을 위한 마음의 안식처가 되어야 하는 어머니 자신의 감정과 삶이 '실제로는' 어떠했는지 - 영화가 함구하고 있기에 - 우리는 잘 모른다. 일과 가정의 공존, 직업적인 영역과 사적 영역의 조화는 페미니즘 세대인 마르게리타에게 여전히 쉽게 얻어질 수 있는 것이 아니다. 그녀의 어머니가 교사이자 어머니로서 그 역할을 완벽하게 수행했다는 것은 죽은 어머니를 애도하는 자식의 주관적 관점이 아닐지 생각해 볼 수 있고 그런 한에서 이 영화의 한계 또한 지적할 수 있을 것이다.

제4장

여성; 욕망의 주체, 어머니

'엄마'와 '어미'로 명명한 앞선 장들에서는 사회문화적으로 구성되고 타인에 의해 규정된 어머니의 기능과 역할, 또 그것이 갖는 문제점을 살펴보았다. 그렇다면 기능으로서의 어머니(어머니-기능)가 아닌 어머니-여성을 다룬 영화 서사로는 어떤 것이 있을까. 어머니가 사회적으로 규정된 역할을 수행하지만 또한 그 역할의 바깥에서 이를 전복할 수 있는 가능성도 잠재적으로 갖고 있다면 이 또한 어떤 서사로 나타날까. 이 장에서는 어머니이기 이전에 한 개인으로서의 여성을 그린 서사들을 찾아본다. 그 형태는 우선 욕망하는 어머니로 나타난다. 이는 어머니가 오랫동안 탈성화된 존재로 인식된 것과 관련되는데, 영화 <파니 핑크>와 <마요네즈>, <마더>(미첼 감독)는 욕망하는 개인으로서의 어머니를 등장시켜 지금까지와는 다른, 그래서 낯설게 느껴지는 새로운 어머니를 제안한다. 이들 영화에서는 이타적인 어머니가 아닌 이기적인 어머니가, 완전한 어머니 대신 불완전한 어머니가, 욕망을 억압하고 그 자신 욕망이 억압된 어머니가 아닌 욕망을 추구하는 어머니가 등장한다. 이 생소한 어머니를 보며 우리가 느끼는 불편함은 모성 신화가 우리의 내면에 깊이 뿌리박혀 있음을 증언하게 될 것이다. 다른 한편, 집/가정, 곧 '내부'와 관련되지 않은 어머니 서사로는 어떤 것이 있을까. 영화 <독일, 창백한 어머니>, <굿바이, 레닌!>, <마더!>(아로노프스키 감독)는 '외부', 곧 사회나 국가, 인류사와 관련된 어머니 서사를 쓰고 있는데, 그것이 갖는 의미와 문제점을 이 장에서 살펴본다.

1. 욕망하는 어머니, 그 이름 여자
: <파니 핑크>, <마요네즈>

헌신하는 어머니와 그로부터 보호받는 딸, 욕망을 통제하는 어머니와 욕망하는 딸이라는 일반적인 모녀 관계에 맞지 않을 뿐만 아니라 이를 완전히 뒤집는 어머니와 딸이 등장한다는 점에서 도리스 되리Doris Dörrie의 <파니 핑크Keiner liebt mich>(1994)와 윤인호의 <마요네즈>(1999)는 닮았다. <파니 핑크>는 30세 여성 파니가 사회적으로 여성에게 부가된 시각을 극복하고 여성적 자의식을 찾아가는 과정을 유쾌하게 그린 영화이다. 미혼의 파니는 스스로 젊지도 또 여성으로서 매력적이지도 않다고 생각하며 사랑과 섹슈얼리티를 포기한 채 살아간다. 이에 반해 파니의 어머니는 노골적으로 육체적인 욕망을 추구하고 삶에 대한 왕성한 에너지를 보인다. 전통적인 의미에서의 어머니라기보다 욕망하는 주체이자 한 개인으로 비쳐지는 이유이다. 모녀의 이 상반된 태도는 젊음과 늙음, 신구 세대에 대한 우리의 편견을 거스른다. 한편 <마요네즈>를 보면, 결혼한 딸 앞에 어느 날 나타나 함께 지내게 된 어머니는 이기적이고 자기중심적인 모습을 보인다. 자신의 욕구에 대해 솔직한 어머니는, 절제된 삶을 살고 그녀 자신 엄마로서의 일상에 충실한 딸과 대조적이다. 이타적인 어머니상에 익숙한 관객에게 이 어머니는 우선 불편한 존재로 여겨지지만, 점차 어머니를 한 개인으로 받아들이고 소통하는 딸처럼 영화는 어머니도 어머니이기 이전에 욕망하는 주체임을 관객들에게 설득한다. 그래서 모권으로 규정되기보다 자율적인 개인으로 어머니-여성을 부각시킴으로써 희생과 헌신이라는 어머니의 기능이 한 개인에게 당연시될 수 없음을 보여준다.

° 거세된 욕망, 딸

독일도시 퀼른을 배경을 한 영화 <파니 핑크>에서 파니는 공항 검색대에서 일하는 30세 여성이다. 남자친구를 언제 사귀었는지 기억도 잘 안날 정도이고, 자존감을 세우는 문장을 따라 하며 마인드 콘트롤도 해 보지만 삶이 권태롭기는 마찬가지이다. 취미라곤 죽음을 예행 연습하는 모임에 나가 관을 짜는 정도이다. 대중소설을 쓰는 어머니와는 가끔 만나지만 서로를 잘 이해하지는 못한다. 이 무미건조한 파니의 일상에 심령술사라고 자칭하는 오르페오가 나타나면서 일대 변화가 일어난다. 그는 파니에게 곧 운명의 남자를 만나게 될 거라고 예언하며 몇 가지 단서를 준다. 운명의 숫자 23을 차 번호로 단 아파트 관리인은 그리하여 파니에게 운명적인 사랑으로 다가온다. 그를 차지하기 위해 파니의 적극적인 애정 공세가 펼쳐지지만 정작 그는 파니의 절친한 친구와 데이트를 하는 사이. 파니의 이 '운명적 사랑'이 이렇게 실패로 돌아갈 즈음, 한편 오르페오도 실연의 아픔을 겪는다. 아프리카 출신의 오르페오는 동성애자이기도 한데 애인에게 버림받은 처지가 된 것이다. 거기다 그는 집세를 낼 돈도 없고 병까지 앓고 있다. 이런 오르페오를 파니가 받아들이면서 서서히 두 사람 사이에 진정한 우정이 싹트기 시작한다. 하지만 오르페오는 자칭 외계인 이라며 파니의 배웅을 받으며 사라진다. 오르페오가 떠난 후 파니는 열린 마음으로 이웃들을 맞이하고 숫자 23을 단 남자도 만나게 된다.

영화에서 주인공 파니의 나이는 인물을 이해하는 데 중요한 요소이다. 영화는 파니의 인터뷰로 시작하는데 '남자 만나기가 원자폭탄을 맞는 것 보다 어려운' 나이로 자신을 소개한다.[10] 인터뷰는 이성 간의 만남을 주선 하는 결혼정보회사용이다. 연애 및 결혼시장에 자신을 내놓는 격인데, 이 성(異性)으로서의 매력이 떨어졌다고 자조하는 파니의 가치는 그리 높아 보이지 않는다. 실제 파니는 남자친구를 사귄지 오래 되었으며, 동료 남성 으로부터 성희롱을 당해도 무덤덤하다. 결혼을 원하기는 하지만 열정적인 사랑을 더 이상 믿지 않으며 기왕이면 경제적으로 안정된 사람을 만나길 기도한다. 그녀의 주체의식은 저녁마다 카세트를 따라 읊조리는 '나는 똑 똑하다', '나는 사랑받는 존재이다'라는 말로만 확인될 뿐이다(그림 71 참조). 영화의 독일어 원제 '아무도 날 사랑하지 않아Keiner liebt mich'는 이로써 그 의미를 발한다.

---

10   사실 서른 살이라는 나이는 결혼 적령기라는 말조차 생소해지고 비혼주의가 늘어나는 오늘날 시각에서 보면 결코 많은 게 아니다. 하지만 이 영화가 나올 당시에는 여성의 나이에 대한 편견이 지금보다 훨씬 더 강했을 것으로 쉽게 짐작할 수 있다.

[그림 71] "나는 똑똑하다.", "나는 사랑하고 사랑받는다." 홀로 사는 파니는 테이프를 따라 하며 자신감과 자의식을 스스로에게 주입하고자 한다. 물론 자의식은 이런 식으로 얻어질 수 없다. 출처 : 영화 <파니 핑크>.

[그림 72] 파니의 차에 매달린 해골 악세사리. 해골은 영화에서 주요한 모티브로 반복적으로 등장한다. 파니의 옷과 장신구에도 사용되며, 파니의 생일날 오르페오는 해골로 분장한다. 그 밖에도 관, 죽은 새, 십자가 등 죽음의 이미지가 파니를 둘러싸고 있다. 출처 : 영화 <파니 핑크>.

파니의 이러한 상황은 영화에서 죽음의 이미지로 시각화된다. 파니는 검은 색 옷과 모자를 걸치고 해골 장식 액세서리로 치장하며(그림 72 참조) 심지어 입고 있는 옷의 무늬도 해골이다. 출근하느라 차에 오르면 하필 새는 파니 차에 부딪혀 죽어 있다. '죽음을 결정하는 모임'에서 육체와 물질의 허무함을 암송하고 자신이 만든 관 속에 들어가는 퍼포먼스를 행하며 죽음을 연습한다. 단연코 죽음의 이미지를 대표하는 관은 영화에서 여러 번 등장한다. 만든 관을 집으로 가져간 파니는 그 속에서 잠을 잔다. 영화의 마지막, 오르페오와의 만남을 통해 새로운 가치관으로 거듭 난 파니는 관을 창밖으로 던지는데 이는 삶으로의 귀환을 의미하며 영화의 가장 중요한 장면 중 하나에 속한다(그림 73 참조). 이른바 여성으로서의 '한창 나이'를 지나온 파니는 이렇듯 죽은 존재와 다름없다. 삶에 대한 파니의 무기력함은 여성에 대한 사회적 시선과 관련된다. 여성의 젊음에 대한 가치는 성적 매력과 결부되며 이는 남성적 시각에 의해 구성된 것이다. 서른 살 여자가 남자를 만나는 것이 원자폭탄을 맞는 것보다 어렵다는 비유는 직장 동료 남성이 그녀를 놀리며 한 이야기인데, 파니는 이를 인터뷰에서 반복하고 있다. 파니는 이렇듯 사회적 시선으로 규정된 여성의 이미지를 내면화한 인물이다. 소심하고 자신감이 결여되어 있으며 자신이 사랑받는 존재가 될 수 없다고 체념하게 된 데에는 여성의 나이를 사회적으로 재단하여 30대 여성을 '절정기'를 지난 것으로 평가절하한 외부의 시선과 – 자의든 타의든 – 이를 받아들인 파니의 수동적 태도 탓이 크다.

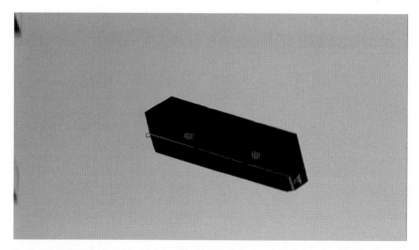

[그림 73] 영화의 마지막 장면. 파니가 관을 창밖으로 던져버린다. 이로써 파니는 죽음의 세계로부터 벗어나 삶으로 회귀한다. 자의식 부재는 죽음으로, 자의식 획득은 삶으로 공식화될 수 있다.
출처 : 영화 <파니 핑크>.

　관련하여 파니가 사는 아파트도 파니의 이런 내면을 공간적으로 반영하고 있다. 철로 옆 낡은 아파트는 도시의 주변부에 위치할 뿐만 아니라 그곳의 거주자들도 대개 사회에서 주변화된 사람들이다. 외국인, 점술가, 동성애자, 노인 등 사회의 '정상' 범주에서 벗어난 사람들이 대부분인데, 여성으로서 더 이상 매력 없다고 평가받는 파니가 이들의 일부로 분류된다는 점이 눈에 띈다. 이 '비정상적으로' 보이는 사람들이 살고 있는 아파트가 리모델링 대상이 되는 것은 그러므로 자연스러워 보인다. 그들은 정상적으로 규격화되고 수정되어야 하는 존재들일 것이다.

　리모델링을 주관하고 감독하는 아파트 관리인은 유일하게 이들 거주자와 구분되는 인물이다. 고급 양복을 걸친, 말끔한 외모의 그는 아파트의 질서와 규정을 바로잡고 관리 감독하는 자이다. 하지만 그는 권위 있는 남성 관리자의 모습과는 다소 거리가 있다. 아파트 리모델링을 주도하며 입주자들에게 명령하는 위치에 있는 그이지만 정작 잠자리에서는 무서워 홀로 잠들지 못하는 허약한 인물이기 때문이다. 잠자리를 같이 하던 여자가 떠나자 곰 인형을 안고 불안해하는 모습으로 감독은 그를 우스꽝스럽게 만든다. 안정된 직장에 최고급 양복이 말해주듯 겉으로는 정상적이고 성공한 삶을 살고 그리하여 다른 입주민들과는 구분되는 듯하지만, 실상 그는 불안한 남성성의 소유자였던 것이다. 작가이자 영화감독으로 일찌감치 그 역량을 인정받은 도리스 되리는 비극적이고 무거운 주제를 다룰 때조차도 특유의 재치와 유머를 곳곳에 숨겨둔다. 하물며 이 코미디 영화에서는 유머러스한 장면을 곳곳에서 볼 수 있는데, 파니와 이 젊은 관리인과의 관계도 그러하다. 점성술사인 오르페오의 예언으로 이 관리인이 자신의 반쪽이라고 생각한 파니는 이전과 달리 적극적인 모습을 보인다. 오르페오의 도움을 받아 여성으로서의 매력도 되찾고 자신감도 회복해 간다. 하지만 그 대상으로 지목된 관리인은 정작 파니의 절친한 친구와 사랑을 나눔으로써 주소지를 잘못 찾은 파니의 욕망은 우스꽝스럽고 참담한 결과를 낳는다. 서프라이즈를 하기 위해 야한 속옷을 입고 그의 차 트렁크에 숨지만 차에서 나온 파니가 발견한 것은 그와 친구의 정사 장면이다. 속옷만 걸친 채 허둥지둥 도망쳐 나와 집으로 돌아온 파니는 누구보다 외롭고 절망적으로 보인다. 뒤늦게 운명적 사랑을 믿은 순진함은 이렇듯 난감한 꼴로 끝난다. 하지만 이 사건은 이후 파니가 이성간의 사랑 대신 이웃에 대한 연대로 나아가는 데 있어 하나의 전환점이 된다.

오르페오는 파니의 자의식 획득에 조력자 역할을 하는 인물로 그의 서사는 파니의 서사와 섬세하게 맞물린다. 뒤늦게 낭만적 사랑을 꿈꾸던 파니가 사랑의 쓴맛을 보는 동안 오르페오에게도 비슷한 일이 일어난다. 바에서 여장 모창 가수로 노래하는 오르페오 앞에서 그의 동성애자 연인이 다른 남자와 데이트하는 장면을 보고 만 것이다. 결국 파니와 오르페오, 두 사람은 비슷한 시기에 실연의 아픔을 맛본 셈이 되는데 이로써 감독은 이성애/동성애를 망라한 연애 이야기가 아니라 본래 하고자 했던 이야기를 비로소 시작한다.

영화 <마요네즈>는 남편과 아이 둘, 단란한 가정을 꾸리고 있는 아정의 일상으로부터 시작한다. 서랍에 삐죽 나온 빨간 스카프를 계기로 아정은 문득 어머니를 떠올린다. 아버지가 돌아가시고, 마침 남편이 출장 간 사이 어머니가 딸의 집을 방문하면서 한 동안 동거를 했었다. 모녀는 싸움과 화해를 거듭하지만 결국 아정이 어머니의 존재를 부정하는 말을 하고 어머니는 자신의 집으로 돌아갔다. 시간이 흘러 어머니의 기일에 딸이 어머니를 회상하면서 영화는 딸의 시선으로 어머니의 삶을 정리한다.

최진실이 분한 딸 아정은 파니와 비슷한 또래로, 여기서는 결혼해서 가정을 꾸린 여성으로 설정된다. 어린 아들이 있고 어머니가 방문할 당시 둘째를 임신한 아정은 대필 작가로 틈틈이 일한다. 원래 작가가 꿈이었던 아정에게 대필 작가 일은 그리 즐거운 일이 아니다. 출판사에서는 책이 잘 팔리도록 허구의 내용을 가미할 것을 강요하고 아정은 묵묵히 이를 따른다. 글 솜씨가 있는 아정이지만 결혼과 출산은 그녀에게 가정생활과 병행할 수 있는 일만을 허락할 따름이다.

[그림 74] 영화 초반, 어머니가 선물한 붉은색 스카프를 우연히 발견하면서 아정은 어머니에 대한 기억을 떠올린다. 영화에서 붉은색은 어머니의 열정적인 삶을 상징한다. 현재 시점의 아정이 붉은색 옷을 입고 있는 것은 그리하여 특별한 의미를 지닌다. 붉은색으로 아정과 어머니가 연결되면서 현재 시점의 아정은 마침내 어머니를 이해하고 받아들인 것처럼 보이기 때문이다. 출처 : 영화 <마요네즈>.

아정의 성격을 짐작하게 하는 것은 무엇보다 어머니와 대조되는 그녀의 옷차림이다. 영화에서 빨간색은 주요한 키워드로 작용하는데, 현재 시점의 아정이 어머니에 대한 회상을 시작하는 계기도 돌아가신 어머니가 선물한 빨간 스카프를 서랍에서 우연히 발견하면서이다(그림 74 참조). 영화는 세 개의 시점으로 나뉘는데, 둘째 아이를 출산한 후 어머니의 기일을 맞이한 현재의 시점이 있고, 남편이 출장간 사이 어머니가 방문하여 함께 시간을 보낸 과거 시점이 있다. 마지막으로 이보다 더 거슬러 올라가는 대과거가 있는데, 어머니와 동거하는 동안 수시로 회상하는 어린 시절 기억이 이에 해당된다. 현재 시점의 아정은 빨간 스웨터를 입고 있는데 어머니의 빨간 스카프가 아정과 죽은 어머니를 연결시키는 고리 역할을 한다. 하지만 과거 어머니가 방문할 당시 아정은 화려한 옷차림의 어머니와는 대조적으로 무채색 옷만을 고집했다. 파니의 검은 색 옷을 연상시키는 대목이기도 한데 삶에 대한 고단한 타협과 무미건조함, 억압된 열정이 의복에 반영된 결과라 할 수 있다.

아정과 어머니는 옷에 대한 취향에서만 차이 나는 것이 아니라 성격도 완전히 달라 번번이 충돌한다. 무슨 사연인지 어머니의 방문이 애당초 아정에게는 그리 반가운 일이 아닌 듯하다. 어머니는 프리랜서로 일하는 딸이 볼일을 보는 동안 잠시 손주를 돌보는 일도 거부하거나 생색을 내며 딸의 속을 긁기 십상이다. 종국에 이르러 어머니와 딸은 크게 다투고 어머니는 서럽다며 짐을 싸서 나가는 시늉을 한다. 이때 어머니가 불쑥 내민 것이 빨간 스카프이다. 어머니의 립스틱처럼 붉은 색깔의 이 스카프는 그리 우아하지도 않으며 아정의 취향과도 거리가 멀다. 붉은색은 통상 욕망, 열정, 유혹 등을 의미하는데 그런 의미에서 붉은색은 현실과 타협하고 살아가는 아정에게 잊혀지고 억압된 색이라 할 수 있다. 그 대신 아정이 입고 있는 무채색 옷은 아내, 엄마, 대필 작가로 무미건조하게 살아가는 그녀의 현재 삶을 말해준다. 어머니가 불쑥 내미는 빨간색 스카프는 딸과는 다른 어머니의 취향과 개성을 말하는 동시에 어머니로 인해 질서정연했던 아정의 삶에 균열이 일어날 것임을 예고한다.

°욕망의 주체, 어머니

이렇듯 열정적인 삶과는 거리가 먼 딸과는 달리 어머니가 욕망의 주체

[그림 75] 파니의 꿈 혹은 상상 속 장면. 파니는 매번 다른 남자를 어머니에게 소개하고 어머니는 맞은편에 홀로 앉아 질투 섞인 표정을 짓는다. 꿈에서는 파니와 어머니의 처지가 뒤바뀐다. 파니가 내심 어머니를 부러워하고 있다는 증거이다. 출처 : 영화 <파니 핑크>.

로 등장한다는 점에서 두 영화는 공통점을 갖는다. 차이라면 <파니 핑크>에서는 그것이 육체적인 욕망으로, <마요네즈>에서는 물질적이고 세속적인 욕망으로 나타난다는 정도이다.

우선, 파니의 어머니는 대중소설을 쓰는 작가이다. 거침없이 자신의 생각을 내뱉고 특히 육체적 욕망에 대해서는 딸과 대조적인 모습을 보인다. 어머니가 처음 등장하는 장면은 식당에서 딸과 함께 점심을 먹는 시퀀스이다. 식욕이 없다는 딸에게 스테이크를 권하는가 하면 자신의 작품을 혹평한 비평가에 대해서는 서슴지 않고 음담패설을 섞어 조롱한다. 삶의 에너지가 넘치는 어머니는, 딸이 화장실에서 십자가 모양을 그리며 낙서를 하는 동안, 옆자리 남자를 유혹하는 데 성공한다. 남자친구는커녕 육신은 부질없노라 암송하는 모임에 나가며 자신의 육체적 욕망을 부정하고 억압하는 파니와 달리 어머니는 왕성한 삶의 에너지로 남자들을 갈아치운다. 육체성과 섹슈얼리티를 부정하는 딸을 안타깝게 여기며 어머니는 육체가 더 늙기 전에 인생을 즐기라고 조언한다. 어머니가 딸을 방문한 그날 파니가 잠든 사이 마침 아파트 관리인 남성이 찾아오고 어머니는 젊은 남성의 육체를 보고 예의 성적 욕망을 느끼지만 딸에게 양보하는 모양새를 취한다. 자신의 젊음을 부정하고 섹슈얼리티를 억압하는 딸과는 대조적으로 어머니는 성적 주체로서 자신의 자연스러운 욕망을 드러내는 데 거침이 없다. 어머니의 이런 모습은 여성이 성적 대상이 아닌 주체가 된다는 점에서나, 성적 욕망에 대한 젊음과 늙음의 상투적인 구조가 뒤바뀐다는 점에서나 전복적이다. 이런 어머니 앞에서 파니는 더 위축되고 무심하게 반응한다. 하지만 내심 어머니를 부러워하고 시기하는 마음은 상상의 시퀀스를 통해 관객들에게 들킨다. 상상 속의 파니는 매번 다른 남자를 어머니 앞에서 자랑하고 어머니는 쓸쓸한 표정으로 혼자 앉아 있다(그림 75 참조). 상상 속에서는 질투하는 쪽이 어머니인 것이다. 그 시퀀스에서 어머니는 "파니는 나쁜 애"라고 말하며 관객의 웃음을 자아내게 만든다. 딸 파니가 사회의 시선에 갇혀 자신의 욕망을 부정하고 스스로를 한정짓는 데 반해 어머니는 자유분방하고 독립적이며 저돌적인 인물로 그려진다. 자신의 욕망, 특히 성적 욕망에 대해 솔직하고 대담한 태도를 보이는 어머니라는 점에서 눈에 띈다. 활력이 넘치는 중년의 어머니는 어머니 역할에 짓눌려 있기보다 개성 강한 개인으로, 또 삶의 에너지가 넘치는

[그림 76] 낡은 엘리베이터에서 오르페오를 처음 만나는 장면. 무기력하게 살아가던 파니의 삶에 그가 등장함으로써 일대 변화가 일어난다. 엘리베이터의 꺼진 등을 '주술'의 힘을 빌려 오르페오가 고치는데, 이 장면은 영화 마지막 부분, 그가 떠난 후 파니에게서 반복된다. 꺼진 등을 파니가 우탕탕 '주술'을 사용하여 고치는 유쾌한 장면이 연출되는 것이다. 출처 : 영화 <파니 핑크>.

대중소설 작가로 더 부각된다. 어머니로서의 권위나 소유욕, 헌신 따위도 없으며 그리하여 딸과 친구 같은 관계를 맺는 것도 자연스러워 보인다. 식당에서 단박에 남자를 유혹해 버리는 것도 딸이 아니라 어머니요, 실연을 당했노라 울먹이는 것도 어머니 쪽이다. 딸만을 바라보며 헌신하고 필요시 강인함도 보여주는 어머니라는 스테레오타입을 감독은 이렇게 유쾌한 방식으로 깬다. 파니의 어머니는 불완전하고 그렇기 때문에 인간적이며 또 현실적이다. 열정적으로 사랑하고 실연의 아픔을 하소연하며 자신의 소설을 읽었다는 남성에 대해서는 금방 호의적으로 바뀌는 모습이 그러하다. <마요네즈>와 달리 이 영화에서 어머니의 비중은 그리 크지 않지만, 감독이 타율적인 존재인 파니와 비교하여 자율적이고 주체적인 여성상을 나란히 배치하는데 그것이 바로 어머니로 나타난 점은 흥미롭다. 파니의 소극적이고 수동적인 태도가 이와 대조되는 어머니를 통해 더욱 도드라져 보인다.

동성애자이고 병자이며 유럽에 사는 유색인종으로 오르페오는 몇 겹으로 타자화된 인물이다. 우연찮게 파니와 오르페오가 동시에 사랑의 상실감을 겪게 되고 이로써 영화는 타자화된 두 인물, 다시 말해 백인 남성 중심주의로 인해 타자화된 두 인물 간의 교류로 주제를 확장한다. 자신보다 더 어려운 처지에 있는 오르페오를 통해 파니는 그간의 무기력함에서 벗어나 이웃과 소통하고 연대하는 더 큰 사랑을 깨닫게 된다. 영화에서 어머니의 역할이 크지 않은 이유도 어쩌면 여기서 찾을 수 있을지 모르겠다. 곧 어머니의 서사적 기능은 파니처럼 사회적 시선에 갇히지 않은 주체적 삶이 가능함을 보여줌으로써 파니의 타율적인 삶을 부각시키는 데 있고, 이후 파니의 인식 변화에 주도적 역할을 하는 인물은 오르페오이다. 결국 감독이 방점을 찍고자 하는 것은 로맨스가 아니라[11] 타자들에 대한 관심과 연대로 사랑의 의미를 확장하는 데 있다고 할 수 있다.

---

11 물론 영화는 로맨스에 대한 가능성도 열어둔다. 판타지 요소를 즐겨 사용하는 감독답게 오르페오라는 인물은 신비하고 모호한 성격을 지니는데, 영화는 마지막에 그의 점괘대로 파니가 숫자 23을 매개로 새로운 사랑을 찾을 수 있는 가능성 또한 열어둔다.

[그림 77] <마요네즈>에서 어머니는 전통적인 아내/어머니 역할로만 규정되는 여성의 삶을 거부하는 인물이다. 열정을 상징하는 붉은색으로 온몸을 감싼 채 어머니는 가정으로부터 탈주한다. 옳고 그름을 떠나 이 순간 어머니는 한 개인이고 여성이다. 출처 : 영화 <마요네즈>.

[그림 78] 외출에서 돌아오면 어김없이 아버지의 구타가 이어진다. 어머니/아내 역할에 어울리지 않는 열정은 이렇게 폭력으로 제압된다. 나중에 아버지는 알코올 중독자가 되어 습관적으로 어머니를 때린다. 어머니는 폭력적인 가부장제의 희생자이기도 하다. 출처 : 영화 <마요네즈>.

김혜자가 연기한 <마요네즈>의 어머니는 한국의 전형적인 어머니와는 거리가 멀다. 딸의 집에 와 기거하는 어머니는 이기적이고 속물적인 모습을 보인다. 손자 돌봄과 살림을 거부하면서 정작 딸에게는 작가로서의 명성과 모피로 대변되는 물질적 보상을 기대한다. 두 여성이 번번이 충돌하는 가운데 플래시백으로 삽입된 과거는 어머니의 일대기를 재구성한다. 월남한 남편이 불법으로 차린 약국은 가정과 가장을 불안하게 만들고 남편은 알코올 중독자가 되어 시시때때로 아내에게 폭력을 가한다. 영화 <바람과 함께 사라지다>를 사랑하는 남자와 살아야 한다는 교훈으로 읽는 어머니에게 남편은 사랑이나 존중의 대상이 되지 못한다. 카우보이 존 웨인보다 멜로드라마의 주인공 록 허드슨을 더 좋아한다는 데에서 어머니의 성향을 짐작해 볼 수 있다. 소녀처럼 낭만적이고 바람처럼 자유롭게 살고 싶은 어머니에게 결혼과 가부장적인 가정의 분위기는 족쇄처럼 여겨졌을 것이다. 대표적으로 어머니의 외출 에피소드가 있다. 후에 딸에게 선물한 스카프의 색과 같은 예의 그 빨간색 옷을 온몸에 두르고 어머니는 아버지 몰래 집을 빠져 나와 친구들과 드라이브를 즐기며 행복한 순간을 만끽한다. 빨간색 원피스에, 빨간색 스카프를 머리에까지 두르고 활짝 웃는 어머니는 영화 포스터에 등장하는 모습 그대로이다. 하얀색 옷을 입고 경직된 자세로 옆에 자리한 딸과는 대조적이다. 이렇듯 빨간색은 영화에서 반복적으로 등장하며 상징적인 의미를 갖는다. 요컨대 어머니/아내의 역할이나 기능이 아닌 개인 여성으로서의 욕망을 드러내는 장치라 할 수 있다. 예상할 수 있듯 어머니의 짧은 일탈은 아버지의 폭력으로 종지부를 찍는다.

[그림 79] 아정이 어머니를 부정하게 만든 결정적인 장면. 거동이 불편한 아버지의 대소변을 받아내면서도 어머니는 머리에 마요네즈를 바르고 있다. 배설 냄새와 마요네즈 냄새의 뒤섞임은 경계의 안과 밖에 있는 어머니 삶의 모순을 감각적으로 잘 드러낸다. 출처 : 영화 <마요네즈>.

빨간색과 더불어, 영화의 제목이기도 한 '마요네즈' 또한 상징적인 의미를 갖는다. 딸에게는 샐러드드레싱일 뿐인 마요네즈를 어머니는 자신의 머릿결을 가꾸기 위한 영양제로 사용한다. 마요네즈를 머리에 바른 어머니의 모습은 딸을 과거의 끔찍한 기억으로 이끈다. 가세가 기울어 빠듯한 살림살이에 몸이 불편한 아버지의 병수발까지 해야 하는 와중에도 어머니는 머리에 마요네즈를 바르고 있었다. 악다구니를 하며 아버지의 대변을 치우는 어머니에게서 딸은 마요네즈 냄새를 맡고 역겨워한다. 자신은 배설의 냄새보다 엄마의 마요네즈 냄새가 더 역겨웠다고 훗날 딸은 어머니에게 퍼붓는다. 마요네즈가 상징하는 바는 무엇일까? 헤어 영양제가 귀한

[그림 80] "난 엄마가 없어!" 딸이 자신을 부정하자 괴로워하는 어머니. 이로써 어머니는 딸의 집을 떠난다. 이후 어머니는 지병으로 죽음을 맞이하지만, 사실 그 전에 딸에 의한 어머니의 부정은 곧 어머니의 죽음을 의미한다. 출처 : 영화 <마요네즈>.

시절에 일종의 민간요법으로 활용되던 마요네즈이지만, 여기서는 어머니가 아닌 개인으로서의 욕망이 투영된 상징물로 자리한다. 젊음과 아름다움을 추구하는 것은 어머니에게 한 개인 여성으로서 갖는 자연스러운 욕구이다. 대변 냄새와 마요네즈 냄새의 혼종은 어머니 삶의 모순을 말해준다. 규범 체계의 내부에서 어머니 역할로 가장하지만 외부의 시선으로 이를 문제 삼을 수 있는 자 또한 어머니이다. 낭만적인 삶을 희구했던 문학소녀 어머니에게 현실의 삶은 그것과는 너무나 거리가 멀었다. 불법 약국은 어머니의 신경을 쇠약하게 했고 아버지의 폭력은 어머니의 몸을 만신창이로 만들었다. 어머니는 결국 가부장제의 피해자인 셈이다.

그런데 흥미롭게도, 아정의 기억 속에서 아버지는 어머니만큼 부정적이지 않다. 가정에 대한 책임감이 강하고 딸의 방황을 묵묵히 지켜본 아버지로 기억되기 때문이다. 왜 이런 차이가 발생할까? 아버지의 규범 체계를 내면화한 딸은 아버지의 시선으로 과거를 회상하게 되는데, 그럼으로써 아버지의 질서에서 이탈한 어머니는 딸에게 비판의 대상이 된다. 바로 딸이 아버지의 시선, 곧 사회문화적으로 규정된 시선으로 어머니를 평가하기 때문이다. 어머니는 전통적인 어머니 역할 이전에 '여자'이고 싶은 한 개인이었다. 젊음과 아름다움에 대한 집착은 어머니가 가정의 수호신으로 추앙받는 '어머니-기능'이 아닌, '어머니-여성'으로서 자신을 표현하고 싶은 욕구라 할 수 있다. 이런 어머니를 딸은 이해하지 못한다. "난 엄마가 없어!" 아버지의 병구완 장면을 회상하던 딸은 결국 어머니를 부정하고 이로써 어머니는 딸의 집을 떠난다. 예쁜 엄마를 자랑스럽게 여기던 어린 딸이었지만 병든 아버지를 구박하며 머리에 마요네즈를 바른 엄마를 딸은 부정하는 것이다. 여기서 딸이 자신에게는 없노라 선언한 어머니는 그야말로 어머니 역할로 기능하는 이상적인 어머니 상에 다름 아니다. 그 표현방식이 서툴고 어눌할망정 욕망의 주체로서 한 개인임을 항변하던 어머니의 삶은 같은 여성이자 가장 가까운 딸에게조차도 인정받지 못한다.

그런데 영화에서는 두 가지 형태의 상반된 어머니가 존재한다. 김혜자가 연기한 어머니가 전통적인 어머니상과는 다른 이기적이고 속물적인 어머니를 보여준다면, 아정이 대필하는 책이 마침 어느 보험 왕 어머니의 자서전이 되면서 영화는 이상적인 어머니의 이미지가 어떻게 재생산되고 확산되는지 또한 보여준다. 바로 남편을 잃고 보험 왕이 되기까지의 역경을 다룬 자서전에서 모성 신화가 만들어지기 때문이다. 자식이 있어 어떤 어려움도 이겨낼 수 있었다는 '강인한 어머니'의 진술은 출판사의 요구로 아정에 의해 과대 포장되고 더욱 미화된다. 사랑, 희생, 헌신, 강인함이라는 어머니에 대한 이미지가 어떻게 만들어지고 강화되는지를 엿볼 수 있는 대목이다. 아정 자신이 이 재생산 구조에서 빠져나올 수 없고 과장과 허구가 보태어졌음을 누구보다 잘 알고 있음에도 예의 어머니 역할은 내면화되고 이는 자신의 어머니에 대한 분노로 이어진다. 물론 어머니다움에 대한 이미지는 그 전에 이미 여러 문화 형태로 아정에게 내면화되었을 것이다. 어머니에 대한 아정의 부정은 사회적으로 구성된 어머니, 곧 나를 위해, 또 가정을 위해 희생하고 헌신하는 어머니가 내게 없다는 선언에 다름 아니다. 하지만 어머니나 아내이기 이전에 한 개인으로서 어머니가 갖는 개성과 욕구를 아정 또한 나중에는 이해한 듯하다. 다시 현재의 시점으로 돌아와 영화의 마지막을 보면 아정은 어머니를 피하던 여동생과 함께 어머니의 기일을 어떻게 보낼지 의논한다. 엔딩 크레딧은 배우 김혜자의 실제 젊은 시절 사진을 오랫동안 노출한다. 사진 속의 여성은 어떤 특정한 역할로 고정되지도 않고 그 역할에 맞지 않다고 비난의 대상이 되지도 않는 하나의 개인으로 보이는 데 부족함이 없다. 어머니도 한때는 자신의 삶을 스스로 설계하고 꿈꾼 한 개인이었음을 증언하는 이 사진을 들여다보면서 딸 아정은 물론 관객도 영화 속 어머니와 화해한다. 아정이 입은 붉은색 옷은 여성으로서의 어머니를 뒤늦게 이해하고 받아들였음을 암시한다.

[그림 81] 영화의 엔딩 장면. 배우의 실제 젊은 시절 사진을 카메라가 오랫동안 비춰 관객의 시선을 붙잡는다. 어머니의 기일에 사용되었을 사진이기도 한데, 사진은 어머니도 어머니이기 이전에 한 때는 꿈 많고 개성 강한 '개인'이었음을 증언한다. 출처 : 영화 <마요네즈>.

　　사실 이 영화를 볼 때 관객은 우선은 불편한 감정을 갖지 않을 수 없다. 여기서 어머니는 속물적이고 불완전한 존재로 등장한다. 딸을 사랑하는 마음보다는 자신의 처지에 대한 하소연이 넘쳐나고 변덕이 심하며 모순적인 태도를 보이기도 한다. 실제 어머니는 약에 의존해 신체적으로 온전한 처지도 아니다. 이 철없는 어머니가 관객의 눈에 낯설어 보이는 이유는 뭘까. 어머니는 자식을 위해 이타적이고 헌신적인 삶을 사는, 완벽하고 강한 여성이라는 클리셰가 우리 안에 있기 때문일 것이다. 가령, 신경숙의 소설 『엄마를 부탁해』가 대표적인데, 여기서 어머니는 신과 같은 존재로 자식과 이웃을 위해 희생하고 헌신하는 삶을 산다. 신경숙의 '어머니'는 가정을 위해 헌신하고 자식 교육을 훌륭하게 해 내며 불모의 땅에서도 풍요롭게 작물을 자라게 하는 등 여신과 같은 완벽한 존재로 그려진다. 모성 신화의 재생산이라는 비판과 더불어 이 또한 독자에게 불편한 감정을 가져오지만, <마요네즈>에서의 어머니는 그 반대로 기존의 어머니상과는 너무나 다른 모습으로 인해 낯설음을 불러일으킨다. 그런데 헌신과 인고의 완벽한 현모양처가 아니라, 세속적이고 자기모순에 차 있는 불완전한 존재야말로 우리네 현실 속 어머니의 모습에 더 가까운 것은 아닐까. 헌신, 희생, 이타적 삶이라는 어머니상이 세상의 모든 어머니들에게 해당되지는 않으며, 또 이상적인 어머니란 어쩌면 현실에는 없는 존재일지 모름을 영화 <마요네즈>는 그 반대의 예를 가져와 말하고 있다.

2. 어머니의 성적 욕망 : <마더>(로저 미첼 감독)

<노팅힐>의 감독으로도 유명한 로저 미첼Roger Michell의 <마더The Mother>(2003)는 앞선 영화들보다 더 직설적으로 어머니의 육체적 욕망을 다룬다. 우선 말의 조합상 '어머니'와 '성적 욕망'의 결합은 그 자체 생소하고 금기시된다. '기능으로서의 어머니'는 보살핌, 한량없는 헌신, 희생의 화신이며 그것이 어머니를 신성시하는 이유이다. 여성의 이미지가 창녀와 성녀를 양극단으로 하여 변주된다면 이상적인 어머니는 그 한 극단, 곧 성녀의 자리를 차지하는데, 이 영광의 탈성화된 자리는 성적인 존재로만 인식되는 '창녀'와 대립된다. 앞서 본 <파니 핑크>에서 어머니의 성적 욕망이 딸의 금욕적 삶과 대조를 이루면서 관객에게 낯설음을 불러일으켰다면, 미첼의 <마더>는 여기서 한 걸음 더 나아가 어머니의 육체성을 노골적

[그림 82] 메이가 무릎을 꿇고 앉아 남편의 구두끈을 매어준다. 생전 남편과 메이의 관계가 어떠했는지를 단적으로 보여준다. 메이는 남편에게 순종하는 정숙한 아내였을 것이다. 출처 : 영화 <마더>.

[그림 83] 남편의 죽음 후 구두만 돌아오고 이제 메이는 구두끈을 매어줄 남편이 없다. 남편의 죽음은 메이에게 어머니-여성으로서의 자신을 돌아보는 계기가 된다. 출처 : 영화 <마더>.

으로 부각시키는 한편, 딸의 애인과 관계를 맺음으로써 그야말로 전통적인 어머니상을 이중으로 뒤집는다. 말하자면 어머니의 성적 욕망이 일차적으로 금기를 파괴하고 있다면, 여기에 더해 딸의 애인을 차지하는 한에서는 부도덕한 어머니라는 비난을 피하기 어려워 보인다.

런던 교외에서 중산층의 삶을 살고 있는 60대 후반의 메이는 남편과 함께 런던으로 자식들을 만나러 간다. 사회적으로 성공한 아들은 부모에게 내줄 시간도 관심도 없어 보이고 며느리와 손주는 건성으로 그들을 대한다. 미혼모이자 작가 지망생인 딸 폴라는 때마침 목수 일을 하는 대런과 사귀며 그와의 관계에 집착한다. 남편의 돌연사 이후 자신의 집으로 돌아오지만 메이는 혼자만의 삶을 도무지 견딜 수 없어 다시 자식들을 찾아간다. 이방인처럼 아들과 딸의 집을 오가는 가운데 인간미 넘치고 자유로운 대런에게 메이는 사랑을 느끼고 결국 육체적 관계를 맺는다. 이를 알게 된 딸은 어머니를 내쫓고 대런과의 관계도 파국으로 끝난다. 자식들로부터 버림받은 메이는 자신의 집으로 돌아오지만 다시 길을 떠나는 것으로 영화는 끝난다.

딸의 애인을 사랑하고 그와 육체적 관계를 맺는 어머니는 관객에게 거부감을 안겨주기에 충분하다. 감독은 특히 어머니의 육체성을 드러내는 데 공을 들인다. 남편의 죽음과 어머니에 대한 자식들의 몰이해는 메이가 자신을 돌아보는 계기가 된다. 문전박대하는 며느리로 인해 메이가 딸의 집을 찾아갈 때 길을 잃고 헤매는 장면이나 홀로 놀이기구를 타고 하늘에 붕 떠 있는 장면에는 그녀가 직면한 방향 상실감과 그로 인한 불안한 심리가 녹아있다. 아내, 어머니, 할머니로서의 역할이 끝나거나 제대로 작동하지 않는 시점에서 자신의 말에 귀 기울이는 대런이 메이의 마음에 들어온 것도 무리는 아닐 것이다. 대런에게 호감을 느끼며 감정을 키워가는 과정은 여느 연인들과 다를 바 없다. 대런의 인간미, 공감하는 태도, 도시를 거닐며 나누는 소소한 이야기들. 대런에 대한 호감은 곧 육체적 욕망으로 바뀌는데 이 또한 사랑의 감정에서는 자연스러운 일이지만, 그 상대가 딸의 연인이고 또 늙은 여성과 젊은 남성의 관계이기에 관객에게는 무척 부자연스럽고 불편하게 여겨진다. 메이가 취미 삼아 하는 스케치는 가정과 가족을 돌보느라 그동안 잊고 살았던 한 개인의 열정이나 욕구와 관련된다. 대런과의 관계가 깊어지면서 메이는 대런의 몸과 섹스 장면을 스케치한다. 이 음탕한 그림은 그와의 관계가 자식들에게 발각되는 증거물이 되지만, 그전에라도 영화는 메이의 성적 욕구와 그 해방 과정을 거리낌 없이 재현한다. 대런과의 잠자리가 그랬던 것처럼 메이의 스케치도 거침이 없다. 포르노그래피에 가까운 적나라한 묘사를 앞에 두고 두 자식이 당황하고 분노하는 장면은 '어머니'와 '성욕'이 얼마나 병치될 수 없는 것인지를 잘 보여준다.

영화는 메이의 지난 삶이 어떠했는지 생략하고 있지만 단정하게 무릎 꿇은 자세로 남편의 구두끈을 매어주는 장면이 함축적으로 말해주듯(그림 82 참조) 그것이 남편과 가정을 중심으로 이루어졌음은 짐작하고도 남는다. 이는 영상미학적으로도 확인되는데, 메이의 경우 인물의 뒷면을 카메라로 잡아주고 정면을 보더라도 장애물을 그 앞에 두어(안영순 2010, 502 참조) 그림자 같은 그녀의 삶과 소외감을 시각화한다. 딸이 이끄는 창작모임에 나가 발표한 글에서 메이는 아내로서의 삶, 어머니로서의 역할을 자신이

[그림 84] 홀로 된 메이는 자신만의 시간을 갖는데, 이는 어머니나 아내의 역할이 아닌 오롯이 메이 자신을 찾아 나선 시간이기도 하다. 예술에 대한 열정과 대런을 향한 사랑은 그 과정에 있다. 미술관을 찾은 메이가 나체의 남성 조각상을 물끄러미 바라보고 있다. 출처 : 영화 <마더>.

얼마나 증오했는지 토로하여 주변을 당혹스럽게 만든다. 겉보기에는 남부럽지 않은 가정의 아내이고 성공한 자식의 어머니이지만 메이는 가족으로부터 이해받지 못하고 소외되며 고독하다. 무엇보다 그녀의 본래 꿈은 어머니/아내의 자리가 아니었던 듯하다. 관습에 얽매이지 않고 자유롭게 사는 대런은 메이를 오롯이 한 개인 그 자체로 대하는 유일한 인물이라 할 수 있다.

대런과의 사랑에서 메이는 남편과는 확연히 다른 모습을 보인다. 남편과의 관계가 어떠했는지에 대해서는 간결하게 시각적으로만 암시된다. 남편의 옷을 입혀 주고 구두끈을 매는 장면도 그러하며, 남편과 아내의 시선이 각기 다른 곳을 향하는 정적인 장면이 영화 앞부분에서 페이크

[그림 85] 메이와 대런의 정사 장면. 감독은 늙은 여성과 젊은 남성의 육체를 화면 가득 담아 우리의 편견을 건드리고 균열을 낸다. 그 여성이 어머니이고 그 남성이 딸의 애인이라는 점은 불편함을 가중시킨다. 화면에 다 담지 못한 메이의 성적 욕망은 포르노그래피에 가까운 메이의 스케치에서 보다 적나라하게 드러난다. 출처 : 영화 <마더>.

인과 페이크 아웃으로 여러 번 노출된다. 그마저도 벽이나 창문틀에 갇혀 있어서 두 사람의 관계가 답답하고 폐쇄적으로 보인다. 이에 반해 대런과의 데이트는 주로 야외에서 이루어지며 메이는 전에 없이 활달하고 환한 모습을 보인다. 칙칙한 옷 색깔이 원색이나 하얀색으로 밝게 바뀐 점도 눈에 띈다. 섹슈얼리티에서도 메이는 수동적이거나 관습적이지 않다. 대런에게 잠자리를 요구하는 쪽도 메이이며 적극적으로 자신의 섹슈얼리티를 드러내는 것도 그녀이다. 남편과의 성생활이 어떠했는지 영화에서 들려줄 틈이 없었지만 – 남편은 등장하자마자 곧 죽는다! – 딸의 질투로 인해 마지못해 하룻밤을 보내게 되는 노신사와의 성관계 장면으로 미루어 짐작해 볼 수 있다. 감독은 앙각으로 노신사의 얼굴을 그로테스크하게 잡아주고 메이의 얼굴은 고통스럽게 일그러진다. 대런과의 성관계를 통해 삶의 희열을 느끼며 자기 몸의 가치를 재발견하는 모습과는 확연하게 다르다. 메이가 스케치한 포르노그래피가 자식들에게는 음탕하고 부도덕해 보이지만 그녀에게는 한 개인으로서 성적 주체가 되는 과정에 다름 아니다.

감독은 어머니의 육체적 욕망을 말하는 데 우회로를 택하지 않는다. 오히려 메이의 늙은 몸을 의도적으로 노출시키며 도발적으로 이 주제를 제안한다. 화면을 차지한 어머니의 늙은 몸은 젊은 남자의 육체와 대조되면서 관객의 불편함을 가중시킨다. 이 불편한 대조와 강조는 감독의 의도로 간주될 수 있는데, 늙은 어머니의 몸과 젊은 남성의 육체를 의도적으로 카메라에 노출하여 나이든 여성이자 어머니인 주인공의 욕망에 대한 우리의 고정관념을 이중으로 자극하기 위한 것으로 보인다. 어머니의 욕망도 낯설뿐더러, '늙은 어머니의 육체적 욕망'이란 이 세상에 존재할 수 없는 것이기 때문이다. 독일 감독 라이너 베르너 파스빈더Rainer Werner Fassbinder의 <불안은 영혼을 잠식한다Die Angst essen Seele auf>(1974)에서 늙은 어머니가 모로코 출신의 젊은 외국인 노동자와 결혼한다고 하자 자식들은 어머니를 '창녀'라 부르는 데 주저하지 않는데, 미첼의 <마더>에서도 자식들이 비슷한 반응을 보인다. 딸은 어머니에게 '펀치'를 날리고 아들은 어머니의 추방을 방관한다. 자식들과의 화해로 어설프게 봉합 처리하는 대신 감독은 어머니의 욕망이 얼마나 터부시되는지 자식들의 폭력적이고 냉담한 태도를 통해 보여준다.

[그림 86] 영화 앞부분은 자식을 찾아 여행을 떠나기 전 부부의 모습을 짧게 보여준다. 집안에는 정적이 흐르고 두 사람의 시선은 어긋나 있으며 틀 속에 갇힌 장면들이 많다. 메이의 삶이 열정과는 무관하며 자신으로부터 소외된 삶임을 암시한다. 출처 : 영화 <마더>.

[그림 87] 거울은 영화에서 인물의 심리를 드러내는 주요한 장치이다. 영화 앞부분에서는 고독한 메이의 얼굴이 침실 거울에 잡히고, 대런과 사랑에 빠지면서 메이는 설레는 감정으로 거울 속 자신을 바라보며, 이 사진에서처럼 정사 후 거울 속에 들어온 대런의 몸은 그녀가 육체적 욕망에 사로잡히게 됨을 가시화한다. 출처 : 영화 <마더>.

더불어 어머니가 중심축이 된 가정의 의미를 영화는 묻는다. 노쇠한 아버지는 '행복하다'고 말하고 죽지만 어머니는 딸에게 '난 불행했다'고 토로한다. 핵가족 시대에 손주들은 할머니 얼굴도 잘 못 알아보고 시간에 쫓기며 일하는 아들은 어머니를 짐스러워한다. 특히 딸 폴라는, 대런을 제외하고도, 어머니와 묘한 긴장 관계를 형성한다. 자신의 자존감이 낮고 현재 불안정한 삶을 사는 이유를 어머니의 부족한 사랑 때문이라고 비난하고 어머니가 누렸던 '안정적인' 가정을 시기한다. 어머니의 내면과 열정에는 관심 없고 이기적으로 행동하는 딸의 모습을 통해 영화는 여성의 자의식이 세대의 문제는 아님을 암시한다.

영화는 열린 결말의 형태를 취한다. 열정의 대상이었던 대런은 마약에 폭력적인 행태를 보이며 단발성 관계로 끝난다. 이로써 영화의 관심사는 대런과의 로맨스가 아니라 어머니의 변모 과정을 추적하는 것으로 본색을 드러낸다. 대런의 역할은 메이가 어머니 역할을 벗어던지고 자신의 욕망에 충실한 여성으로 거듭나는 계기를 마련해 주는 것으로 끝난 듯하다. 그런데 어머니-기능이 아닌 어머니-여성으로서 메이의 꿈과 열정은 무엇일까. 대런과의 만남을 계기로 성적 주체로 거듭났다면, 이는 예술에 대한 열정으로 이어진다. 대런을 만나면서 미술관을 찾고 스케치를 시작한 것도 눈여겨볼 만한 대목이다. 영화 마지막, 돌아온 집을 다시 나서는 메이가 챙기는 짐에는 미술도구도 들어가 있다. 물론 메이의 그림 실력이 프로급은 아니지만 이 또한 중요한 문제도 아니다. 예술은 메이가 진정으로 자신이 원하는 것이 무엇인지 이를 찾아가는 지점에 놓여 있을 따름이다. '집'은 여성의 이미지, 그중에서도 어머니의 이미지와 긴밀하게 결부된 공간이다. 신경숙의 소설『엄마를 부탁해』에서 어머니는 한평생 시골의 집과 부엌을 벗어나지 못하다 집을 떠나 서울로 오는 순간 실종된다. 집은 아내 /어머니 역할이 수행되는 중심 장소인데, 메이가 이 집을 떠난다는 것은 이 강요된 역할을 마침내 벗어던지고 자신을 찾아 세상으로 나아감을 의미한다. 그 길이 순탄하지 않을 것임은 격자무늬의 창을 통해 한 점으로 소멸해가는 메이의 뒷모습으로 암시된다. 하지만 적어도 자신이 누구인지를 묻기 시작했다는 점에서 이 영화는 노년의 여성 메이의 성장사로 읽혀질 수 있겠다.

[그림 88] 미술도구를 챙겨 집을 떠나는 메이의 모습으로 영화는 끝난다. 집 안의 창문을 통해 점점 멀어져 가는 메이의 모습이 보이는데, 격자 창문은 그동안 메이의 삶이 가정에 구속되었음을, 그리하여 이제 메이의 해방이 이루어졌음을 말하는 한편, 다른 한편으로는 집 밖으로 나아간 이후의 삶이 녹록지 않을 것임을 또한 암시한다. 출처 : 영화 <마더>.

3. 독일 현대사 속 어머니[12]

'어머니'는 가정, 가족, 집 등 사적 영역과 밀접한 관련을 맺는 반면, 사회적 영역으로부터는 소외된 존재이다. 어머니가 사회 구성원의 일부분으로 묘사되는 경우가 간혹 있지만, 그럴 경우 대개 일시적이거나 비정상적인 상황에서 이루어진다. 어머니를 정치나 사회의 영역으로부터 배제하는, 이 '자연스러워' 보이는 현상이 꼭 자연스러운 것만 아닌 것이 가부장제가 정착된 고대에도 어머니의 현실 참여는 불가능하지 않았다. 예컨대 종교 의식과 같은 공적 영역에 여전히 참여할 수 있어서 여성이 어머니가 된다고 해서 공동체와의 관계가 단절된 것도 아니었으며, 고대 아테네에서는 이름, 재산, 신분에 있어 모계상속이 가능했다고 한다(로즈 2020, 56f 참조). 곧 어머니가 된 후에도 여성은 모성을 넘어선 다양한 영역과 연결될 수 있었다. 어머니의 역할이 가정 영역에 국한되기 시작한 것은 무엇보다 근대 이후 공적 영역과 사적 영역이 나누어지면서이다. 근대 이전에는 아이가 "아직 완전히 완성되지 않은 불완전한 성인"으로 간주되어 집중적인 교육이 요구되지 않았을 뿐더러 육아가 여성에게만 오롯이 맡겨진 일도 아니었다. 어머니는 "가족경제의 중요한 노동력"이었고, 어머니의 임무를 다른 사람이 함께 하는 경우도 많았다(게른스하임 2014, 55f 참조). 근대 이후 성차에 따른 분업이 이루어지면서 남성이 사회에서 직업 활동을 하

---

12 이 장은 「독일 현대사 속 어머니 서사 연구 - <독일, 창백한 어머니>와 <굿바이 레닌!>을 중심으로」란 제목으로 『독일언어문학』 95집(2022)에 게재한 글을 일부 수정한 것임을 밝힌다.

는 동안 여성은 가정에서 남편과 아이를 돌보는 역할을 떠맡게 되었다. 그 과정에서 어머니다움은 여성에게 요구되는 최고의 미덕이 되어 모성을 예찬하는 문화가 형성되었다. 여성의 사회활동이 당연시되는 오늘날까지도 어머니가 정치적, 공적 영역에 참여하는 것은 이례적인 일로 간주된다. 이렇듯 모성 신화는 어머니를 위대하고 성스러운 존재로 격상시키는 한편, 다른 한편으로는 세상과 절연시킨다.

그럼에도 어머니는 '모국(母國)', '모국어(母國語)'라는 관습적인 언어가 그러하듯 거대담론으로서의 국가와 또한 깊은 관련을 맺는다. 모성 신화에 기반 한 어머니의 이상화는 성스러운 국가를 비유하는 데 종종 활용된다. '어머니 대지Mutter Erde'라는 말이 내포하는 것처럼 고결한 모성은 민족, 국가와 동일시되며 위대한 조국을 상징한다. "어머니는 바로 사람의 모습으로 나타난 종교, 사회 양심 그리고 민족주의이다."(리치 2018, 49) 어머니를 국가와 동일시하며 예찬하는 것은, 모성 신화가 그러하듯, 현실 속 여성들의 다양한 특질과 잠재력을 축소하고 이상적인 어머니 역할로 여성을 규정하는 결과를 낳는다. 이때 어머니는 상징적 의미로서의 국가와 관련될 뿐, 실제 국가 내 정치적, 사회적 활동으로부터는 소외된다. 그 결과 "실제 여성들이 권력의 사회적 지위로부터 배제되는 데 반해, [어머니는 - M.J.] 상징 질서를 공고히"(Wagner-Egelhaaf 2006, 235) 하는 데 일조한다. 관련하여, 리치는 제도로서의 어머니와 실제 어머니를 구분한다.

모성의 두 가지 의미 중 하나는 어떤 여자든 자신의 출산능력과 자녀에 대해 가지는 잠재적인 관계이고, 다른 하나는 제도인데, 이 제도는

그 잠재성 - 그리고 모든 여자들 -을 남성 통제 하에 안전하게 남겨두
는 것을 목표로 하고 있다. (...) '사적' 생활과 '공적' 생활의 위험한 분리
를 만든 것도 이 제도다. 이 제도는 인간의 선택과 잠재성을 희석화
한다(리치 2018, 9).

이른바 어머니 역할이나 어머니다움으로 일컬어지는 것은 제도로서의
모성에 속한다. 이것은 타인에 의해 규정된 것으로 현실의 여성들과는
차이가 있다. 제도로서의 모성에는 희생과 헌신, 타인을 위한 삶, 보살핌
등이 포함되며, 위대함과 고결함을 추구하는 한에서 이 제도로서의 모성
은 '국가'와 관련된다. 이는 사회적 영역으로부터 배제된 어머니 및 그
역할과 모순된다.

그런데 역사적 격동기, 특히 남성 부재의 특수한 상황에서 어머니가
사회정치적 문맥으로 불려 나오는 경우들이 있다. 이들은 역사적 사건과
어떻게 조응하는가. 이를테면 영화 서사에서 어머니는 역사적 사건과 관
련하여 어떻게 묘사되는가. 이 어머니는 '위대한' 조국과 동일시되던 전통
적인 어머니상과 어떻게 단절되고 또 연결되는가.

나치즘과 제2차 세계대전, 분단과 통일, 이 격동의 시기에 '어머니'를
소환한 두 영화가 있다. 우선, 잔더스-브람스Helma Sanders-Brahms의 자서전
적인 영화 <독일, 창백한 어머니Deutschland, bleiche Mutter>(1980)는 제2차 세
계대전을 배경으로 어린 딸을 데리고 피난살이를 한 어머니에 관한 이야
기이다. 그 시대의 다큐멘터리가 삽입되어 객관성을 담보하는 가운데 영
화는 전쟁을 겪어내는 어머니의 주관적 경험을 담아낸다. 아이러니하게

도, 남편의 부재와 생존 투쟁이라는 삶의 위기 상황에서 어머니는 이전에 맛보지 못한 자유와 해방감을 느끼고 자의식을 획득해 간다. 그것은 곧 어머니의 주체적인 삶이 평화로운 일상 속에서는 실현되기 어렵다는 반증이 된다. 그럴 것이, 남편의 귀환은 아내의 삶을 다시 타율적으로, 곧 구속과 종속상태로 가져가고 이는 질병과 뒤틀린 얼굴로 나타난다. 영화에서 어머니는 일차적으로 '독일 여성'으로 규정되고 어머니의 몸은 여러모로 국가 '독일'과 관련을 맺는다.

독일 역사를 배경으로 한 또 하나의 영화가 있다. 베커Wolfgang Becker의 <굿바이 레닌!Good bye, Lenin!>(2003)은 일차적으로 어머니에 대한 영화라기보다 독일의 분단과 통일에 관한 영화이다. 그런데 어머니가 국가의 의인화로 사용되는 한에서 <독일, 창백한 어머니>와 마찬가지로 젠더 관점에서 고찰해 볼 수 있다. 이번에는 국가가 나치 독일이 아니라 구동독이다. <굿바이 레닌!>에서 어머니는 우선은 현실 참여적이고 신념에 찬 사회주의자로 등장한다. 문제는 그것이 공산주의가 몰락한 시대로부터 바라본 시각이라는 점이다. 열혈 당원이었던 어머니의 가치관은 오류로 판명 나고, 코마 상태의 어머니는 시대의 변화를 따라가지 못한다. 영화는 어머니의 정치적 신념을 지켜주기 위한 우스꽝스러운 거짓말로 채워진다. <독일, 창백한 어머니>에서 전쟁이라는 극단적인 상황이 어머니에게 주체적인 개인으로 살아갈 기회를 잠시 열어주지만 그것이 한시적이었던 것처럼, 역사적 오류로 판명 난 동독의 사회주의 체제 하에서 어머니의 정치 참여는 자가당착 속에서만 실현될 뿐이다. 결국 어머니의 정치 참여는 희화화의 대상이 될 뿐, 진지한 사건으로 받아들여지지 않는다.

이 장에서는 이 두 영화에 나타난 어머니 서사를 분석한다. 독일 현대사의 주요 사건을 배경으로 하는 점, 또 주인공 어머니가 '국가'와 동일시되며 전체 서사에 핵심적인 역할을 하는 점은 두 영화의 비교분석을 가능케한다. 또 역사적 변혁의 시기에 편모 가정 형태로 '온전한' 가족 모델에서 벗어난 점도 두 영화에서 공통적이다. 하지만 <독일, 창백한 어머니>에서는 모녀 관계가, <굿바이 레닌!>에서는 모자 관계가 두드러지면서 차이점 또한 있다. 본 장에서는 두 영화에서 어머니가 어떻게 독일 국가와 동일시되는지 보는 한편, 다른 한편으로는 나치즘과 전쟁, 분단과 통일, 이 역사적 사건들 속으로 어머니가 소환되지만 그 현실 참여는 유보적으로만 이루어질 뿐 여전히 역사적 사건으로부터 배제되고 있음을 확인해 본다.

1) <독일, 창백한 어머니> : 전쟁 속 어머니

°아들의 관점에서 딸의 관점으로

> 아아, 독일이여, 창백한 어머니여,
> 너는 그 얼마나 더럽혀진 상태로
> 세상 사람들 사이에 말없이 있는가.
> 더럽혀진 무리들 중에서도
> 너는 가장 눈에 잘 띈다.
>
> 네 자식들 중에 가장 비참한 아들은
> 타살되어 쓰러져 있으니

그 아들이 배고파 허덕일 때
당신의 다른 자식들은
그 아이에게 손찌검을 하였고
그 사실은 널리 알려져 있다.

그 손찌검한 손으로
너의 이웃을 향해 대들고 있으며
그리고 지금 뻔뻔스럽게 네 앞에서
얼굴을 맞대고 웃으며 걸어 다니니
그 사실은 널리 알려져 있다.

네 집 안에서
큰 소리로 떠드는 것은 거짓뿐이요,
진실을 말하려 해도
말할 수 없으니
그게 사실이 아닌가?

주위의 압제자는 왜 너를 칭찬하고
억압된 자는 도리어 왜 너를 고소하는가?
착취당하고 있는 자는
너를 지탄하고
착취하고 있는 자는 도리어 네 집에서
멋대로 제정된 강령을 예찬하고 있구나!

그러나 네가 숨기고 있는 스커트 자락은

모두 지켜보고 있으니
그 자락은 네 가장 착한 아들의 피로
얼룩져 있다.

네 집에서 떠드는 연설을 듣고 모두 웃는다.
하지만 너를 만난 자는 도둑이나 만난 것처럼
생각지도 않게 손에 칼을 쥔다.

아아, 독일이여, 창백한 어머니여!
네 자식들은 너를 비참하게 하나니
너는 세상 사람들 사이에 말없이 있으면서
비웃음을 당하고 공포의 대상이 되어야 하는가!(Brecht 1967, 487f)

<독일, 창백한 어머니>는 독일 작가 브레히트Bertolt Brecht가 쓴 동명의
시를 감독의 목소리로 낭송하면서 시작한다. 1933년 독일 나치즘이 득세
하는 시기에 쓰인 이 시는 독일의 파행적인 역사와 분열을 배경으로 한다.
시에서 독일은 어머니로 은유되는데 어머니 독일은 광폭한 아들들의 광기
로 더렵혀지고 어머니의 옷자락은 피로 얼룩진다. 그 아들들은 우선은
나치스이고, 또 사회주의자 브레히트의 시각에서는 민중을 착취하는 자본
가일 것이다. 분열과 갈등, 폭력이 난무하는 독일, '제 3제국'의 참상을
눈앞에 둔 독일, 전쟁의 광기로 치닫는 독일, 이웃국가에 위협이 되고 공포
의 대상이 된 독일. 시에서 이 독일은 절망감과 두려움, 안타까움으로 창백
해진 어머니로 의인화된다. 그런데 잔더스-브람스의 영화와 비교할 때 우

선 눈에 띄는 것은 이 어머니 독일과 관계 맺는 젠더이다. 시적 자아는 아들이고 어머니 독일과 애착 관계를 맺고 있는 것처럼 보이기 때문이다. "추방당한 아들이 어머니에게 말을 거는 형태로"(Hartinger 2001, 238) 쓰인 이 시는 가해자 아들을 낳았지만 피해자이기도 한 어머니 독일에 대한 애정을 기저에 깔고 있다. 그리하여 시는 나쁜 아들들로 인해 만신창이가 된 어머니(독일)를 그들과 구별 짓고 조국이 다시 참된 길로 나아가기를 촉구한다.

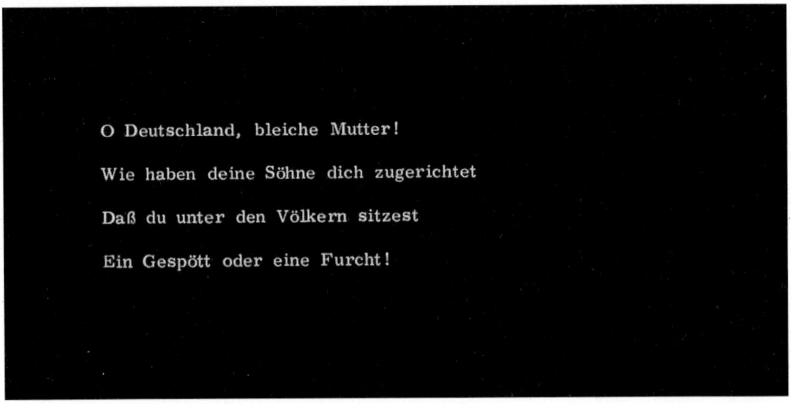

O Deutschland, bleiche Mutter!
Wie haben deine Söhne dich zugerichtet
Daß du unter den Völkern sitzest
Ein Gespött oder eine Furcht!

[그림 89] 영화는 브레히트의 시로 시작한다. 검은 바탕에 새겨진 브레히트의 시를 감독이 낭송한다. 검은색 바탕에 쓰인 하얀 글씨가 나치즘으로 치닫는 조국 독일을 애도하는 것처럼 보인다. 다른 장식이나 그림 없이 간결하게 시구를 보여주고 읽어 줌으로써 시는 관객에게 밀도 있게 전달된다. 출처 : 영화 <독일, 창백한 어머니>.

그런데 독일의 참상을 비탄조로 노래하며 진보 정치에 대한 희망을 담은 이 시를 잔더스-브람스가 자신의 영화에 인용하면서 비로소 이 시에 결핍된 소리가 들리게 된다. 시가 아들의 관점에서 어머니 독일에 대한 연민과 애정을 드러내는 데 반해, 어머니 자신의 목소리, 곧 여성의 목소리가 없다는 점이다. 바로 독일 역사에서 소외된 여성의 목소리인데, 물론 이 시만으로는 이 사실을 눈치 채기 어렵다. 그 점은 여성 감독인 잔더스-브람스의 목소리로 시가 낭송되고 이후 어머니/딸의 시각에서 독일의 역사가 서술되면서 비로소 가시화된다. 브레히트의 시와 잔더스-브람스의 영화는 약간의 시차는 있으나 공히 독일 나치즘을 배경으로 한다. 물론 영화는 나치즘과 더불어 그 결과물이라고 할 수 있을 제2차 세계대전을 주요 무대로 삼는다. '독일, 창백한 어머니'란 제목에 걸맞게 어머니를 독일에 대한 은유로 삼고 있다는 점에서도 시와 유사하다. 그런데 시적 자아와 독일이 모자 관계로 설정된 시와 달리, 영화에서는 모녀 관계로 바뀌어 딸의 시각에서 그 시대 여성들의 삶을 증언한다. 영화에서 딸은 내레이터가 되어 그녀의 부모인 레네와 한스가 처음 만나 사랑하고 결혼하는 과정을 추적한다. 이것이 단순히 멜로드라마가 아닌 것은 무엇보다 나치즘이라는 시대적 배경에 기인한다. 부모의 만남과 사랑, 이별과 재회, 갈등은 독일 역사와 긴밀히 연결되고, 이는 딸의 시각으로 서술된다. 그래서 영화는 국가를 어머니로 의인화하되, 브레히트의 시에서 창백한 얼굴의 어머니를 연민의 '대상'으로 삼으면서 누락된, 실제 '어머니들'의 개인적이고 주관적인 체험을 독일 역사 속으로 끌어들인다.

영화의 내용을 보면, 때는 바야흐로 히틀러가 집권하고 폴란드 침공이 있기 직전 상황이다. 마을 청년들의 흠모 대상이었던 레네는 그중 건실한 청년 한스를 만나 결혼하고 행복한 신혼생활을 시작한다. 하지만 그 시간도 잠시, 한스는 전쟁에 강제 징집된다. 이후 두 사람이 서로를 그리워하며 간헐적인 만남을 이어가던 중 레네가 임신을 하게 된다. 폭격 속에서 딸 안나가 태어나고 이후 고단한 피난살이가 시작된다. 배고픔과 추위, 성폭행 등 갖은 고초를 겪으면서도 레네는 의연히 딸을 지켜내고 패전 후 귀향한 남편과 재회한다. 완전체가 된 가족은 하지만 서로 낯설게 느낄 뿐이고 급기야 레네는 얼굴 반쪽이 마비되는 안면 장애를 겪는다. 절망한 레네는 자살을 시도하지만 딸의 부름에 다시 돌아오는 것으로 영화는 막을 내린다.

자서전적인 요소가 강한 이 영화에서 성인 안나의 목소리 역할을 감독이 직접 담당한 것은 설득력 있고, 앞서 언급한 것처럼 애당초 여성의 목소리가 가미된다는 점에서도 의미가 있다. 문제는 어머니의 이야기임에

[그림 90] 엄마가 연합군에게 강간당하는 장면을 쳐다보는 딸. 아이는 피난 중 전쟁의 참상을 회피하지 않고 모두 지켜본다. 아이의 이 시선은 과거를 기억하고 후에 증언하고자 하는 딸 세대의 의지로 읽힌다. 전쟁의 참상과 전쟁으로 인한 여성들의 수난사를 이 아이는 기억하고 훗날 여성의 언어로 말하게 될 것이다. 출처 : 영화 <독일, 창백한 어머니>.

도 어머니 자신의 목소리가 아니라 딸이 이를 대신한다는 점이다. 여기서 어머니 세대와 구분되는 딸 세대를 말할 수 있을 것이다. "'난 침묵을 배웠어'라고 엄마는 말한다. 난 엄마한테서 말하는 것을 배웠다, 나의 모국어를."(Sanders-Brahms 1980, 112) 이 내레이션은 왜 딸이 어머니의 이야기를 대신 들려주는지 그 이유를 설명한다. 딸 세대와 달리 전통적인 여성 역할을 강요받은 어머니에게는 그 자신 이야기를 들려줄 언어가 없다. 대신 어린 딸 안나는 어머니를 둘러싼 모든 것, 전쟁의 참상과 어머니 개인의 체험을 빠짐없이 지켜본다. 그리고 이제 성인이 된 딸이 자신의 목소리로 어머니의 이야기를 들려주기 시작한다. 그것은 역사에서 그동안 소외되었던 여성의 목소리이자 객관적 역사에 기록되지 못한 여성들의 주관적 체

[그림 91] 두 주인공이 파티에서 처음 만나는 장면. 뒤로 나치의 휘장이 보인다. 야만의 시대에 두 사람의 로맨스가 앞으로 순탄하지 않을 것임을 암시한다. 전쟁은 두 사람을 갈라놓을 뿐만 아니라 성격마저 바꿔놓기 때문이다. 출처 : 영화 <독일, 창백한 어머니>.

험에 관한 것이다. 영화는 브레히트의 시를 전제로 하되 – 말했듯, 영화는
감독의 시 낭송으로 시작된다. – 추상화된 어머니가 아니라, 독일 땅에서
살아 숨 쉰 실제 어머니들의 서사를 어머니와 딸의 관점에서 쓰고자 한다.

전쟁과 어머니, 객관적인 사건과 주관적 체험을 접목시키기 위해 영화
는 두 개의 서로 상이한 양식을 차용한다. 우선 눈에 띄는 것은 멜로드라마
적인 요소이다. 영화는 물론 어머니의 삶에 관한 것이지만 딸 안나가 자신
의 뿌리를 찾아가는 이야기이기도 하다. 그 기원은 부모의 만남으로 거슬
러 간다. 청년 한스가 친구와 호수에서 보트 놀이를 하던 중 우연히 레네를
보고 사랑에 빠진다. 파티에서의 첫 만남, 수줍은 프러포즈, 짧지만 행복한
신혼생활, 전쟁으로 인한 이별과 애타는 재회 등 여느 멜로드라마와 다르
지 않은 서사적 요소들을 갖추고 있다. 특히 남편을 애타게 그리워하며
외로운 시간을 보내는 아내, 동료들의 조롱에도 아내만을 찾는 전장의
남편, 애처로운 짧은 만남은 현실의 난관을 극복하는 사랑 이야기처럼
보인다. 남녀의 이 평범한 로맨스가 평범한 이야기로 그칠 수 없는 것은
시대적 배경에 기인한다. 때는 바야흐로 나치 시대, 한스와 레네의 로맨스
에도 나치의 그림자가 짙게 드리운다. 한스가 레네를 처음 발견하는 장면
을 보면, 나치당원의 개가 레네를 위협한다. 야만의 시대에 이들의 사랑이
순탄치 않을 것임을 알리는 장면이라 할 수 있다. 첫 만남이 이루어진
파티에는 나치를 상징하는 휘장이 인물들을 압도하며(그림 91 참조), 레네가
여동생에게 남자친구 얘기를 할 때 집 밖에서는 유대인 여성을 향한 폭력
이 횡행한다. 시대의 변화에 적극 동조하지는 않지만 무심하고 무비판적
인 이 젊은 남녀의 만남과 결혼은 일사천리로 진행된다. 영화의 관심은

나치즘과 전쟁이 이 평범한 남녀에게, 특히 여성 레네에게 어떤 영향을 미쳤느냐이기 때문이다. 이 결혼이 평탄하지 않을 것임을 영화는 곳곳에서 신호한다. 가령 웨딩드레스를 입고 신혼집으로 온 레네가 새 커튼에 박혀있던 바늘에 손가락이 찔려 피를 흘리는 장면을 들 수 있다. 결정적인 것은 전쟁 발발과 남편의 징집이 될 것이다. 나치 당원이 아니었던 한스는 바로 그런 이유로 폴란드 침공에 먼저 투입된다. 징집 통지서를 받던 날 레네가 차 쟁반을 떨어뜨려 잔이 부서지고 엉망진창이 된다. 이렇듯 영화는 한스와 레네의 사랑 이야기로 시작하지만 당시 사회상을 반영함으로써 그 사랑이 감상적인 이야기로 끝나지 않을 것임을 계속 신호한다.

[그림 92] 영화는 중간중간 다큐멘터리를 삽입하여 레네의 개인사와 전쟁사를 연관 짓는다. 주로 폭격과 폐허 등 전쟁의 참상을 담은 다큐멘터리들이 인용된다. 심지어 다큐멘터리 속 소년과 레네가 대화를 나누는 장면을 연출하기도 한다. 이로써 허구와 실재가 이음새 없이 연결된다. 출처 : 영화 <독일, 창백한 어머니>.

전쟁 발발과 더불어 감독은 다큐멘터리 요소를 적극 활용한다. 우선 음향상으로 적재적소에서 들려오는 라디오 소리가 있다. 히틀러를 비롯한 당시 선동가의 연설 음향이 라디오에서 흘러나오는데 심지어 인물들의 말소리를 압도할 지경이다.[13] 음향뿐 아니라 잔더스-브람스는 전쟁 중의 폭격 상황과 종전 후의 폐허 장면을 다큐멘터리로 삽입한다. 심지어 다큐멘터리 영상 속 소년과 영화의 인물이 대화를 나누는 것처럼 처리하여 허구와 실재가 이음새 없이 연결되기도 한다. 멜로드라마와 다큐멘터리 형식이 이렇듯 공존함으로써 갖는 효과는 무엇일까. 우선, 한스와 레네의 지극히 사적인 사랑 이야기가 개인적인 멜로드라마로 머물지 않고 객관적 사건과 관계를 맺으며 정치적 의미를 띠게 한다. 또, 멜로드라마가 현실의 난관에 봉착한 로맨스로 관객의 감정이입을 유도한다면, 다큐멘터리적인 요소는 전개되는 사건을 객관화함으로써 관객들로 하여금 거리 두기를 가능하게 한다. 일종의 낯설게 하기 효과로 감독은 이로써 한스와 레네의 로맨스에 매몰되지 않고 보다 분석적으로 이들 관계를 바라보게 한다.

---

13 같은 독일 감독 라이너 베르너 파스빈더의 <마리아 브라운의 결혼>에서도 비슷한 장면을 볼 수 있다. 전후 독일 상황을 보여주기 위해 파스빈더는 전쟁 사망자의 명단이나 주요 정치가의 연설을 삽입하는데 인물들의 대화가 들리지 않을 정도로 그 소리가 크다.

˚외부의 전쟁 : 독일, 어머니의 몸

이 영화가 갖는 정치적 의미는 우선 독일의 과거청산 문제가 될 것이다. 독일 현대문화에서 나치즘은 '과거극복'이나 '과거청산'이라는 용어가 따로 있을 정도로 주요한 테마이다. 잔더스-브람스는 '아버지의 영화는 죽었다'고 선언하며 전통과 단절하고 할리우드 영화와도 차별화하여 비판적인 시각에서 독일 역사와 사회문제를 다루고자 했던 뉴저먼 시네마 그룹에 속한다. 나치즘은 이 뉴저먼 시네마가 가장 빈번하게 다룬 주제 중 하나이고 <독일, 창백한 어머니>도 예외는 아니다. 영화에서 잔더스-브람스는 나치 시대를 살았던 다양한 인물 유형을 탐구한다. 우선은 적극적으로 나치에 동조한 부류가 있다. 대표적인 것이 한스의 친구 울리히와 고위당 간부인 베르트란트가 있다. 한스와 달리 울리히는 적극적으로 나치당에 가입하고 자신의 알량한 권력을 휘두른다. 그는 남편을 면회 가는 레네에게 허가서를 발급해주며 뇌물을 요구하는 치졸한 모습을 보인다. 고위 간부 베르트란트는 전쟁 중에도 호의호식하는 재주를 부리다 나치가 패망하자 재빠르게 변신한다. 종전 후 서독 사회에서 과거사 청산을 제대로 하지 않았음은 이들이 공직에 기용되거나 기회주의자로 살아남는 데에서 확인할 수 있다. 당원 신분을 특혜 삼아 참전하지 않았던 울리히는 종전 후 한스보다 더 빨리 승진한다. 베르트란트는 자신의 과거를 덮고 전후 사회에서는 목회자로 변신하여 여전히 호의호식한다. 과거에 대한 반성이라곤 찾아볼 수 없는 베르트란트와 식사하는 자리에서 어린 안나가 배설한 장면은 미진한 과거청산에 대한 감독의 신랄한 조롱과 비판으로 읽힌다.

그렇다고 한스와 레네가 무죄인 것은 아니다. 레네는 나치당원이 아니라는 이유로 한스를 받아들이고, 한스의 참전도 본인의 의사에 반한 것이었다. 하지만 무지도 죄가 되고 무비판적인 태도에도 책임을 물을 수 있을 것이다. 한스는 레네의 순수 혈통을 재차 확인하고, 별 표식을 달지 않은 유대인 이웃에 대해 불만을 표시한다. 레네는, 앞서 언급한 대로, 유대인에 대한 폭력에 무심한 반응을 보이는가 하면 수를 놓는 데 필요한 털실을 약탈당한 유대인 가게에서 조달하면서도 문제의식이라곤 찾아볼 수 없다(그림 93 참조). 남편을 위한 사랑의 옷에 약탈의 물자가 사용된 것은 상징적인 대목이다. 이 사랑이 결코 아름답지 않으며 그것이 시대의 문제만은 아님을 감독은 부모세대를 향해 항변하고 있다.

그런데 열렬한 나치 당원도 아니고, 정치의식도 부재하지만 독일 여성 레네는 독일 국가와 관련을 맺는다. 그녀의 정체성은 순수한 혈통의 독일 여성이라는 데 있다. 한스가 레네를 처음 보았을 때 그녀의 검은색 머리를 의아해하자 친구 울리히가 "독일 여성이야. 진짜 독일 여성이라고.", "순수 아리안 혈통이지."(Sanders-Brahms 1980, 28)라며 안심시킨다. 이렇듯 레네는 무엇보다 육체성으로 그 정체성을 확인받는다. 시간이 흘러 레네가 남편을 면회하러 기차를 타고 갈 때도 독일군들은 담배를 피우지 않는 그녀를 진짜 독일 여성으로 재차 확인해 준다. "독일 여성이라면 당연히 담배를 안 피우지."(Sanders-Brahms 1980, 50)

레네가 독일 국가에 비유되는 것은 그녀의 출산 장면에서 보다 잘 드러난다. 영화에서 분만의 고통은 연합군에 의한 비행기 폭격 장면과 여러 차례 교차된다. 이로써 어머니의 몸과 국가는 등가의 가치를 가지며, 어머

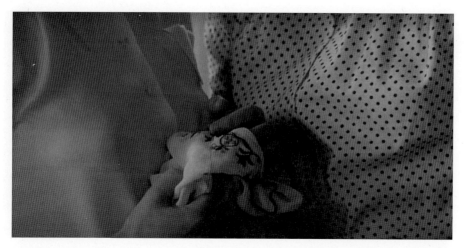

[그림 93] 남편의 징집 후 레네는 안타까운 마음으로 재회의 날을 기다리며 옷에 한땀 한땀 수를 놓는다. 마침 떨어진 실은 약탈당한 유대인 가게에서 조달된다. 약탈로 수놓아진 옷을 입고 남편을 재회한 것은 이들의 사랑이 정치적 올바름과는 거리가 있음을 보여준다. 출처 : 영화 <독일, 창백한 어머니>.

니는 조국을 의인화한다. "출산은 일종의 전투이다."(로즈 2020, 69) 산모의 고통을 전사의 피와 비교하는 것은 고대문학에서부터 드물지 않게 나타나지만, 폭격으로 파괴되는 도시와 출산의 고통을 교차시킴으로써 영화는 전쟁과 출산을 죽음과 삶으로 대비시킨다. 패전 후 독일이 연합군에 의해 점령당한 상황은 어머니 레네의 몸이 연합군에 의해 유린되는 것으로 나타난다. 전쟁의 희생자로 비칠 수 있는 이런 설정은 자칫 전범 국가 독일의 책임을 희석화 하는 것으로 영화에 대한 비판을 야기할 수 있다. 종전 후 레네의 반쪽 난 얼굴에서도 어머니를 통한 독일의 의인화를 확인할 수 있다. 안면 장애로 인해 반쪽을 가린 레네의 얼굴은 "분단된 독일에 대한 우의적인 풍자"(Wagner-Egelhaaf 2006, 243)로 해석되기도 한다.

[그림 94] 전쟁 중 출산하는 레네의 모습. 감독은 출산 장면과 베를린 폭파 장면을 번갈아 보여준다. 이로써 남성적 죽음과 여성적 삶이 교차한다. 이어지는 장면에서 출산의 고통 뒤 평온해진 레네의 얼굴이 보이고 출산을 축하하며 '하일 히틀러'라고 하는 산파의 목소리가 들린다. 새 생명은 우선 죽음의 시대를 견뎌내야 할 것이다. 출처 : 영화 <독일, 창백한 어머니>.

    이렇듯 레네의 몸은 나치즘에서 분단에 이르기까지 독일의 역사를 아로 새긴다. 레네는 나치의 이데올로기인 순수 혈통 독일 여성(순결한 처녀)이라는 데에서 정체성을 찾고, 어머니 레네의 출산은 전투와 동일시되며, 폐허가 된 독일 땅은 어머니의 더럽혀진 몸으로, 분단의 고통은 일그러진 반쪽 얼굴로 표현된다. 그런데 이렇듯 어머니 레네를 독일 땅, 독일 국가와 동일 시하는 것은 어머니 개인의 서사를 추상화하고 억압할 수 있다. 사실 영화의 의도는 다른 데 있다. 역사적 사건 속으로 녹아 들어간 어머니 개인의 체험을 들여다봄으로써 어머니 개인의 서사를 복원하는 것이다. 여기서 성차 문제는 영화의 주요한 주제로 부상한다.

° 내부의 전쟁 : 세 명의 '레네'

　제2차 세계대전을 배경으로 한 영화는 부지기수로 많지만 이 영화의 특이점은 여성의 시각에서, 그것도 어머니의 시선으로 전쟁을 바라본다는 점이다. 전쟁은 여성들에게 남성 부재의 시간을 가져오고 어머니에게는 자식을 홀로 책임지고 보호해야 하는 절체절명의 임무를 부여한다. 영화에서 레네의 삶은 크게 세 단계로 구분될 수 있다. 우선은 결혼 전후의 레네, 곧 여성으로서의 레네가 있다. 아름다운 용모에 조신한 성격, 순결한 아가씨인 레네는 말수가 적고 순종적으로 보인다. 레네의 첫 등장을 보면 보트를 탄 한스와 울리히가 외모며 혈통이며 레네를 평가한다. 한스가 레네를 처음으로 마음에 두는 장면이기도 하지만 선택하는 남성의 능동성과 선택받는 여성의 수동성이라는 전통적인 젠더 관계가 처음부터 재현된다. 이 레네는 남편에게 예쁘게 보이기 위해 수를 놓고 남편을 만나기 위해서라면 머나먼 길도 마다 않고 한걸음에 달려간다. 이에 대해 한스 또한 순수한 사랑으로 답한다. 전쟁 중 군인들의 '사기 진작'을 위해 배포된 콘돔을 사용하는 대신 그것으로 '사랑Liebe'이라고 쓰며 아내를 그리워한다(그림 95 참조). 포화 속에서 피어난 이 사랑은 하지만 점차 변질된다. 한스는 레네의 순결을 의심하며 그녀에게 폭력적인 모습을 보인다. 전쟁 초기에는, 아내와 닮은 폴란드 여인을 차마 죽이지 못하고 울음을 터뜨리며 인간적인 면모를 보이기도 하지만, 전쟁의 논리는 그의 성격마저 달라지게 한다. 귀향한 한스는 무기력함은 물론 그로 인한 폭력성, 가부장적인 권위의식을 노골적으로 드러낸다.

[그림 95] 한스는 전쟁 중 배급받은 콘돔을 사용하는 대신 'Liebe 사랑'이라 새겨 동료들로부터 조롱을 받는다. 순수한 한스는 전쟁을 겪으며 냉혹한 군인으로 변해간다. 출처 : 영화 <독일, 창백한 어머니>.

레네의 두 번째 모습은 어머니로서의 삶이다. 젖먹이 딸을 데리고 피난 살이를 하는 레네는 의연하고 강인한 어머니이다. 거처를 마련하기 위해 폼머른에서 베를린으로, 다시 베를린에서 시골로 추위와 배고픔 속에서도 딸을 데리고 걸어간다. 여성에서 어머니로의 변신은 그녀의 외양에서도 잘 드러난다. 우아한 옷에 굽 높은 신발을 신었던 레네가 이제는 두꺼운 방한화에 몇 겹의 옷을 걸치고 아이를 목마 태운 채 뚜벅뚜벅 걸어간다. 폭파한 집에서 은수저를 챙겨 끝까지 지켜내는 집념도 보이고 시체에서 따뜻한 옷가지도 챙긴다. 먼 친척 집을 찾아 거처를 부탁하고, 시골 마을에서 허드렛일도 마다하지 않으며 강인한 생활력을 보인다. 말없이 남편만을 바라보던 레네가 진취적이고 독립심 강한 여성으로 탈바꿈한 것이다. 이렇듯 레네는 "전쟁이 야기한 고난을 겪으면서 어떤 해방감"(Cook 1991,

[그림 96] 전쟁 중 휴가 나온 남편과 세 가족은 모처럼 즐거운 시간을 보낸다. 어린 딸을 안은 레네는 행복한 어머니이자 강인한 여성이다. 이런 변화에 남편 한스는 아내를 낯설어한다. 출처 : 영화 <독일, 창백한 어머니>.

116)을 맛본다. 이런 레네의 모습에 한스는 낯설어 한다. "당신 완전히 딴사람이 되었어"(Sanders-Brahms 1980, 67). 레네의 이런 변화는 출산으로부터 시작된다. 출산은 비행기 폭격 장면과 교차되는데(그림 94 참조), 이로써 죽음과 파멸로 치닫는 남성의 전쟁과 이에 대한 대안으로 재생과 생명을 가져오는 여성의 삶이 대조를 이룬다. 레네가 낳은 아이가 남편이 원하는 사내아이가 아니라 딸이라는 점도 의미심장하다. 이로써 영화는 여성의 목소리와 여성 간 연대를 주요 주제로 부각시킨다. 전쟁 통 모녀의 피난살이는 그 비참함보다는 담담한 사건으로 서술되고 모녀 관계는 그 어느 때보다 견고하고 돈독해 보인다. 자신의 어머니에 대한 이야기임에도 불구하고 감독이 감상이나 연민에 빠지지 않은 것은 이 영화의 미덕이기도 하다. 남편 없이 홀로 딸을 지켜내야 하는 어머니 레네는 그 어느 때보다

주체적이다. "역경이 더할수록 그녀는 더 힘이 나고 독립심이 커졌다"(Sanders-Brahms 1980, 71). 고된 피난 길을 뒤로 하고 레네가 행복에 겨운 모습으로 아가와 목욕하고 춤추는 광경은(그림 96 참조) 죽음의 전쟁을 초월한 모성의 유토피아처럼 보인다. 세상 밖은 죽음의 광기로 치닫지만, 모성은 생명, 삶, 활기를 가리키며 세상과 단절된다. 이로써 영화가 모성을 신비화한다는 비판이 가능해진다. 모녀의 이야기가 "폭격과 전쟁의 모든 공포로부터 벗어난, 매우 행복한 공생의 이야기"(Fehervary; Lenssen; Mayne 1982, 176)로 현실로부터 멀어질 수 있기 때문이다. 그런 한에서 레네의 해방이라는 것도 금방 한계가 드러난다. 세이터의 지적처럼, 집의 영역을 벗어나 레네가 세상 밖으로 나오지만 "영웅적인 전임 양육자"(Seiter 1986, 571)로서만 기능할 뿐, 여전히 사회정치적 문맥으로부터는 벗어나 있다.

결국, 모성이 역사적 순간과 조응하지만 그것과 제대로 대결하는 통로가 되지는 못한다. 물론 영화에서 어머니 레네의 사회참여가 전혀 없는 것은 아니다. 레네가 그녀의 여동생과 함께 딸을 데리고 잔해더미에서 다시 집을 쌓아 올리는 장면이 그 한 예이다(그림 97 참조). 전쟁으로 인해 남성 부재의 사회를 살아가는 여성은 이 시기 독일에서 전형적인 모습이 었는데, 실제로 종전 후 독일이 빠르게 복구되는 데 여성의 노동력은 십분 활용되었다. 이렇듯 영화는 전쟁을 겪어내는 어머니를 시대의 희생자만 아니라 주체적인 여성으로 그리기도 하지만, 이후 남편의 등장으로 레네의 집이 곧 남편의 집으로 화함으로써 그녀의 노동은 '온전한' 가정을 위한 터전 마련으로 축소된다.

[그림 97] 전후 폐허를 복구하는 레네와 여동생. 패전국가로서 피해가 막대했던 만큼 폐허 장면은 전후 독일 사회를 특징짓는다. 관련하여 '폐허 문학', '폐허 영화'라는 세부 장르가 생겨났는데, 이 영화도 일종의 '폐허 영화'라 할 수 있다. 감독은 여성들이 폐허 현장을 복구하는 다큐멘터리를 삽입하여 그 당시 여성 노동력의 기여를 상기시킨다. 레네와 여성들이 즐겁게 작업하는 가운데 내일의 희망이 엿보인다. 출처 : 영화 <독일, 창백한 어머니>.

앞서 지적한 대로 레네가 독일 땅을 의인화하는 한에서 레네에 대한 강간은 패전국이 된 조국의 처지를 말한다. "승자의 권리지. 그들은 모든 걸 차지해, 여자들도."(Sanders-Brahms 1980, 96). 남성들에 의해 주도되는 전쟁에 여성들이 전리품으로 희생되는 양상은 오늘날까지도 현실에서 자행되는 일이고 전쟁 영화에서도 흔히 볼 수 있는 장면이다. 그런데 <독일, 창백한 어머니>에서는 강간 장면 전후에 독일 민담이 삽입되면서 그 의미가 대폭 확장된다.

민담 '강도 신랑'은 레네가 피난길에 딸에게 들려주는 이야기이다. 그 내용을 보면, 아버지의 뜻에 따라 어린 딸은 외지인 남자의 신부가 된다.

[그림 98] 레네가 딸에게 강도 신랑 이야기를 들려주는 장면. 동화의 내용처럼 어머니와 딸이 실제로 숲을 지나 위험한 폐허 속으로 들어가고 그 끝에서 레네는 성폭행을 당한다. 출처 : 영화 <독일, 창백한 어머니>.

어린 신부가 숲속 그의 집을 찾아갔을 때 마침 혼자 있던 노파가 위험을 알리며 숨으라고 한다. 집으로 돌아온 강도들은 잡아 온 또 다른 여성을 갈기갈기 찢어 죽이는데 그러다 손가락이 어린 신부 앞에 떨어진다. 노파의 기지로 신부는 위기를 모면하고 후에 노파와 함께 강도의 집을 탈출한다. 신부가 뿌려놓은 씨앗이 길을 안내해서 무사히 도망칠 수 있었다. 이후 결혼식 날 강도가 오고, 모든 손님들이 돌아가며 이야기를 하나씩 들려준다. 마지막 순서가 된 신부가 자신이 강도의 집에서 본 것을 지어낸 얘기라며 들려주고 그 증거로 절단된 손가락을 이야기 끝에 내놓는다. 놀란 강도가 도망가지만 사람들에 의해 잡혀 오고 이야기는 해피엔딩으로 끝난다. 감독은 화자로서의 어머니와 청자로서의 딸을 롱 테이크로 잡아주며 민담 전체를 영화에 삽입한다. 적지 않은 분량으로 편집을 고려했지만 통으로 삽입하는 것이 의미가 있다는 결론에 도달했다고 한다.

어머니가 아이에게 동화를 들려주는 것은 일상적인 행위일 수 있으나 숲을 지나 긴 피난길에 오른 모녀는 서로 도움을 주고받는 민담 속 어린 신부와 노파를 연상시킨다 – 노파가 어린 신부의 목숨을 구해 주지만 신부 또한 숲에서 빠져나올 길을 가르쳐주면서 잡혀 있던 노파를 구해준다. 또 이야기가 끝날 즈음 레네가 술 취한 점령군에 의해 겁탈당하는데, 이 또한 민담 속 희생자로서의 여성과 궤를 같이 한다. 그리하여 이 민담은 "영화의 역사적 내용과 (...) 여성 경험의 진술 사이를 잇는 연결고리"(Cook 1991, 113)가 된다. 곧 민담을 인용하여 여성에 대한 잔혹사를 들려줌으로써 감독은 레네의 고난이 비단 전쟁 상황에서만 아니라 가부장적인 사회 일반에 해당 될 수 있음을 보여준다. 바로 해당 민담이 단순히 어린 신부의 모험이 아니라 성차를 반영한 이야기로 읽힐 수 있기 때문이다. 어린 딸의 의사와 상관없이 아버지와 강도 사이에서 결정된 결혼, 강도의 집에서 노역하는 노파, 잡혀 온 여성, 찢겨진 여성의 몸은 타자화된 여성의 수난사에 다름 아니다. 신부가 결혼식 날 맨 마지막에야 발언 기회를 얻는다는 것, 그것도 허구임을 가정해서야 진실을 말할 수 있다는 것 또한 침묵을 강요받는 여성의 자리를 가리킨다. 이 민담이 끝날 즈음 레네가 강간을 당한 것은 매우 의미심장하다. 이로써 그녀에게 가해진 폭력은 전쟁이라는 특수한 상황에만 국한된 것이 아니라 여성 일반의 자리와 관련된다. 딸에게 이야기를 들려주고 그 딸이 어머니에게 가해진 폭력을 목도함으로써[14] 허구가 현실이 된다. 딸의 언어로 증언하고 자각하지 않는다면 그 딸에게도 여성의 수난사는 계속되리라. 어린 딸은 전쟁의 참상도 – 부패한

[그림 99] 레네 역을 맡은 아베 마티스는 폴란드 여성과 프랑스 여성으로 1인 3역을 한다. 사진은 총살 직전의 폴란드 여성. 감독은 의도적으로 같은 배우를 기용하여 전쟁의 비인간성을 강조한다. 살해당한 그들은 곧 나의 가족이고 이웃일 수 있다. 출처 : 영화 <독일, 창백한 어머니>.

주검도 아이는 보고자 한다 -, 어머니의 몸에 가해진 폭력도 빠짐없이 지켜본다. 그리고 이제 성인이 된 딸은 내레이터가 되어 자신의 언어로 어머니의 삶을 재구성한다. 이 민담이 가리키는 여성 일반의 자리는 세 번째 레네에게서 현실화된다.

세 번째 레네는 종전 후 남편이 귀가하고 '정상적인' 가정이 재구성되면서 가시화된다. "전쟁이 끝나고 바깥에서는 평화가 찾아 왔지만 우리 집에서는 전쟁이 시작되었다"(Sanders-Brahms 1980, 113). 남편의 귀향은 가부장

---

14   어머니가 강간당하는 장면을 딸이 목도하는 것은 매우 끔찍한 일이다. 영화는 성폭행 장면을 보여주는 대신, 이를 지켜보는 무표정한 얼굴의 안나를 클로즈업한다. 여기서 딸은 여성의 수난사를 증언할 또 하나의 여성이다.

의 부활을 의미한다. 멜로드라마로 시작되었던 두 사람의 로맨스는 상호 간 낯설음으로 바뀐다. 남편이 돌아온 날 두 사람은 사랑을 나누려 하지만 실패한다. 이전에는 로맨티스트이기도 했던 한스는 이제 엄격하고 경직된 아버지/남편으로 바뀌어 있다. 똑바로 글씨를 쓰도록 아이를 훈육하고, 자신의 권위가 위협받으면 체벌을 가한다. 한스로 말하자면 - 이 영화에 대한 비판이 가능해지는 지점이기도 한데 - 한편 전쟁의 피해자이기도 하다. 전쟁 초반 저항세력의 여성들에게 차마 총을 겨누지 못하고 모두 자기 아내 같다고 울먹였던 한스이지만 시간이 지남에 따라 냉혹한 군인 으로 바뀐다. 실제로 영화에서는 한스가 죽이는 두 여자를 레네 역의 에바 마테스가 1인 3역으로 연기한다(그림 99 참조). 한 명은 폴란드 여성으로 한스가 총질을 거부하지만, 이후 프랑스 레지스탕스 여성을 총살할 때는 한스가 총소리의 익명성으로 대체된다. 이제 냉혹한 남성 한스는 가정의 질서 위에 군림하며 출세에만 신경을 쓴다. "내가 원한 건 사랑이야"라고 레네가 외치지만 남편의 태도는 냉랭하기만 하다. 한스의 집은 전쟁 전 상태로 돌아가 말끔한 가정으로 꾸며져 있다. 그 집에서 레네는 어머니이 자 아내 역할을 수행한다. 첫 번째 레네와 세 번째 레네는 서로 연결되어 있다. 달라진 것은 전쟁 통에 살아남으면서 레네의 자의식이 이전과 같지 않다는 것이다. 아이러니하게도 외부의 전쟁에서 그녀가 해방감을 느꼈다 면, 내부의 전쟁에서는 남편이 이 가정과 그녀를 다시 지배한다. 남편의 회귀로 '온전한' 가정이 만들어지지만 남편은 패전 군인이면서도 가정에 서는 점령군으로 군림한다. "당신, 당신이 모든 걸 뺏어갔어. 당신 날 죽일 거야, 날 숨 막히게 하고 때릴 거라고!"(Sanders-Brahms 1980, 88). 남성 부재의 상황이 여성의 해방을 가져온 데 반해, 남성의 회귀가 다시 여성의 종속을 결과한 것이다. 내적으로 주체성과 독립심을 키워온 레네에게 이 모순된 상황은 신체적인 왜곡으로 나타난다. 안면 마비로 인해 그녀는 한쪽 얼굴을 베일로 가리는 신세가 된다(그림 100 참조). 그 과정을 보면, 의사는 이를 모두 뽑지 않으면 생명이 위험하다고 하고 남편은 아내의 의사를 묻지도 않고 이를 다 뽑으라고 주문한다. 레네의 의사와 무관한 이 발치 행위는 여성에게 언어를 탈취하고 침묵을 강요하는 상징적 행위라 할 수 있다. 이는 민담 속의 여성처럼 찢기고 토막 난 여성의 신체이기도 하다. 결국 민담이 허구가 아니라 현실이 된 셈인데, 차이점이라면 민담에서는 신부가 강도를 잡고 해피엔딩으로 끝나지만 영화에서는 결론을 내리지 않는다. 절망한 레네가 자살 시도를 할 때 그녀를 다시 불러들인 것은 엄마를 부르는 딸의 목소리이다. 영화는 모녀가 의미심장하게 서로를 바라보는 것으로 끝난다. 레네가 이후 어떤 삶을 살았을지, 딸 안나는 엄마와 다른 삶을 살게 될지 결말은 열려있다.

레네와 안나, 모녀는 앞서 살펴본 것처럼 강한 연대감을 가지며 전쟁에서 살아남았다. 이 시기 모녀 관계가 전오이디푸스 단계의 공생관계로 이상화되었다면 아버지의 등장은 오이디푸스 단계로 접어듦을 말한다. 이어 모녀 관계도 적대적으로 바뀐다. 아버지의 뜻에 따라 반복되는 글씨 연습이 보여주듯 딸은 이제 아버지의 훈육에 길들여지는 존재이고, 어머니는 딸이 가져온 수프를 딸의 얼굴에 끼얹는다. 이는 "가부장적 태도 때문에 (…) 원하지 않는 모든 죄의식, 분노, 수치심, 힘, 자유를 '다른' 여성에게 투사"(리치 2018, 290)하는 행위로 해석될 수 있다. 아버지를 중심으로

[그림 100] 안면 장애가 와 강제 발치 당한 후 레네는 얼굴 한쪽을 가리고 산다. 전쟁 중 주체적으로 살아가던 강인한 여성의 모습은 더 이상 찾아볼 수 없다. 어머니에게는 이제 반쪽 인생만 허용되는 것처럼 보인다. 출처 : 영화 <독일, 창백한 어머니>.

한 질서하에서 어머니는 열등한 존재로 간주되고 이로 인해 딸은 어머니로부터 분리된다는 정신분석학적인 구도가 여기서도 만들어지는 셈이다. 아이를 가짐으로써 어머니는 힘을 획득하는 것처럼 보였지만 아버지의 등장으로 아이와 힘은 양도된다. 하지만 감독은 한편 희망적인 시각으로 모녀 관계를 열어둔다. 딸은 죽으려는 어머니를 구하고 어머니는 딸로 인해 죽음을 포기한다. 무엇보다 영화를 주도하는 내레이터의 시각은 딸의 것으로 어머니의 삶을 기록하고 있지 않은가. 영화는 외적 전쟁은 끝났지만 이렇듯 성차에 의한 내적 전쟁은 여전히 계속되고 있음을 암시하며 끝난다.

2) <굿바이 레닌!> : 독일 통일 속 어머니

°동독, 창백한 어머니

가족영화이기도 한 <굿바이 레닌!>의 화자는 아들 알렉스이고 시간적 배경은 1989년 독일 통일 전후이다. 당원이 아니라는 이유로 차별을 받던 아버지가 서독으로 넘어간 후 어머니는 동독에 남아 열혈 당원 사회주의자로 살아간다. 하지만 이후 독일 역사가 말해주듯 동독은 회생불능 상태의 국가가 되고, 1989년 건국 40주년을 맞이하여 군의 열병식이 요란하지만 자유화를 외치는 시위대의 목소리도 그만큼 커진다. 시위대에 대한 경찰의 무력 진압과 끌려가는 아들의 모습에 충격을 받은 어머니가 쓰러져 코마 상태에 빠진다. 그 사이 누구도 예상치 못한 빠른 속도로 통일이 이루어져 동독은 서독에 흡수 통합된다. 영화의 서사는 8개월 후, 곧 통일 직후 어머니가 코마에서 깨어나면서부터 본격적으로 시작된다. 의사는 어머니가 완쾌된 것이 아니어서 충격을 받으면 다시 심장발작을 일으킬 수 있다고 경고한다. 사라진 국가 동독으로 인해 어머니가 받을 충격을 걱정한 아들은 거짓 세상을 꾸며 동독의 몰락을 감춘다. 동독의 물자를 구해오고 가짜 뉴스를 보도한다. 그러던 중 병석의 어머니가 혼자 걸어 나와 레닌 동상이 끌어져 내리는 광경을 목격한다. 이후 위독해진 어머니는 아버지에 대한 비밀을 고백하여 가족의 화해를 중재하고 숨을 거둔다. 우주비행사가 꿈이었던 알렉스는 어머니를 화장하여 우주로 쏴 올리며 어머니를 추모한다.

<독일, 창백한 어머니>와 같이 이 영화에서도 어머니는 국가를 의인화한다. 신념에 찬 사회주의자에서 코마 상태를 거쳐 결국 죽음을 맞이하는 행로 자체가 동독사를 함축하고 있을 뿐 아니라 어머니의 병과 죽음은 동독의 위기와 해체, 서독과의 통합 등 역사적 사건과 병렬적으로 서술된다. 이를 위해 영화는 장벽 붕괴와 통일 과정에 관한 다큐멘터리 영상을 적극적으로 활용한다. 그리하여 상상에 기초한 황당한 코미디는 역사적 문맥 속으로 들어오고 그 의미가 확장된다. 이 영화에서 어머니는 동독 그 자체라 해도 과언이 아니다. 그 과정을 보면, 우선 부모의 헤어짐은 독일의 분단을 말한다. 그리하여 패망한 동독 사회주의는 어머니로, 서독 자본주의는 아버지로 상징된다. 감독은 이 가족사가 전후 독일의 분단 및 통일 과정과 맞물리게 함으로써 <독일, 창백한 어머니>에서처럼 사적 이야기를 정치화한다. 주인공 알렉스는 동독에서 자랐지만 통일 독일 사회에 적응해 살아가는 아들 세대를 대변한다. 그는 어머니(혹은 동독)를 사랑하지만 어머니(혹은 동독)와 이별하고, 서방 진영으로 탈출한 아버지(혹은 서독)와 화해한다. 이는 서독에 의한 동독의 흡수 통합 과정을 비유한다. 아버지가 탈출한 후 어머니는 우울증에 걸릴 정도로 힘들어 하지만 곧 신념에 찬 사회주의자로 변모하여 누구보다 모범적인 동독 시민이 된다. 사회주의 조국과 결혼한 어머니는 이상적 사회주의를 신봉한다. 어머니의 부활은 동독의 약진과 궤를 같이 한다. 바로 동구권 국가들 중 한 때 경제 강국에 속했던 동독의 위상을 말해준다. 영화는 이 전사(前史)들을 함축적으로 보여주고 주된 플롯은 1989년 상황에 집중되어 있다. 시위대를 향한 무력진압을 보고 쓰러져 코마에 빠진 어머니는(그림 101 참조) 회생불능 상

태에 놓인 동독의 말기 상황에 다름 아니다. 가족사로 보면 시위에 참여한 아들을 본 충격이지만, 그보다 어머니가 목도한 것은 현실 사회주의의 실상이다. 시위대를 무력으로 진압하는 경찰의 폭력은 어머니가 믿었던 이상적 사회주의와는 거리가 멀었기 때문이다. 이렇듯 어머니의 몸은 "실제 존재하는 사회주의와 그 중심에 있는 유토피아적 충동 사이에서 일어나는 모순의 장"(Creech 2009, 100)으로 체현된다. 8개월간의 코마 상태란 동독의 시스템이 더 이상 작동하지 않고 장벽이 붕괴되며 급속도로 통일되는 과정을 비유한다. 여기까지 영화는 실제 독일 역사에서 벌어진 사건을 어머니를 통해 체현한다.

[그림 101] 건국 행사에 참여하기 위해 화려하게 차려입은 어머니가 쓰러져 있다. 뒤로 시위대와 경찰들 무리가 보인다. 어머니는 아들이 끌려가는 모습을 보기 전에 이미 경찰이 폭력적으로 동독 시민을 진압하는 모습을 보고 경악한다. 그녀가 받은 충격은 개인적인 동시에 사회적인 성격을 띤다. 출처 : 영화 <굿바이 레닌!>.

사실 영화가 더 공을 들이는 부분은 어머니가 의식을 회복하면서이다. '어머니=동독'이라는 공식으로 보면, 통일 후의 어머니는 회생불능이고 죽은 자에 다름 아닐 것이다. 그런데 영화는 어머니를 다시 소환하고 아들의 효심을 내세워 일종의 블랙코미디 형식으로 어머니를 속이는 기발한 상황을 연출한다. 어머니가 먹고 싶다는 동독 상표의 피클을 구하지 못하자 빈 병을 찾아 쓰레기통을 뒤지는가 하면(그림 102 참조), 우연히 코카콜라 광고를 본 어머니를 속이기 위해 거짓 뉴스 제작도 마다하지 않는다 - 뉴스는 코카콜라가 본래 동독의 발명품이라는 터무니없는 결론에 도달한다(그림 103 참조). 매수된 아이들이 동독 시절의 노래를 어머니 앞에서 부르

[그림 102] 코마에서 깨어난 어머니는 동독의 특정한 브랜드 피클을 찾는다. 하지만 동독의 슈퍼는 진열 상품 없이 텅텅 비어 있다. 남은 것은 달랑 녹아내린 냉동 닭뿐이다. 통일 후 동독의 전통 단절과 피폐해진 경제를 단적으로 보여주는 예이다. 이후 이어진 장면에서는 서독 및 국제적인 상품들로 빼곡하게 채워진 슈퍼가 나와 대조를 이룬다. 출처 : 영화 <굿바이 레닌!>.

고 이웃들도 사회주의 국가의 빛바랜 용어들을 섞어가며 연기한다. 이 거짓 세상을 뒷받침하는 한 축은 아들의 효심이고, 다른 한 축은 사회주의에 대한 어머니의 신념이다. 동독이 사라진 시점에서 아들은 통일 과정에서 배제된 어머니를 위해 더 이상 존재하지 않는 이상적 나라를 거짓으로 만들어준다.

[그림 103] 통일은 서구 자본의 물결로 휘몰아친다. 서구 자본주의는 영화에서 버거킹, 코카콜라 등 국제적인 상표와 광고로 대변된다. 코마에서 깨어난 어머니가 우연히 이 광고를 발견하게 되자, 급기야 코카콜라가 동독의 발명품이라는 거짓 뉴스를 만드는 해프닝이 벌어진다. 거짓은 거짓을 낳는다. 출처 : 영화 <굿바이 레닌!>.

°굿바이 레닌! 굿바이 엄마!

영화의 제목은 이 영화의 소재와 주제를 함축하고 있다. 영화는 공산주의 이상과 뼈아픈 현실의 아이콘인 레닌과의 결별을 통해 동독의 사회주의를 청산한다. 이때 청산은 나치 과거를 극복하는 문제와는 분명 차이가 있다. 비록 전체주의 국가로 변질하여 몰락의 길을 갔지만 동독은 한때 자본주의 체제에 대한 대안으로 이상적 국가를 꿈꿨다. 그리하여 영화에서 구동독은 비판과 극복의 대상이라기보다 어머니의 죽음과 같은 애도와 추억의 대상으로 재현된다. 영화가 만들어질 당시 독일은 통일 후 10여 년이 지나 동독에 대한 향수를 의미하는 오스탈기Ostalgie 열풍이 불고 있었다. 오스탈기는 물론 동독으로의 회귀가 아니라, 서방 자본주의 체제로 통합되는 과정에서 상실된 것을 돌아보며 통일사회를 되짚어 보는 것이 될 것이다. 그런데 영화에서 통일 과정을 몸소 겪어내는 것은 코마 상태의 어머니가 아니라 자식 세대, 곧 아들 알렉스와 딸 아리아네이다. 영화는 특히 주인공인 알렉스의 눈을 통해 통일 전과 후를 되짚어 본다.

알렉스에게 통일은 양가적이다. 자유화를 요구하며 시위에 참여한 그에게 통일은 자유와 새로운 기회를 가져다 주지만 무한경쟁의 시장경제 속에 던져진 불안감도 동반한다. 자본주의 사회에서의 속도감으로 "어떻게 보면 우리는 모두 거대한 입자가속기에 들어간 원자들 같았다."(Töteberg 2003, 93) 통일 후 서독의 자본에 의해 동독이 부정됨은 영화 곳곳에서 확인할 수 있다. 어머니를 위해 동독 상표를 찾아 재활용 쓰레기장을 서성이는 알렉스에게 이웃은 "하다하다 못해 저 놈들이 우리한테 쓰레기통이나 뒤지게 만들었어."(Töteberg 2003, 56)라고 말한다. 구동독 주민들의 경제적 소외감을 실감할 수 있는 대사이다. 동독의 대표 상품을 구하려는 소동에서 통일 과정에서의 문제점이 여실히 드러난다. 동독 상품들이 진열대에서 사라지고 다국적 자본이 시장을 잠식한다. 이케아, 코카콜라, BMW, 벤츠 등 서구의 거대 자본을 대표하는 상품들은 철거되는 레닌 동상과 대척점에 있다(그림 104 참조). 구동독 주민들에게는 실업자가 되거나 자본주의의 물결에 휩쓸리거나 양자택일의 상황뿐이다. 일자리를 잃은, 어머니의 옛 동료가 전자라면 알렉스와 누나 아리아네의 경우는 후자에 속한다. 누나는 공부를 그만 두고 버거킹에 취직하며, 알렉스는 자본주의의 선봉이라 할 수 있는 위성방송의 설치 기사로 일한다. 동독 최초의 우주비행사 지그문트 옌도 예외는 아니다. "노동계급 영웅들이 일자리를 잃었다"(Töteberg 2003, 34). 어릴 적 알렉스의 우상이었던 옌이 택시 기사가 되어 그를 아버지가 사는 서베를린의 부촌으로 데려다 주는 장면은 의미심장하다. 그가 실제 우주비행사 옌인지, 아니면 대사에 나오듯 많이 닮아서 그런 오해를 받는 것인지는 중요하지 않아 보인다. 이전 동독의 꿈과 이상이 통일사회에서 제대로 평가받지 못함을 말하는 데에는 이로써 충분하다. 감독은 이 꿈을 다시 복구하고자 한다. 그것은 알렉스의 '역사 수정'으로 나타난다.

알렉스의 역사 수정은 앞서 언급한 것처럼 코카콜라가 원래 동독의 발명품이었다는 사소한 거짓말로 시작해서 역사적 사건인 독일 통일을 뒤집어 보는 것으로 그 정점에 달한다. 현실에서의 통일을 부정하고 동독이 서독을 통합하는 방식으로 통일된다는 가상의 뉴스를 틀어주는 것이다.

[그림 104] 철거되는 레닌 동상을 어머니가 망연자실 바라보고 있다. 손을 내민 레닌이 굿바이! 라고 인사하는 듯하다. 잘려나간 몸통이 그의 몰락을 여실히 말해준다. 출처 : 영화 <굿바이 레닌!>.

여기서 다시 우주비행사 옌이 호출된다. 우주 비행은 영화의 주요한 라이트모티브이다. 영화는 동독이 우주 비행에 성공한 뉴스로 시작하고, 우주 비행사 옌은 알렉스의 영웅이다. 소년 알렉스는 우주선을 날리며 우주비행사를 꿈꾼다. 이렇듯 우주 비행이 동독의 꿈이라면, 통일 후 택시 기사로 전락한 옌은 실현되지 못한 동독의 꿈이 될 것이다. 어머니가 돌아가시고 그 유골을 우주 비행 모형에 담아 쏘아 올린 것도 같은 문맥에서 이해될 수 있다. 동독은 더 이상 존재하지 않지만 이상적 사회주의에 대한 꿈으로 추억된다. 그러므로 상상의 통일을 제안하는 이로 옌은 꽤 적합한 인물로 보인다. 이제부터 즐거운 상상이 시작된다. 상상의 뉴스에서는 호네커가 실각하고 옌에게 정권이 이양된다. 옌은 동독 이주를 희망하는 서독 시민들의 열망에 부응하여 장벽을 열어주기로 했다고 발표한다. 어머니에게 통일을 알리되 이상적 사회주의에 대한 신념을 훼손하지 않는 방식의 거 짓말인 것이다. 이는 또한 구 동독인들의 희망 사항이자 상상의 통일 방식 이라 할 수 있다. 우주비행사 옌은 알렉스 개인에게는 어릴 적 꿈을, 동독 에게는 그 출발점이 되었던 이상적 사회주의의 이념을 떠올리게 한다. 동독은 더 이상 존재하지 않지만 구동독 사람들 개개인의 추억과 경험은 사라지지 않았음을 말하는 대목이기도 하다. 애니메이션 '모래장수 Sandmännchen'도 비슷한 문맥에서 소환된다. 동서독에서 매일 저녁 아이들 을 위해 방송되던 애니메이션 '모래장수'는 통일 후 살아남은 몇 안 되는 동독 상품이자 동서독이 서로 다르지 않음을 말해주는 공통의 문화이다. 알렉스가 어머니의 임박한 죽음을 알리기 위해 아버지 집을 찾았을 때 이복동생들이 마침 시청하고 있던 프로그램이 바로 '모래장수'였다(그림 105 참조). 매일 다른 역할로 등장하는 '모래장수'가 하필 우주비행사 분장 을 한 점도 눈여겨 볼만하다. 앞서 언급했듯 서독 행을 택한 아버지는 구동독 시민들과는 다른 서독인의 삶을 대변한다.[15] 오랫동안 만나지 못한 친부와도 그렇지만 윤택한 삶에 세련된 문화를 즐기는 구서독 상류층 사 람들 사이에서 알렉스는 더 큰 낯설음을 느꼈을 것이다. 하지만 친부를 만나기 전 이복동생들과 통성명하고 함께 '모래장수'를 시청하는 장면은 부모세대의 갈등과 분열을 극복하고 화해와 공존의 시대를 여는 자식 세

---

15   아버지가 자신을 버렸다고 오해하는 알렉스는 우선 아버지를 수영장이 있는 대저택에 서 햄버거로 배를 채우는 뚱뚱보로 상상한다. 아버지에 대한 서운함과 더불어 탐욕스러 운 서구 자본에 대한 선입견이 들어간 상상이다.

[그림 105] 알렉스가 아버지 집을 찾아갔을 때 이복동생들과 함께 시청한 모래장수. 동독의 인기 프로그램으로 통일 후에도 살아남았다. 모래장수가 마침 우주비행사로 분한 모습을 볼 수 있다. 동서독 간의 이질감이 젊은 세대에서는 점차 사라지리라는 희망을 담고 있다. 출처 : 영화 <굿바이 레닌!>.

대의 희망적 메시지를 담고 있다.

더 이상 존재하지 않는 나라를 어머니에게 선사하기 위한 알렉스의 역사 수정은 성공적으로 끝난다. 어머니도 편안하게 숨을 거둔 것처럼 보인다. 그런데 여기서 흥미로운 지점이 생겨나는데 사실 어머니는 알렉스의 거짓 뉴스가 있기 전 이미 진실을 알게 된다. 여기서 젠더적 관점에서 이 영화를 보다 면밀히 들여다볼 수 있다. 코마에 빠지기 전과 후로 나누어 보면, 쓰러지기 전 어머니는 주체적인 여성이자 강인한 어머니로 설정된다. 사회주의 국가 건설에 복무하며 아버지 없이도 두 아이를 잘 키워낸다. 교사로서, 또 동독의 한 시민으로서 어머니는 모범적인 삶을 산다. 하지만 코마에서 깨어난 후 자리보전하게 된 어머니는 극도로 제한된 삶을 산다. 어머니는 오직 아들이 만들어준 세상만을 살고 아들이 해석해준 세계만을 이해할 수 있다. 결코 수동적인 삶을 살지 않았던 어머니를 이보다 더 대상화할 수는 없을 것이다. 물론 다시 충격을 받으면 위험할 수 있다는 의사의 조언이 있기는 하지만 알렉스는 주위의 만류에도 불구하고 거짓말을 이어간다. 침대 밖을 벗어날 수 없는 어머니는 주어진 대로 현실을 인식할 수밖에 없고 그 마저 아들에 의해 통제된 거짓 세상만 본다. 사랑의 이름으로 어머니는 "79 제곱미터" 좁은 방안에 만들어진 사회주의 세상에 갇혀 세상과 철저하게 유리된다. 이로써 어머니는 모든 기억과 역사를 박탈당하고 사고할 줄 모르는 대상으로 축소된다. 당에 대한 비판도 서슴지 않으며 사회주의 국가 건설에 적극 참여했던 어머니는 없고 아들이 들려주는 "사회주의 동화"(Finger 2005, 46)에 귀 기울이는 어머니만 있다. 그런데 이 '선의의' 거짓말을 비판하고 이를 바로잡는 이들이 있는데 바로 누나와 여자 친구 라라이다. 아무리 선한 동기에서 비롯된 행동이지만 알렉스의 거짓말이 어머니를 얼마나 우스꽝스럽게 만드는지 두 여성은 감지한 것이다. 사실 어머니의 병을 구실로 시작하지만 점차 알렉스의 거짓 세상이 그 자신의 유희 공간이 아닌지 의심스럽다. 자신의 영웅에게 정권을 쥐어주는 것이 그러하며 진실을 말해야 한다는 주위의 만류에도 아랑곳하지 않고 거짓의 규모를 점점 키워가는 것 또한 그러하다. 알렉스는 자신의 거짓말을 통해 구동독 체제에 대한 향수에 젖고 자본주의의 물결 속에서 잃어버린 것을 애도한다. 그런 한에서 "그가 재건한 동독은 그 자신을 위한 것인가, 어머니를 위한 것인가?"(Hensel 2003)라는 질문을 던져볼 수 있고 이 부분 영화에서도 언급된다. "엄마를 위해 만든 동독은 점점 어쩌면 내가 바라마지 않았던 동독으로 바뀌었다"(Töteberg 2003, 104). 알렉스의 거짓말은 사랑에서 비롯된 것이기에 관객들은 어느 정도 그 거짓을 따라갈 수 있다. 영화에서 "효심은 변증법적이든 자본주의적이 든 물질주의에 질식한 희생자들을 소생시킬 수 있는 잠재력을 지닌 가 치"(Downing 2013, 13)이자 이데올로기를 초월한 사랑으로 그려진다. 그런 데 "사랑의 매개체로서의 거짓말"(Töteberg 2003, 169)은 또한 구 동독시민 으로서 알렉스 자신의 정체성과도 관련되기에 궁극적으로는 그 자신을 위한 것이기도 하다. 어머니를 매개로 이제는 이를 수 없는 유년시절의 유토피아를 소환하는데, 무지상태의 어머니가 우스꽝스러운 역할을 떠맡 는 건 문제가 되지 않는 것 같다. 나아가 어머니는 알렉스의 가족 내 정체 성도 되찾아준다. 어머니의 고백으로 알렉스는 아버지와 새로운 관계를 맺게 된다. 이는 또한 어머니 동독을 극복하고 아버지 서독 중심의 통일사 회로 나아가는 희망을 담고 있다. 그리하여 결국 통일 독일을 사는 아들 세대가 새로운 현실과 새로운 가족을 어떻게 받아들일 것인가가 내러티브 의 중심에 놓인다. 어머니는 아들의 과거 추억을 매개하고 그를 아버지에 게 인도하는 역할을 다한 후 퇴장한다. 결국 어머니는 보조적인 역할을 할 뿐, 시각을 주도하는 쪽은 아들 알렉스이다. 가족영화, 통일영화의 기치 아래 어머니를 수동적인 역할로 제한하고 대상화하는 것이 용인되는 것이 다. 물론 이런 비판이 블랙코미디라는 장르의 특성상 진지하게 받아들여 지지 않을지도 모른다. 하지만 어머니의 시선이 제한되고, 어머니가 패망 한 나라와 동일시되며 애도의 대상이 될 뿐만 아니라, 결국 역사적 사건으로부터 완전히 배제되는 설정이 젠더 관점에서 볼 때 전혀 문제가 없는 것은 아니다. 그런데 영화 말미 매우 흥미로운 뒤집기가 이루어진다. 곧, 그 의도가 어떠하든 아들에 의해 주도되던 모자 관계는 마지막 순간 뒤바뀌게 되는데, 어머니는 알렉스의 여자 친구로부터 이미 모든 사실을 듣고 난 터였다. 그래서 가상의 역사를 시청하는 영화의 클라이맥스 장면을 보면 아들은 뉴스를 시청하고 어머니는 그런 아들을 의미심장하게 바라본다. 이번에는 아들을 위해 어머니가 속은 체 해 준다. 결국 마지막에 속은 쪽은 어머니가 아니라 아들이 된다. 이로써 어머니는 코마 이전과 같은 주체적인 시각을 되찾는다.

'어머니=동독'이라는 공식은 둘 다 도달할 수 없는 유토피아로 현실에 없다는 점에서도 확인해 볼 수 있다. 알렉스는 가짜 뉴스와 어머니 속이기를 통해 동독을 이상화하는데, 이는 어머니를 이상화하는 것과 다르지 않다. 영화가 사회주의 국가의 상승과 몰락을 어머니의 삶과 질병, 죽음으로 의인화하고 있다면, 사라진 국가를 이상화하는 것은 곧 어머니의 이상화에 다름 아니기 때문이다. 그런데 실제 어머니는 누구인가, 어떤 삶을 살았나, 과연 신념에 찬 사회주의였나 하는 질문이 던져지면서 어머니의 삶이 다시 조명될 수 있다. 이상적인 국가 동독이 실제로 존재하지 않았던 것처럼, 완벽해 보인 어머니의 삶도 그 실체가 없는 것으로 드러난다. 임종 전 어머니는 아버지가 자신들을 버린 것이 아니라 어머니가 아버지의 부름에 응하지 않았음을 고백한다. 또 당에 대한 충성도 사실은 탈주자 남편으로 인해 아이들이 불이익을 당하지 않을까 불안해서였단다.[16] 어머니야말로 사회주의자로 위장한 회색인이라 할 수 있다. 어머니는 죽은 후 재가

[그림 106] 시선의 방향이 흥미롭다. 알렉스는 자기가 만든 상상의 뉴스를 바라보고, 이것이 거짓임을 아는 어머니는 아들을 바라본다. 이로써 속는 자와 속이는 자가 뒤바뀌게 된다. 출처 : 영화 <굿바이 레닌!>.

되어 가족과 이웃의 애도 속에 우주로 날아간다. '굿바이 레닌!'이라는 제목이 '굿바이 엄마!'로 완결되는 결말이다. 이로써 통일 독일의 시각에서 레닌이 구시대 인물이듯 사회주의자 '어머니'도 시대착오적인 인물로 폐기되고, 어머니의 자식 사랑은 영원한 신화로 남을 것이다. 정치적 신념을 실천한 것으로 보였던 어머니의 사회 참여는 허상일 뿐, 결국 아버지 없는 가정에서 자식을 보호하려는 모성으로 어머니의 역할이 수렴된다.

---

16 관련하여 어머니의 복잡한 심경이 드러난 장면들이 있다. 영화 초반, 우주 비행을 축하하는 날 어머니는 옆방에서 감시원들에게 문책을 당한다. 아마도 아버지의 서독행 때문인 듯하다. 이후 무력해진 어머니는 병원에 입원하게 되는데, 결국 아이들을 위해 다시 돌아온 어머니는 그때부터 열혈 당원으로 행세한다.

˚사회적 영역 속의 어머니

어머니에 대한 서사가 사회적 영역이나 현실 정치와 관련되는 경우는 많지 않다. 어머니가 현실문제와 직접 대면하는 경우는 <독일, 창백한 어머니>에서처럼 대개 남성부재의 사회에서 어머니 역할이 새로운 형태를 요구받을 때이다. 전쟁 중 자식을 지켜내는 강인한 어머니가 대표적이다. 사회주의 국가를 배경으로 한 <굿바이 레닌!>에서 어머니는 일단은 정치 참여적인 여성으로 그려지지만 개인으로서의 주체적인 삶과는 거리가 있어 보인다. 신념에 찬 사회주의자가 된 것도 자식 사랑의 실천에 다름 아니며, 역사의 중대한 변화 과정에서 어머니는 배제되고 현실에서의 영향력을 상실한다. 또한 아들이 만들어낸 세상에 갇힌 어머니는 무기력하며 시대착오적이다. 그리하여 영화에서 어머니는 효심이라는 허울 아래 희화화된다.[17] 뿐만 아니라 끝내 진실을 묻어 두고, 아들이 만든 세상에 동조하는 시늉을 하며 자애로운 어머니로 남는다. 정치적인 인물로 출발하지만 결국 어머니 역할로 수렴되고, 결코 도래하지 않은 나라처럼 어머니는 아들의 유토피아로 추상화된다.

---

17 관객의 입장에서도 어머니는 웃음거리가 되지만 영화 플롯 내에서도 그러하다. 예로 어머니가 당에 건의사항을 구술하고 이를 이웃 여인이 받아쓰는 장면에서 이웃 여인은 구시대의 유물이 된 사회주의 용어에 실소를 금치 못한다.

[그림 107] 어머니가 열혈 사회주의자가 되어 활동하던 당시의 모습이 영화의 맨 마지막을 장식한다. 실제로 동독의 꿈이 가짜였던 것처럼, 어머니도 사회주의자 행세를 한 셈이었다. 꿈은 사라졌지만 아름다운 꿈으로 추억된다. 출처 : 영화 <굿바이 레닌!>.

<독일, 창백한 어머니>와 <굿바이 레닌!>은 어머니가 국가를 의인화한다는 점에서 공통적이다. 그런데 거대담론으로서의 국가와 동일시되는 추상적인 어머니만 있을 뿐 사회정치적 변화에 능동적으로 대처하는 어머니는 두 영화에서 찾아볼 수 없다. 대신 어머니되기와 어머니노릇이 재현되거나 칭송받는다. <독일, 창백한 어머니>는 전쟁을 겪어내는 어머니 개인의 서사를 여성의 목소리로 들려주지만 모성이 신비화되고 모성 권력이 유일한 여성 권력으로 그려지는 한계를 보인다. <굿바이 레닌!>은 아들의 시각에서 어머니를 대상화하는 가운데, 어머니의 현실 참여는 부인되거나 원천 봉쇄된다. 아버지 부재의 상황에서 지켜낸 자식들이 어머니에게서

아버지에게로 인계된다는 점도 두 영화에서 공통적이다. 전쟁, 분단, 통일과 같은 굵직굵직한 역사적 사건 속에서도 어머니가 결국 어머니노릇 외다른 역할로 규정되지 못하는 한에서 두 영화 모두 모성 신화로부터 자유롭지 못하다고 할 수 있다. 이렇듯, "목소리와 시간과 공간이 주어진다면, 모성은 역사적 순간과 제대로 대면하는 통로가 될 수 있으며 또 그렇게 되어야만 한다."(로즈 2020, 28)는 바람은 적어도 이 두 영화에서 실현되지 못한 듯하다. 전쟁, 분단과 통일이라는 혼돈 상황으로 어머니에게 '역사적 사건과 제대로 대면'할 '시간과 공간'이 주어졌지만 공적 삶에 대한 발언으로 어머니 자신의 목소리를 내지는 못한 것이다. 이는 그만큼 사적 영역과 결부된 어머니의 이미지가 견고하여 어머니와 공적 영역과의 접점을 찾기는 어렵다는 방증이다. 영화를 보며, 역사적 사건의 와중에도 자식에게만 헌신하는 이 어머니들의 이야기에 아무런 문제의식을 느끼지 못한다면 이 또한 우리에게 내면화된 모성 이데올로기가 작지 않음을 말해준다고 할 수 있다.

4. 인류사 속 어머니 : <마더!>(아로노프스키 감독)

앞선 영화들이 전쟁, 분단, 통일의 역사와 어머니를 관련지었다면 인류사 전체를 어머니 서사로 풀어낸 영화가 있다. 2017년도에 개봉된 대런 아로노프스키의 심리 공포물 <마더!mother!>가 그것이다. 아로노프스키의 <마더!>는 어머니를 남성성과의 대립구조 속에서 파악한다. 성경의 모티브를 대거 차용하면서 영화는 여성이 남성에 의해 '탄생'되고, 그 후 남성이 만든 사회적 공간에서 배제되며 영원한 이방인으로 남는 과정을 상징적으로 보여준다. 영화에서 여성은 작가로 등장하는 남성의 뮤즈이고, 남성을 위해 자신의 노동력을 기꺼이 제공하는 아내이며, 급기야는 남편이 만든 세상에 자신의 아이를 내놓지 않으면 안 되는 어머니로 그려진다. 남성은 신이고 창조자이며, 여성은 인간이고 피조물이다. 아내, 뮤즈, 가정의 수호자, 대지의 여신 등 여성에 관한 스테레오타입이 주인공 여성에게 부가되는 가운데, 어머니가 차지하는 자리는 제목만큼이나 중요한 의미를 지닌다.

<레슬러>, <블랙 스완> 등의 영화로 예술성과 흥행성 두 마리 토끼를 놓치지 않으며 자신의 필모그래프 세계를 구축한 아로노프스키의 이 신작에 대해서는 하지만 많은 논란이 있었다. 이 영화에 대한 평가는 극과 극을 달린다. 2017년 베니스 국제 영화제에서 황금사자상 후보로 영화가 처음 개봉되었을 때 관객의 야유와 갈채를 동시에 받았는데, 이후 평단의 반응도 별반 다르지 않았다. 특히 성경에 대한 불경스러운 비유와 폭력적인 장면은 찬반 논쟁을 불러일으켰다. 혹자는 이 영화가 '전복적이다', '관습을 거스른다'라고 칭찬한 반면, "고문 포르노 버전으로 성경을 우려낸 것"(Smith 2017)이라는 혹평도 있었다. 하지만 마더 역을 맡은 제니퍼 로렌스의 연기에 대해서는 이견 없이 칭찬 일색이었고, 실제로 로렌스는 이야기 전체를 끌고 가는 데 중심 역할을 한다.

방대한 서사를 담고 있는 이 영화의 시나리오를 쓰는 데는 막상 일주일도 채 걸리지 않았다고 한다. 처음 머릿속에 어렴풋이 떠오른 착상을 친구에게 들려주고 자문을 구했는데, 그 대답을 듣기도 전에 이야기의 구조가

구체화되면서 불과 닷새 만에 미친 듯이 써내려갔다는 것이다. "난 하루나 일주일 만에 곡을 쓰고 감정을 표현할 수 있는 송라이터가 정말이지 부러 웠어요. 감독으로서는 감정을 쏟아내는 데 적어도 이삼년은 걸리거든요. 그래서 감정의 어떤 형태를 포착하고 그걸 어떤 것으로 옮기고, 또 그것이 어떤 방식으로 작동하는지 늘 궁금했어요. 이 모든 아이디어들, 그 농도 그대로를 말하자면 쏟아낸 거죠."(Riesman 2017) 감독의 이 진술은 영화의 제목에 붙은 느낌표를 설명해 주는 한편, 다른 한편으로는 이 영화의 플롯 이 비약적으로 전개된 데 대한 이유이기도 하다. 처음에 감독은 영화의 제목으로 'M-O-T-H-E-R'을 생각했다가 불현 듯 느낌표를 붙였다고 한다. 자신의 감정을 한 순간 쏟아낸 영화라는 점에서 느낌표만큼 좋은 기호도 없었으리라.

[그림 108] 영화의 첫 장면. 화염에 불탄 여성의 얼굴이 클로즈업 되고 두 눈에서 눈물이 한 방울 흘러내린다. 이 여성이 이전 '마더'였음은 영화의 마지막에 가서야 밝혀진다. 출처 : 영화 <마더!>.

영화는 불에 그을린 여성의 슬픈 얼굴을 비추는 것으로 시작된다(그림 108 참조). 불탄 집이 어느새 안락한 대저택으로 바뀌고 그 집에는 '그'(하르비에 바르뎀 분)와 '마더'(제니퍼 로렌스 분)가 살고 있다. 시인인 '그'는 잘 풀리지 않는 시를 쓰느라 골몰하고 있고, 아름다운 그의 아내 마더는 정성스럽게 집을 리모델링하는 중이다. 이 특이하지만 일단은 평화로워 보이는 부부에게 낯선 남자가 찾아오면서 일련의 이상한 일들이 벌어지기 시작한다. 의사인 '남자'가 찾아와 기거하고 다음날 그의 아내 '여자'도 온다. 두 사람의 출현에 마더는 불안해 하지만 정작 '그'는 그들에게 한없이 친절하다. 이후 이 낯선 부부의 두 아들이 찾아와 유산 상속을 두고 다툼을 하다 동생이 형을 죽인다. 집은 곧 조문객들로 넘쳐나는데 사람들은 유독 마더에게만 무례하게 군다. 집은 손님들에 의해 황폐해져 가고 그들을 내 보내라는 마더의 요구는 '그'에 의해 묵살된다. 그러던 중 마더는 임신을 하게 되고 '그'도 드디어 작품을 다시 쓸 수 있게 된다. 몇 달 후 출산을 앞둔 마더의 집은 평온해 보이고 드디어 완성된 '그'의 시는 사람들에게 큰 감동을 준다. 시집이 출판되고 그의 광팬들이 집으로 모여들면서 다시 집은 아수라장이 된다. 여기서도 마더는 그들을 내보내라고 하지만 '그'는 그들에게 친절을 베풀 뿐이다. 집은 망가지고 약탈당하며 어느새 군인들까지 들이닥치면서 폭력과 살인, 학살의 현장으로 바뀐다. 이 무질서와 혼란을 뒤로 하고 마더는 '그'의 서재에서 아들을 낳는다. '그'의 요구에도 마더는 아들을 내놓지 않지만 그녀가 깜빡 잠든 사이 '그'는 아들을 사람들에게 내보이고 열광한 군중들에 의해 아들은 끔찍하게 죽임을 당한다. 이에 마더가 광분하고 사람들이 그녀마저 폭력의 희생양으로 삼으려 하자 그녀는 집의 지하실로 가 석유를 뿌리고 집을 싹 다 불태워 버린다. 화염 속에서도 온전하게 살아남은 '그'는 불 탄 그녀의 심장에서 반짝이는 크리스털을 꺼낸다. 이 크리스털은 이전에 '그'의 서재에 고이 전시되었다가 이방인들에 의해 망가진 것과 똑 닮았다. 불탄 집은 다시 안락한 대저택으로 바뀌고 마더가 자던 침대에서 다른 여인이 잠에서 깨어나 '그'를 부르는 장면으로 영화는 끝난다.

° '그'와 '마더' – 여성 수난사

현실적으로는 황당무계해 보이는 영화의 전체 이야기나 캐릭터는 제니퍼 로렌스가 인터뷰에서도 말했듯 "하나의 알레고리"로 기능한다. 영화에 대한 평가가 상반되는 것도 이 알레고리의 해석에 동의하느냐의 여부에 달려있다고 할 수 있다. 영화에는 은유와 상징이 곳곳에 숨어 있는데, 특히 성서의 모티브를 다각도로 차용하여 이를 해체하는 한편, 다른 한편으로는 인류사 전체를 이 한 편의 영화 속에 압축한다. 특히 주요 인물들은 각각 상징하는 바가 다른 역할을 맡는데, 그중 '그'와 마더는 성경이나 신화의 핵심적인 내용을 재구성한다. 관련하여, 주인공 역을 맡은 로렌스는 직설적으로 그들이 무엇을 연기했는지 언급한 바 있다. "난 어머니 대지를 연기하고 시인 역을 한 하비에르는 신, 창조자를 대변한다."

[그림 109] 영화의 엔딩 크레딧. 다른 캐릭터들과 배우들의 이름이 모두 소문자로 쓰인 데 반해 하나님인 '그'는 대문자로 표기된다. 그 외, 첫 번째로 등장한 가족들을 '여자', '남자', '큰아들', '작은아들'로 일반화한 점도 눈에 띈다. 출처 : 영화 <마더!>.

[그림 110] 불에 타버린 '마더'의 가슴에서 '그'가 크리스털을 채취한다. 크리스털은 그의 가장 소중한 보물로 서재에 전시되고 자랑거리가 된다. 그와 그의 집이 여성의 사랑과 희생으로 만들어지고 지탱되는 세계임을 상징하는 대목이다. 출처 : 영화 <마더!>.

대저택의 주인이자 주인공인 부부에게는 이름이 없다. 제 3자에 의해 부인이나 남편으로 칭해질 뿐 특정 이름으로 불리지 않는 이유는 엔딩 크레딧에 가서야 분명해진다. 거기서 남편은 'Him'으로 아내는 'mother'로 칭해진다. 여기서 대소문자 구분도 중요하다. 사실 영화 제목도 자세히 보면 'mother!'로 소문자로 쓰여 있다. 그 외 출연진은 모두 소문자로 소개되고 오직 '그'만이 대문자로 표기된다. 감독이 엔딩 크레딧에서 공들여 기호화한 것은 다름 아닌 그의 유일무이함과 절대 권력이다. 바로 그가 신이요 하나님으로 불릴 수 있는 이유이다. 실제 영화의 말미, 소돔과 고모라를 연상시키며 집 전체가 화염에 불타고 모든 것이 전소되지만 '그'만은 온전하다. 새까맣게 탄 마더가 숨을 거두기 전 그제야 남편에게 대체 누구인지 묻는다. '난 나 자신으로 존재한다'는 남편의 대답은 그가 전지전능한 절대자임을 말해준다. '그'는 신적인 존재로서 창조자이고, 마더는 오직 '그'와의 관련 속에서만 정의될 수 있다. 가령, '그'가 창조자인 한에서 마더는 피조물이다. 그럴 것이 영화는 시작과 끝이 수미상관으로 맞물리며 '그'는 남고 여성들은 교체된다. '그'는 마더의 심장에서 크리스털을 채취해 자신의 서재에 전시한다. 이후 새로운 여성이 아내로 등장하는데 이로써 이 여성들이 그에 의해 창조된 존재임이 암시된다. 물론 이 관계는 마지막에 가서야 밝혀진다. 영화의 첫 장면에서 타 죽은 어느 여성은 과거의 마더로 현재의 마더에 의해 대체되고 그녀 역시 미래의 마더에게 자리를 내준다. 그리하여 마더에 대한 잔혹사가 이어지는 동안 '그'만은 건재함을 과시한다.

창조자와 피조물의 관계는 그가 시인으로 등장하는 한에서 창작자와 뮤즈의 관계로도 성립된다. 남성 예술가와 여성 뮤즈라는 클리셰를 감독은 "고루한 가부장적 단순함"(Phillips 2017)으로 한 편의 우화처럼 재현한다. 시인인 '그'는 글을 쓰느라 서재에 처박혀 있지만 도시 창작의 기미가 보이지 않는다. 그가 이방인을 집으로 받아들이는 빌미도 착상을 위한 것이라고 한다. 하지만 마침내 그가 예술 창작에 성공하는 데 있어 결정적인 역할은 정작 마더에게서 나온다. 아내의 예기치 못한 임신이 '그'에게 창조의 힘을 발휘하게 한 것이다. 남성이 문화의 영역에서 창조자 역할을 하는 동안 여성은 그에 대한 영감의 원천으로 기능하는 것이다. 여기서 흥미로운 것은 사실 두 개의 창조가 동시에 이루어진 셈이라는 점이다. 마더의 임신이 새로운 생명의 창조라면 시인은 예술 세계를 창조한다. 아내의 임신 소식에 마치 창조를 두고 경쟁이라도 하듯 남편은 시를 써 내려간다. 여기서 새 생명 잉태라는 여성의 창조는 자연적이고 생물학적인 창조인 데 반해 남편의 글쓰기는 정신적이고 문화적인 창조이다. 그 결과는 어떠한가. 이후 남편의 시가 베스트셀러가 되며 그는 신으로 추앙받는다. 예술가로서의 창조자와 신으로서의 창조자가 일치하는 대목이기도 하다. '그'와 마더의 관계는 또 어떠한가. 피조물이건 뮤즈이건 '그'에 의해 마더는 존중받지 못하고 홀대받는다. 그것은 이방인 수용에서 가장 잘 드러난다. 나르시시즘적인 에고이스트인 '그'는 글이 잘 풀리지 않아 환기가 필요하다는 명목으로 첫 이방인을 받아들인다. 불안감을 느끼며 점차 우려를 표명하는 아내의 의견쯤은 무시된다. 마더에 대한 이런 태도는 나중에 집을 가득 메운 방문자들에게서도 나타난다. 마더에 대해 그들은 하나같이 무시하고 경멸하는 태도를 보인다. '그'를 신격화하며 숭배하는 것과는 대조를 이룬다. 이는 남성에 의해 주도되는 문화와 여성에 대한 혐오감과 적대감을 드러내는 사회를 우화적으로 표현한 것이라 할 수 있다. 또한 어머니가 기존 질서의 내부에 있으면서 동시에 외부에 있음을, 그 자리가 사회적 영역으로부터 배제되었음을 의미하기도 한다.

마더가 숭배의 대상의 되는 순간이 딱 하나 있는데 바로 진짜 마더가 되고서이다. 집 전체가 무질서와 폭력의 장으로 변했음에도 출산이 임박해지자 그녀는 고요하고 정갈한 곳으로 안내된다. 마더가 아이를 낳자 그동안 그녀를 하대하고 경멸하던 군중의 태도는 숭배로 바뀐다. 깨끗한 옷과 먹을 것이 제공되며 '그'의 태도도 잠시간 그녀를 배려하는 것처럼 보인다. 마더에 대한 이런 숭배 장면으로 영화는 모성 신화를 패러디하고 있다. 사실 영화에서 어머니 역할이나 어머니로서의 기능은 거의 찾아볼

[그림 111] 마더가 아이를 낳자 아이에 대한 권리를 두고 마더와 '그' 사이에 팽팽한 긴장감이 흐른다. 아이를 내놓지 않으려는 마더를 '그'가 매섭게 노려보고 있다. 마더가 졸음을 견디지 못한 순간 아이는 '그'의 손에 들려 있다. 감독은 스릴러 형식을 빌려 두 사람 간의 긴장감을 고조시킨다. 여신 숭배에서 남신 숭배로의 전이, 모계사회에서 부계사회로의 변화를 압축한 것으로 보인다. 출처 : 영화 <마더!>.

수 없다 – 그럴 틈도 없이 아이는 살해당한다. 하지만 사회에서 어머니가 어떤 대접을 받는지는 단적으로 보여준다. 아내로서, 여성으로서 그녀에게 그동안 거의 발언 기회가 주어지지 않았고 그녀는 '그'의 그림자에 지나지 않았던 데 반해, 이제 어머니로서의 마더는 숭배되고 신격화된다. 물론 자리를 떠나지 않고 집요하게 아기를 요구하는 '그'의 존재로 인해 마더에게 주어진 존중의 시간은 짧고 기만적이다(그림 111 참조). 결국 마더는 아기를 뺏기고 아기는 태어나자마자 탐욕스러운 군중들에 의해 카니발리즘적으로 죽임을 당한다. 영화는 곳곳에서 성서 이야기를 차용하고 있지만 특히 아기의 탄생과 죽음은 여러모로 예수의 일대기를 패러디하고 있다. 동방박사가 예수의 탄생을 경배하고 선물을 주듯 문밖에서 군중들은 이 탄생을 구원처럼 희구하며 탄생 직후 선물을 보낸다. 아기에 대한 숭배는 예수에 대한 사랑을, 그리고 아기가 제 몸을 뜯어 먹히는 끔찍한 장면은 예수의 희생과 죽음을 비유한다. 아기가 예수라면 마더는 성모 마리아가 될 것이다. 영화의 '불경스러움'은 성난 마더가 대중에 의해 더럽혀지는 장면에서 클라이맥스에 도달한다.

그런데 출산으로 그 본래 이름에 값하게 어머니가 된 마더는 이전과는 확연히 다른 모습을 보인다. 전에는 남편에게 의견을 내놓기는 하지만 번번이 무시당하며 주변화된 인물이었다면, 이제 마더는 더 이상 수동적이지 않고 아이의 죽음을 계기로 폭압에 맞서는 주체적인 행동을 보인다. 지하실로 내려가 석유를 뿌리고 라이터로 불을 붙여 이 모든 악행과 부조리를 불태워 버리는 것도 마더이다. 이는 마더의 결단이 일단의 행동으로 나타나고 주변에 영향을 미친 유일한 경우에 속한다. 그것이 자기파괴적이며 또 '그'의 존재는 흠집조차 나지 않았다는 점에서 실패로 끝나기는 하지만. 여성이 대상화된 존재가 아닌, 주체로 거듭 날 수 있는 순간은 어머니 역할을 통해서뿐이라는 것이야말로 고통스럽고 모순에 찬 여성사를 대변한다고 할 수 있다. 이 영화는 제목에서 이미 드러난 것처럼 마더에 집중한 영화이다. 실제 감독은 철저하게 마더의 시각에서 영화를 찍고자 했다고 한다. 그래서 "영화는 기본적으로 그녀의 어깨 너머나 그녀 얼굴에서, 혹은 그녀의 관점으로 구성된다."(Riesman 2017) 121분 러닝 타임 중 66분이 마더의 클로즈업 숏일 정도(이지영 2017 참조)로 마더와 관련되지 않는 장면이나 관점은 거의 없다. 그리하여 불안하고 겁에 질린 그녀의 내면이 관객에게 보다 실감나게 전달된다. 마더에게 밀착된 카메라가 마더를 따라가며 움직이는데 이 영화의 장르가 공포영화이고 심리 스릴러라는 점을 상기하면, 이 영화는 곧 마더의 공포와 불안에 관한 것이라고 해도 과언이 아니다. 마더의 등장과 퇴장까지를 아우르면서, 또 다른 마더에 의해 대체되는 무한 반복을 암시하면서 영화는 가부장적 문화 속에서의 지난한 여성 수난사를 기술한다.

°집 – 자연 수난사

감독은 어느 인터뷰에서 이 영화의 주인공은 집이기도 하다라고 말한 바 있다. 실제로 영화에서 집은 그 존재감이 크다. 영화는 전소된 집에서 시작해서 전소된 집으로 끝난다. 대저택은 허허벌판 속에 비현실적으로 서 있다. 연결된 길도 없이 고립된 채로 서 있고 그 중심에는 마더가 있다.

남편인 '그'는 이따금 집을 나서기도 하지만, 마더는 집 앞에 서서 망설이다 다시 집으로 들어가는 장면을 제외하면 영화 내내 집 안에 있다. 맨발의 마더는 집과 혼연일체를 이룬다. 마더는 집이고 집은 곧 마더이다. 그렇게 보면 집의 파괴는 곧 마더의 파괴이기도 하다. 전소된 집을 리모델링하는 것도 마더이다. 집수리가 거의 마무리되어 이제 그녀는 칠을 하는 중이다.

집을 어떻게 해석하느냐는 영화에 대한 새로운 관점을 제시한다. 그것은 자연과의 관련성이다. "성경을 바탕으로 스토리를 구상했고 마더는 대자연을 뜻한다. 하지만 관객이 의미를 찾을 때 느낄 재미를 위해 애매모호하게 표현했다."(이지영 2017) 인터뷰 내용을 참고하자면 아로노프스키는 환경 문제의 심각성을 이 영화에 담았다고 한다. 주인공 제니퍼 로렌스도 자신이 맡은 역할이 어머니 대지라고 하지 않는가. 이렇게 보면 집은 자연이고 지구일 수 있다. 환경파괴와 자연보호는 이 영화가 함축하고 있는 중요한 주제이고 집은 그에 대한 알레고리이다. 그런데 앞서 살펴본 큰 줄기, 곧 여성(마더)의 파괴와 자연의 파괴는 동일선 상에서 다루어진다. 감독은 이 영화의 주제에 영향을 미친 책들 중 하나로 수잔 그리핀Susan Griffin의 『여성과 자연Woman and Nature』(1978)을 들고 있다. 남성이 여성을 대하는 방식과 인간이 자연을 대하는 방식을 비교한 이 책을 읽고 성차를 환경 문제와 연결시킬 수 있다고 생각한 것이다. 그리하여 이 영화에서는 남녀의 이야기가 자연에 대한 이야기와 합쳐진다. 환경 문제는 아로노프스키가 평소 갖고 있던 문제의식이었는데, 특히 빈번해진 자연재해를 보고 환경파괴에 대한 심각성을 느꼈다고 한다. "지구상에 여러 생명체가 전에 없이 빠른 속도로 멸종되는 걸 우리 두 눈으로 똑똑히 볼 만큼 생태계는 파괴되었다."(이지영 2017) 병든 지구는 영화에서 집으로 상징된다. 그런 이유로 영화는 처음부터 끝까지 집 안에서 벌어진 사건들을 담고 있고, 또 바로 그렇기 때문에 이 집과 이 집에서 벌어지는 일들은 개인적인 것이 아니라 사회문화적 특성을 지니고 인류사 전체로 확장될 수 있다. 곧 집은 한 가정의 테두리가 아니라 사회 자체이자 세계의 축소판이 된다. 감독은 자신이 구상하는 이런 집을 현실에서 발견하지 못하자 집을 새로 지었는데, 우리가 지구의 구조를 다 알지 못하듯 관객이 집의 구조를 다 파악하지 못하게 의도적으로 설계했다고 한다. 미로처럼 방들이 연결되는 가운데 절대 권력자 '그'의 작업실은 맨 위층에 있다. 지하실로부터 번져 나오는 피가 환각처럼 마더에게 보이는데 이것은 그동안 희생당한 마더들의 피가 아닐까 추측해 볼 수 있다. 주지하다시피 봉준호의 저 영화 <기생충>에서도 건축의 수직 구조가 사회계급에 대한 상징으로 작용하는데, 이 영화에서도 집의 수직적 구조가 비슷한 기능을 한다. "구상할 때부터 단순히 특이한 모양의 집이 아니라 사방에 문이 달린 미로 같은 구조를 원했다... 특히 내가 의도한 건 살아있는 것처럼 보이게 만드는 거였다. 물론 서서히 파괴되지만 말이다."(이지영 2017)

집이 단순히 인간에 의해 만들어진 건축물이 아닌 것이 마더는 집의 심장을 환각으로 본다(그림 112 참조). 심리 스릴러 형식을 빌려 감독은 물론 이것이 '마더'의 환상일 수 있음을 열어둔다. 공포와 모호함은 아로노프스키 영화의 특징이기도 하다. 더욱이 마더는 불안할 때마다 모종의 노란색 약을 복용하여 정신적으로 불안정한 인물일 수 있다는 암시를 준다. 그리하여 심리적으로 불안 증세가 있는 마더의 눈을 통해 본 것이 어디까지가

[그림 112] 마더는 소중하게 집을 다루는데, 집은 마치 생명체처럼 그녀에게 느껴지고 들린다. 칠을 하던 도중 벽을 통해 마더는 심장 박동 소리를 듣고 또 기이한 형상물을 본다. 이렇듯 집은 단순한 건축물이 아니라 하나의 유기체로 묘사된다. 집은 대지이자 자연으로 해석될 수 있다. 출처 : 영화 <마더!>.

현실이고 어디까지가 환상일지 불분명하다. 하지만 반복적으로 연출되는 바, 마더는 집의 표피 아래 숨 쉬는 심장을 듣고 보며 이로써 집은 유기체와 같은 존재가 된다. 대지의 여신으로 이 집을 낳고 가꾼 자는 마더이지만, 실제 이 집에 군림하고 지배하는 이는 '그'이다. 그의 서재는 집의 맨위층에 근엄하게 자리하고 있고 그곳은 아무나 출입할 수 있는 곳이 아니다. '그'는 지극히 아끼고 보호하는 크리스털을 자신의 서재에 전시하는데, 영화의 마지막에 가면 그것이 여성의, 혹은 또 다른 마더의 희생과 사랑임을 알 수 있다. 곧 마더의 사랑에 기초한 집임에도 불구하고 그 사랑은 파괴되며 집은 가부장적인 공간이 된다.

영화는 이 집이 파괴되는 과정을 서술한다. 그 시작은 이방인의 출현이다. 펜션으로 잘못 알고 왔다고 하지만 사실은 그의 시를 예찬하는 팬 중 하나로 밝혀지는 이 이방인의 이름은 '남자'이고 그의 아내 이름은 엔딩 크레딧에서 '여자'로 소개된다. 이들이 나타나기 전 이 집이 목가적이고 평화로웠다는 점에서, 또 이들의 출현으로 망가지기 시작한다는 점에서 이 집은 다시 성경 모티브로 보자면 에덴동산이라 할 수 있다. 그리하여 영화는 파라다이스였던 집이 어떻게 디스토피아가 되는지 보여준다. 아담과 이브인 남자와 여자는 마더의 심장이기도 한 크리스털을 박살내는데 이것은 선악과를 따 먹고 원죄를 짓는 이야기에 대입될 수 있다. 또 그들의 자식인 두 아들 간의 불화와 살인은 카인과 아벨의 형제 살인 모티브와 연결된다. 하나님이 천지 창조한 후 6일째 무료함에 인간을 만들었다는 성서 이야기를 영화는 시인인 '그'가 자신의 창작에 대한 무료함에 남자를 받아들이는 것으로 비튼다. 관련하여, 마더의 원래 제목은 <여섯째 날Day six>이었다고 한다. 이는 성서에서 말하는, 세상을 창조한 6일을 의미하며 실제 촬영 현장에서는 영화가 'Day six'로 불렸다. 나아가 감독은 이 최초의 남자와 여자를 전통적인 남녀 역할로 풍자한다. 아내이자 어머니인 '여자'는 마더에게 남편에게 유혹하는 여성이 될 것을, 그리하여 임신을 통해 진정한 마더가 될 것을 종용한다. '여자'의 충고는 마더가 남편과의 잠자리를 통해 마더가 되는 데 결정적인 역할을 한다.

　'남자'와 '여자'의 가족으로 시작된 침입자들은 시간이 감에 따라 점점 더 늘어난다. 조문객이 오고, 영화 후반부에는 시인의 광팬들이 집으로 몰려온다. 이들의 태도는 하나같이 마더에게 무례하고 뻔뻔하며 집을 망가뜨린다는 점에서 공통적이다. '남자'의 등장에서부터 유리잔이 산산조각 나는 장면이 있는데 이 파괴의 이미지는 외부인이 등장할 때마다 반복된다. 리모델링이 완결되지 않은 집은 외부인에 의해 멋대로 칠해지고 부서진 싱크대에서는 물이 샌다. 사람들은 침실을 더럽히는 등 집안 곳곳을 망가뜨린다. 시인의 시집이 나온 후에는 그에 대한 사랑과 소유욕으로 집기를 약탈하는 모습도 보인다. 파괴, 홍수, 약탈의 이미지는 군대의 개입으로 학살로까지 이어진다. 이 집이 우리가 사는 지구이자 우리에게 주어진 자연인 한에서 이 손님들은 지구에 사는 우리들 자신일 것이다. "이 작품의 많은 부분은 내 무의식이다. 도대체 인간은 왜 이리도 이기적일까.... 최근 들어 이런 생각을 하기 시작했다. '우리가 이 지구를 망칠 날도 얼마 남지 않았구나'라고."(이지영 2017) 이렇듯 감독은 집을 통해, 창세기 이후 인류가 어떻게 자연(혹은 지구)을 파괴하는지 한편의 우화처럼 그린다. 그만큼 영화는 롤러코스터를 타듯 예측불허로 전개되고 관객을 혼란스럽게 만든다. 이는 감독이 예상한 바이며 자신의 영화가 가져오고 싶은 효과이기도 하단다. "영화 보는 내내 눈을 뜨고 있으면, 사이클론 롤러코스트를 벨트도 하지 않고 레일에서 손을 뗀 채 타는 것과 같다."(Brooks 2017) 논리적인 전개를 넘어서는 플롯에 대해서도 감독은 할 말이 있다. "혼란스러운 건 괜찮다고 생각한다. 영화는 말도 안 되는 논리를 갖고 있고 이 말도 안 되는 논리가 의미를 만들어낸다."(Brooks 2017) 곧 영화의 내용 전개는 말도 안 되는 난센스이지만 그것이 만들어내는 의미는 성차와 환경파괴의 문제를 고발하고 환기시키는 것이다. 여기서 남녀 간의 관계가 환경 문제와 결부될 수 있는 이유는 여성적 이미지에서 찾을 수 있다. 남성과 여성의 성차는 문화와 자연의 대립으로 설명되는데, 남성이 주로 문화의 영역을 담당하는 데 반해 여성에게는 자연적 특성, 곧 자연성이 결부되는 경우가 많기 때문이다. 그래서 영화에서는 자연을 상징하는 집이 곧 마더와 동일시되며 그 파괴도 둘 다에게 동시에 일어난다. 집에 대한 착취와 파괴는 이기적인 손님(인류)에 의해 이루어지지만, 마더에 대한 억압이 그러하듯 이 집의 파괴에 있어서도 '그'는 그 책임에서 자유롭지 못하다. 마더의 우려에도 불구하고 손님들을 집으로 들인 것도 '그'이며 마더의 경고를 무시하고 손님들의 무례한 행동을 제지하지 않은 것도 '그'이기 때문이다. 사람들의 칭찬과 인정에 도취된 '그'는 나르시시즘에 빠진 남성적 자아를 대변한다.

이제 마더가 진짜 마더가 된 후, 이 인류에 대한 복수가 이루어진다. 지하실에 있던 석유를 뿌리고 불을 붙여 모든 것을 소각하는데, 이때 사용된 라이터를 눈여겨 볼만하다. 이 라이터는 최초의 손님인 '남자'의 것으로

[그림 113] 불길한 방문자인 '남자'가 가져온 라이터. 그의 등장으로 마더와 집의 파괴는 시작된다. 금연임을 경고했는데도 그는 집에서 몰래 담배를 피운다. 화가 난 마더가 라이터를 던져버리는데, 나중에 이 라이터로 마더는 불을 붙여 집을 전소시킨다. 이로써 영화는 인류 자신에 의한 지구의 멸망, 자연의 역습을 가리킨다. 출처 : 영화 <마더!>.

그는 마더의 경고에도 불구하고 집 안에서 담배를 피운다. 그 당시 화가
난 마더가 그의 라이터를 변기 뒤로 던져버려 소심한 복수를 하는데 나중
에 바로 그 라이터로 불을 붙인 것이다(그림 113 참조). 마더에 의해 집(곧
지구이자 대자연!)이 불태워지지만 그 책임은 자연을 사랑하지 않은 인간들
자신임을 다시 한 번 확인시키는 연출이라 할 수 있다. 결국 이기심에
의해 인류는 스스로 멸망한 것이다. 영화는 한 집이 공포스럽게 몰락하는
"나노 디스토피아"(Riesman 2017)를 보여 주지만 더 큰 공포는 그것이 또
다른 마더의 환생으로 계속된다는 것이다. 그것이 여성의 모습이든 대자
연의 모습이든 결국 자기중심적인 남성(=인류)에 의한 억압과 파괴가 현재
진행형임을 감독은 영화 <마더!>를 통해 보여주고 있다.

에필로그

사람들이 어머니에 대한 절대 숭배를 구축하게 되었다. 갑자기 어머니가 전부, 혹은 거의 전부에 대해 책임을 질 수 있다고 생각하게 된 것이다. 성격장애가 있는 아동들의 기록에서, 그리고 신경쇠약증이나 정신병, 정신분열증, 자살 충동, 알코올 중독, 동성애이거나 무기력한 남성, 불감증이거나 불안에 시달리는 여성의 경우, 또 난시거나 궤양 보균자들의 경우에도 항상 어머니가 관련되어 있었다. 늘 그 시작에는 불행해 하고 불만에 가득 찬 여성이나, 남편을 괴롭히는 고집스러운 아내, 그리고 숨이 막힐 정도로 냉담한 동시에 강압적인 어머니가 있었던 것이다(바댕테르 2009, 326 재인용).

현재 대한민국은 신생아의 울음소리가 잦아진 나라가 되었다. 2023년 시점, 합계출산율은 사상 최저치인 0.78로 지난해 경제협력개발기구(OECD) 회원국의 평균 합계출산율인 1.59명보다 현저히 낮다고 한다. 출산율 감소는 일상생활에서도 피부로 느낄 수 있는 일이 되었다. 친인척을 통틀어 신생아의 탄생은 그야말로 드물게 일어나는 일대 사건이 되었고,

길거리에서 아장아장 걷는 아이를 볼 가능성은 반려견을 데리고 산책 나온 행인을 마주칠 확률보다 그리 높지 않을 것이다. 남성과 달리 임신과 출산이라는 생물학적 조건을 갖추었다는 이유로 수 세기 동안 천부적인 덕목으로 칭송받던 과업을 여성들이 보이콧하기 시작했다. 가임기에 있는 젊은 여성들의 이기심을 탓해야 할까. 아니다. 그동안 여성의 역할을 특정한 형태로 규정하고 그 틀 안에 여성을 가두었던 '이기적인' 문화를 탓해야 할 것이다. 전통적으로 여성이 담당했던 몇 안 되는 역할들 중 그 최고봉은 어머니이고 그것은 신성불가침의 영역이 되었다. 어머니의 사랑, 거룩한 어머니, 어머니의 고통, 어머니의 희생. 실제 대부분의 인간은 좋든 싫든 어머니와 밀접한 관련을 맺으며 성장하게 되고 또 대부분은 어머니로부터 한량없는 사랑을 받는다. 그러니 어머니의 희생과 헌신, 어머니의 위대함은 개개인의 체험을 통해 증명된 기정사실이 된다. 남은 일은 세상의 어머니들에게 보내는 존경과 찬사이다. 훌륭한 자식 뒤에는 위대한 어머니가 있다는 서사는 그래서 우리에게 너무나 익숙하다. 그렇지 않은 어머니에게는 그 반대의 것이 주어진다. 자식을 돌보지 않는 어머니는 괴물이고 악녀이며 죄인이다. 그리하여 어머니의 사랑과 헌신은 사계절의 순환처럼 세대를 이어 반복되고 자연의 법칙처럼 고정 분별의 것으로 여겨졌다. 그런데 겉보기에는 아무 문제없어 보이는, 이 아름다운 장면에서 은폐된 것이 있으니 바로 어머니 자신의 생각과 감정이다. '자아 상실'로서의 '자아실현'이라는 이 모순된 상황을 어머니 자신은 어떻게 받아들일까. 근대 이후 주로 남성들에 의해 추구된 개인의 발견에 비견될 '자기만의 한 조각 인생'을 어머니가 욕망하는 순간 타인으로부터의 비난을 면치 못함은 물론 어머니 스스로도 죄책감에서 자유롭지 못할 것이다. 마조히즘이 본래 여성의 특성이라며 어머니로서의 고통을 감내하라는 이 지상명령을 수행하는 데 세상의 어머니들은 진정으로 행복과 희열을 느꼈을까. 혹은 자신도 모르게 이 역할에 마모되며 이 도망갈 수 없는 역할/기능으로부터 도망치고 싶지는 않았을까. 아이를 사랑으로 돌보라는, 이 천직으로 정해진 역할에 맞지도 또 그럴 의지도 없는 여성이 있다면 그녀는 어디에서 제 자리를 찾아야 할까.

오늘날 젊은 여성들이 어제의 어머니들보다 더 '똑똑'해졌다면 그것은 고등교육의 혜택과 무관하지 않을 것이다. "한국은 남성의 경우 부모 세대와 대학 교육 차이가 30%포인트 정도이지만 여성들은 60%포인트나 될 정도로 '딸 세대의 고학력화'가 심해졌"(사사노 미사에; 김선영 2023 재인용)다. 행복추구가 인간 누구에게나 공평하게 주어진 권리라면 오늘날 출산율 저하는 여성들이 어머니 역할에 더 이상 행복감을 느끼지 않는다는 반증이 될 것이다. 사실 고통 속에서 모성의 희열을 느끼라고 하는 것 자체가 모순이며 한 개인이 받아들이기에는 가혹한 요구가 아닌가. 고등교육의 수혜자인 대부분의 여성들은 이제 안 곧 가정의 안주인이 아니라, 밖 곧 사회의 구성원으로 경쟁하며 살아가는 것을 자연스러운 수순이라고 생각한다. 그러니 아이와 직업을 병행할 수 없다면 여성이 어머니되기를 결심하기란 쉽지 않을 것이다. 일과 가정의 병행은 현실적인 정책 차원에서 물론 논의될 수 있겠지만 담론 차원에서도 시대의 변화에 맞게 '어머니 노릇'에 대한 점검과 재고도 필요하다.

이 책의 의도가 그렇다고 모성을 부정하거나 그 가치를 폄훼하자는 것은 물론 아니다. 필자도 작고하신 어머니로부터 무한한 사랑을 받았고, 필자 자신이 어머니가 된 지금 그 사랑을 실천하려고 애쓴다. 하지만 모성애를 절대시하거나 어머니 역할을 강요하는 것은 여성이 세상의 다른 젠더처럼 자신만의 삶을 설계하고 실현할 가능성을 제한하는 결과를 낳을 수 있다. 어머니 노릇은 출산과 양육의 절대적 결합에 기반하고 있고 이는 아이의 삶을 좌지우지하는 절대적 조건으로 간주되었다. 하지만 아이와의 애착 관계는 어머니 아닌 대체 가족으로도 얼마든지 가능하며 오히려 이 가능한 다양한 사랑의 형태에 장애물이 되는 것이 모성에 대한 절대 믿음인지도 모른다. 이제 여성들을 모성이라는 굴레로부터 놓아줄 필요가 있어 보인다. 모성은 필수불가결한 여성의 자질이나 미덕이 아니라 선택 가능한 것이 되어야 한다. 곧 모성은 본능이 아니며 일종의 재능일 수 있다. 모성에 재능 없는 여성도 가정이나 아이가 아니라 다른 데서 재능을 찾을 권리가 있지 않은가. "모성애는 인간적 감정일 뿐이다. 그리고 다른 모든 감정과 마찬가지로 불확실하며 불안정, 불완전한 것이다"(바댕테르 2009, 20).

모성을 논하는 데 있어 필자의 전공인 문학이 아니라 영화텍스트를 택한 것은 서사 구조를 분석하는 데 영화와 문학의 구분이 있을 수 없다는 소신도 있었지만, 오늘날 영화가 문학보다 수용자에게 더 큰 영향력을 행사하게 된 것과 무관하지 않다. 생물학적 성이 아닌 젠더는 사회문화적으로 구성되는데 특히 영화는 젠더 질서를 구성하는 대표적인 젠더 테크놀로지이다. 이를 어머니상에 적용해 보면 영화 매체를 통해 어머니에 대한 이미지가 구성되고 확산됨으로써 관객에게 지대한 영향을 미칠 수 있다. 곧 영화에서 재현되는 어머니는 관객들의 어머니상을 기존의 것으로 강화하거나 거스르거나 또는 해체시킬 수 있다. 문화의 영역에서 여성은 늘 주요한 소재이자 주제이지만 그 주체가 되지 못한 한에서 동시에 부재했다. 그것이 남성 작가(창조자)에 의해 그려지는 한에서 여성(피조물)은 대상화된 존재이기 때문이다. 남성중심의 시각은 남성의 그림자로 여성을 파악하고, 동경의 대상으로 여성성을 그리며, 사회적으로 규정된 여성 역할을 전파한다. 그 가운데 어머니는 그동안 무대의 전면에 드러나기보다 연인, 아내의 역할에 밀려 배경으로 남은 경향이 있었다. 그런 한에서 어머니를 전면에 내세운 '마더', '마미'를 제목으로 한 영화들이 대거 나온점은 반가운 일이다. 하지만 젠더 테크놀로지 관점에서 이것의 지향점을점검하는 것은 의미 있는 일이 될 것이다. 하녀, 창녀, 아내 등 여성의어떤 다른 역할보다 '어머니-기능'은 남성뿐 아니라 여성 자신에게도 뿌리깊게 내면화된 규범 체계이기 때문이다. 이 책에서 영화텍스트를 분석하여 확인한바, 현재 어머니 서사는 양극화 현상을 보인다. 즉 모성에 대한멜로드라마를 다시 쓰며 기존의 어머니상을 강화하고 재현하는 흐름이있는가 하면 이와 달리 우리에게 낯선 새로운 어머니를 제안하며 지금까지의 어머니상을 해체하는 시도가 있다. 그 어느 쪽도 완결된 것은 아니며이 시대에 맞는 어머니를 찾아 더 많은 논의와 재현의 형식이 필요해 보인다. 그런 의미에서 이 책은 결코 완결된 것이 아니며, 다만 어머니 노릇에는 재능이 없는 여성, 임신과 출산으로 어머니가 되었지만 그 아이의 행복과 불행을 오롯이 책임지는 데 부담감을 느끼는 여성, 기꺼이 어머니 노릇을 하며 다른 어떤 데보다 그 역할 수행에 행복감을 느끼는 여성... 이런 다양한 형태의 여성적 삶과 어머니 역할을 구상하는 데 이 책이 미력하나마 도움이 되었길 바란다.

영화 속 어머니 서사가 비단 이 책에서 다룬 것만 있으랴. 기능으로서의 어머니('엄마'라고 이름 붙임), 모성 본능과 모성 신화('어미'라고 이름 붙임), 욕망의 주체로서의 어머니('여성'이라고 이름 붙임)로 모성에 관한 담론을 나누고 이에 해당하는 영화 서사를 찾는 식으로 분석 대상을 선정하다 보니 영화 매체로 국한 짓는다고 해도 이 책에서 다룬 모성 서사는 매우 제한적이지 않을 수 없다. 그저, 이로부터 시작하여 앞으로 본격적인 논의와 분석이 더 많이 있길 기대하는 것으로 구실거리를 대신하고자 한다.

°참고문헌

제1장 모성에 관한 논의들

낸시 초도로우, 김민예숙/강문순 역, 『모성(母性)의 탄생』, 한국심리치료연구소, 2008.

신경숙, 『엄마를 부탁해』, 창비, 2008.

엘리자베트 바댕테르, 심성은 역, 『만들어진 모성』, 동녘, 2009.

엘리자베트 벡 게른스하임, 이재원 역, 『모성애의 발명』, 알마, 2014.

우르스 비트머, 이노은 역, 『어머니의 연인』, 문학과지성사, 2009.

재클린 로즈, 김영아 역, 『숭배와 혐오. 모성이라는 신화에 대하여』, 창비, 2020.

Linda Brannon/홍주연/조성원, 『젠더 심리학. 여성과 남성에 대한 심리학적 이해』, 피어선에듀케이션코리아, 2012.

Cixous, Hélène, Die unendliche Zirkulation des Begehrens. Weiblichkeit in der Schrift, Berlin; Merve, 1977.

Dohm, Hedwig, Die neue Mutter, Berlin, 1900/1987.

Harlow, Harry F., Love in infant monkeys, *Scientific American*, 200(6), 1959, p.68-75.

Irigaray, Luce, Das Geschlecht, das nicht eins ist, Berlin, 1979.

Irigaray, Luce, Zur Geschlechterdifferenz – Interviews und Vorträge, Wien, 1987.

Irigaray, Luce, Die Zeit der Differenz – Für eine friedliche Revolution, Frankfurt a. M.; New York, 1991.

Lackner, Susanne, Zwischen Muttermord und Muttersehnsucht, Würzburg, 2003.

Mulvey, Laura, Visual Pleasure and Narrative Cinema, *Screen*, Vol.16, Issue 3, 1975, p.6-18.

Silverman, Kaja, The Acoustic Mirror. The Female Voice in Psychoanalysis and Cinema, Indiana University Press, 1988.

Woollett, Anne; Marshall, Harriette, Motherhood and mothering, Rhoda K. Unger(Ed.), *Handbook of the psychology of women and gender*, New York; Wiley, 2001.

제2장 엄마 ; 기능으로서의 어머니

김기덕, <피에타>, 2012.

대런 아로노프스키, <블랙 스완>, 2010.

미하엘 하네케, <피아니스트>, 2001.

피에로 메시나, <당신을 기다리는 시간>, 2015.

로라 멀비/카자 실버만/테레사 드 로레티스/바버라 크리드, 노지승 역, 『페미니즘
　　　영화이론』, 앨피, 2009.

박상미, 「구원의 자궁에 대한 환상성. 김기덕 영화 <피에타>」, 『현대영화연구』, Vol.15,
　　　2013, 5-27면.

엘프리데 엘리네크, 이병애 역, 『피아노 치는 여자』, 문학동네, 2009.

김기덕/씨네 21 취재팀, 김기덕을 말하다, 『씨네 21』, 872호, 2012.

조지영, 「'피에타'. '김기덕' 낳은 청계천 철공소 단지 가보니」, 2012.
　　　https://www.tvreport.co.kr/265246,

Whipp, Glenn, Black Swan director Darren Aronofsky likes a challenge, *Los Angeles
　　　Times* DEC. 9, 2010.
　　　https://www.latimes.com/archives/la-xpm-2010-dec-09-la-en-aronofsky-20
　　　101209-story.html

제3장 어미 ; 모성 본능과 모성 신화

난니 모레티, <나의 어머니>, 2015.

린 램지, <케빈에 대하여>, 2012.

봉준호, <마더>, 2009.

자비에 돌란, <마미>, 2014.

페드로 알모도바르, <내 어머니의 모든 것>, 2000.

정동섭, 「새로운 가족의 탄생. <내 어머니의 모든 것>과 <가족의 탄생>을 중심으로」,
　　　『스페인어문학』, 62호, 2011, 221-239면.

Berry, David, Canadian wunderkind Xavier Dolan hits it out fo the park with
　　　Oscar-vying fifth film.
　　　https://nationalpost.com/entertainment/movies/mommy-reviewed-canadi

an-wunderkind-xavier-dolan-hits-it-out-of-the-park-with-oscar-vying-fifth-fi
lm

Brody, Richard, Mia Madre. Nanni Moretti's Cinematic Shapeshifting, 2016.
https://www.newyorker.com/culture/richard-brody/mia-madre-nanni-mor
ettis-cinematic-shapeshifting

Ganjavie, Amir; Moretti, Nanni, "What Remains When You Die". Nanni Moretti Talks
About My Mother.
https://brightlightsfilm.com/talking-nanni-moretti-interview-mother-mia-m
adre-2015/#.Vv1LfU8rLIU

O'Falt, Chris, Why Xavier Dolan's Mommy Was Shot as a Perfect Square, 2015.
https://www.hollywoodreporter.com/movies/movie-news/why-xavier-dola
ns-mommy-was-756857/

Olsen, Mark, In Mommy. Xavier Dolan looks things in the eye, 2015.
https://www.latimes.com/entertainment/movies/la-et-mn-ca-xavier-dolan-
20150118-story.html

Seymour, Tom, Xavier Dolan. 'I just want to express myself – like Madonna', 2015.
https://www.theguardian.com/film/2015/mar/10/xavier-dolan-mommy

Slotek, Jim, Dolan revelling in Mommy's Success, 2014.
https://torontosun.com/2014/10/01/xavier-dolan-revelling-in-mommys-su
ccess

제4장 여성 ; 욕망의 주체, 어머니 / 에필로그

대런 아로노프스키, <마더!>, 2017.
도리스 되리, <파니 핑크>, 1994.
로저 미첼, <마더>, 2003.
볼프강 베커, <굿바이 레닌!>, 2003.
윤인호, <마요네즈>, 1999.
헬마 잔더스-브람스, <독일, 창백한 어머니>, 1980.

엘리자베트 벡 게른스하임, 이재원 역, 『모성애의 발명』, 알마, 2014.
김누리/최기훈, 「통일 이후 독일영화에 나타난 동독상」, 『통일인문학』, 68, 2016,

93-127면.

재클린 로즈, 김영아 역,『숭배와 혐오. 모성이라는 신화에 대하여』, 창비, 2020.

리치, 에이드리언, 김인성 역, 『더 이상 어머니는 없다. 모성의 신화에 대한 반성』, 평민사, 2018.

안영순, 「내면의 외면화. 로저 미셸의 <더 마더>」, 『문학과 영상』, 11(2), 2010, 489-512면.

이수현, 「<굿바이 레닌>과 <간 큰 가족>의 스토리텔링 비교 연구」, 『문학과영상』, 12(1), 2011, 165-190면.

이영희, 「사적인 것의 정치화 - 잔더스 브람스의 영화 독일, 창백한 어머니」,『헤세연구』, 15, 2006, 368-389면.

최석희, 「여성영화에 나타난 역사의 "소외"」, 『독일어문학』, 21, 2003, 223-244면.

김선영, '며느리=내조' 원하는 경직된 한국 사회...고학력 여성들 출산 포기하게 내몰아, 2023.
　　　　https://m.munhwa.com/mnews/view.html?no=2023051101030909287001

이지영, '마더!' 초강력 스포일러! 논란의 그 영화 완벽 해석, 중앙일보, 2017.10.19.

Brecht, Bertolt, Gesammelte Werke, Bd.9, Frankfurt a.M., 1967.

Cook, Roger F., Melodrama or Cinematic Folktale? Story and History in Deutschland, bleiche Mutter, *Germanic Review,* 66, 1991, p.113-121.

Creech, Jennifer, A Few Good Men. Gender, Ideology, and Narrative. Politics in The Lives of Others and Good Bye, Lenin!, *Women in German Yearbook,* 25, 2009, p.100-126.

Downing, Crystal, Staging Ideology and Love in Good bye, Lenin!, *Film & History,* 43/2, 2013, p.5-16.

Fehervary, Helen; Lenssen, Claudia; Mayne, Judith, From Hitler to Hepburn. A Discussion of Women's Film Production and Reception, *New German Critique,* 24/25, 1982, p.172-185.

Finger, Anke K., Hello Willy, Good bye Lenin!. Transition of an East German Family, *South Central Review,* 22/2, 2005, p.39-58.

Hartinger, Christel, Deutschland [O Deutschland, bleiche Mutter], Brecht Handbuch in fünf Bänden, Bd.2, Gedichte, hg. v. Jan Knopf, Stuttgart; Weimar, 2001, S.237-239.

Sanders-Brahms, Helma, Deutschland, bleiche Mutter. Film-Erzählung, Reinbek bei Hamburg, 1980.

Seiter, Ellen E., Women's History, Women's Melodrama. Deutschland, bleiche Mutter, *The German Quarterly,* 59/4, 1986, p.569-581.

Töteberg, Michael, Das Leben ist eine Baustelle. Anmerkungen zu Wolfgang Becker und seinen Film Good bye, Lenin!, ders.(Hg.), Good bye, Lenin! Ein Film von Wolfgang Beckers, Berlin, 2003, S.167-171.

Töteberg, Michael(Hg.), Good bye, Lenin! Ein Film von Wolfgang Beckers. Drehbuch von Bern Lichtenberg. Co-Autor Wolfgang Becker, 4. Aufl., Berlin, 2003.

Wagner-Egelhaaf, Martina, "Deutschland, bleiche Mutter" Ist die Nation (immer noch) eine Frau?, Bischoff, Doerte; Wagner-Egelhaaf, Martina, Mitsprache, Rederecht, Stimmgewalt : genderkritische Strategien und Transformationen der Rhetorik, Beiträge zur neueren Literaturgeschichte, Bd.226, Heidelberg, 2006, S.231-254.

Brooks, Xan, Darren Aronofsky on Mother! - 'Jennifer Lawrence was hyperventilating because of the emotion', 2017.
https://www.theguardian.com/film/2017/sep/07/darren-aronofsky-on-mother-jennifer-lawrence-was-hyperventilating-because-of-the-emotion

Hensel, Jana, Die DDR wird Spekulationsobjekt, *Welt am Sonntag,* 2003.
https://www.welt.de/print-wams/article120873/Die-DDR-wird-Spekulationsobjekt.html

Phillips, Michael, 'Mother!' review : Trouble in paradise, starring Jennifer Lawrence, 2017.
https://www.chicagotribune.com/entertainment/movies/sc-mov-mother-review-0913-story.html

Riesmanm Abraham, Darren Aronofsky Doesn't Want You to Know Anything About Mother!, 2017.
https://www.vulture.com/2017/08/darren-aronofsky-mother.html

Smith, Kyle, Jennifer Lawrence's Grotesque Spoof of the Nativity, 2017.
https://www.nationalreview.com/2017/09/jennifer-lawrence-mother-sickest-movie-ever-made-disgusting-torture-porn/

저자 **정미경**

서울대학교 독어독문학과 및 동 대학원을 졸업하고 2002년 독일 베를린자유대학에서 '이방인과 양가성'을 주제로 박사 학위를 받았다. 2014년 독일 베를린 자유대학 초빙교수를 역임한 바 있다. 현재 경기대학교 인문대학 글로벌어문학부 교수로 재직 중이다. 주요 연구 분야는 독일 현대문학, 영화와 문학, 젠더 연구 등이다. 저서로는 『키치의 시대, 예술이 답하다』, 역서로는 『팀 탈러, 팔아버린 웃음』, 『몸앓이』, 『호모 파버』 등이 있으며, 공저로 『문학의 탈경계와 상호예술성』, 『독일영화 20』, 『오늘날의 유럽』 이 있다.

엄마. 어미. 여성
— 재현과 해체의 어머니 서사 —

초판 1쇄 인쇄 2023년 10월 20일
초판 1쇄 발행 2023년 10월 25일

저　　자 정미경
펴 낸 이 이대현

편　　집 이태곤 권분옥 임애정 강윤경
디 자 인 안혜진 최선주 이경진
마 케 팅 박태훈

펴 낸 곳 도서출판 역락
주　　소 서울시 서초구 동광로 46길 6-6(반포4동 문창빌딩 2F)
전　　화 02-3409-2060(편집부), 2058(영업부)
팩　　스 02-3409-2059
등　　록 1999년 4월 19일 제303-2002-000014호
이 메 일 youkrack@hanmail.net
역락홈페이지 http://www.youkrackbooks.com

I S B N 979-11-6742-623-9 03680

이 저서는 2018년 정부(교육부)의 재원으로 한국연구재단의 지원을 받아 수행된 연구임 (NRF-2018S1A6A4A01034924)